光明社科文库

华文教学研究与思考

侯　颖◎著

光明日报出版社

图书在版编目（CIP）数据

华文教学研究与思考 / 侯颖著. -- 北京：光明日报出版社，2019.3

ISBN 978 - 7 - 5194 - 5106 - 6

Ⅰ.①华… Ⅱ.①侯… Ⅲ.①汉语—对外汉语教学—教学研究 Ⅳ.①H195.3

中国版本图书馆 CIP 数据核字（2019）第 040387 号

华文教学研究与思考

HUAWEN JIAOXUE YANJIU YU SIKAO

著　　者：侯　颖

责任编辑：李月娥　　　　　　　　责任校对：赵鸣鸣
封面设计：中联学林　　　　　　　责任印制：曹　净

出版发行：光明日报出版社

地　　址：北京市西城区永安路 106 号，100050

电　　话：010 - 63131930（邮购）

传　　真：010 - 67078227，67078255

网　　址：http://book. gmw. cn

E - mail：liyuee@ gmw. cn

法律顾问：北京德恒律师事务所龚柳方律师

印　　刷：三河市华东印刷有限公司

装　　订：三河市华东印刷有限公司

本书如有破损、缺页、装订错误，请与本社联系调换，电话：010 - 67019571

开　　本：170mm × 240mm

字　　数：278 千字　　　　　　　印　　张：17

版　　次：2019 年 6 月第 1 版　　　印　　次：2019 年 6 月第 1 次印刷

书　　号：ISBN 978 - 7 - 5194 - 5106 - 6

定　　价：89.00 元

序

侯颖曾经是我的研究生，毕业之后一直在北京华文学院从事教学与研究工作。我很欣喜地看到这些年来她在学术的百花园里辛勤耕耘，孜孜以求，现在这本《华语教学研究与思考》就是她辛勤耕耘的成果。我为她高兴。

收录在这部集子中的文章内容第一部分是面向华语文教学的汉语本体研究，如关于"是……的"句的研究、汉语分裂句的研究，这些研究涉及汉语句式的句法、语义、焦点等范畴，描写细腻，分析到位。还有一些是热点问题，如关于"水蛇腰"的研究，这些研究都是很有趣的。第二部分是关于华语文教学理念和课堂设计的，这部分内容涉及了语言教学法在华语文教学中的应用，非常有现实意义。第三部分与教师教育和教师职业发展有关，大部分是关于汉语国际教育领域教师职业化和专业化问题的。第四部分涉及华文教学的教材设计和词典编纂。第五部分内容涵盖汉语国际教育及孔子学院的个案分析。从以上内容来看，侯颖的研究范围还是比较宽的，涉及的面比较广泛，但是都没有离开汉语第二语言教学，这与她所受到的专业训练是分不开的，也是与她的工作性质分不开的。

华语教学与汉语国际教育既有区别又有联系。华语教学的教学对象是华裔子弟和海外侨民，而汉语国际教育的教学对象则是母语非华语的学习者。但是这两者的界限有的时候不是十分分明，因此很多第二语言教学的原则和方法对二者都是适用的。侯颖在本书中所讨论的教学理念、教学设计、教学方法原则上是通用的。华语教学与汉语国际教育有很大的交集,所以我一直主张两者应该有机地融合、资源共享,因为两者的教学理念和教学评估是有共性的。但是我也不反对有针对性地进行研究,针对海外华裔子弟的语文教育和针对海外非华裔子弟的语言教育毕竟还是有区别的,尤其是在东南亚一些国家,如马来西亚,他们有专门的教育机构和国民教育体系,马华社会对子弟华语文教育的重视程度远远高于其他国家和地区。都是华文教育,也需要因地制宜。如同汉语国际教育一样,华语文教育的关键因素也是教师,因此教师的职业化和专业化就是最重要的问题。

侯颖的研究有微观的,比如语言本体的研究;有中观的,比如教学设计和教学法的研究;有宏观的,比如教学理念和教师发展的研究。微观的研究是语言教学的基础,只有把语言现象说清楚了,才能更好地编写教材,更好地安排教学项目。这些研究是教学设计和教法研究的基础。实现教学理念和教学目标要依靠教师,所以教师发展是华文教育事业发展的关键。目前汉语国际教育的发展形势变化很快,在这种形势下如何推动华语教学与研究,是华语教育必须思考的问题。可见,侯颖的这部集子实际上是一个有机的整体,这些研究成果反映了她对华语文教学的整体思考,这些思考是有价值的。

是为序。

崔希亮

2018 年 11 月

北京语言大学

内容提要

据不完全统计，全球华人华侨的数量介于 5000 万～6000 万之间，这是一个庞大的数字。这些华人华侨虽然定居或长期居住在国外，但却心系祖国的发展和未来，其文化背景也和中华文化息息相连。由于海外华人华侨与中华文化这种剪不断的固有联系，针对华人华侨的汉语言文化教育——华文教育曾被形象地誉为中华民族在海外的"留根工程"与"希望工程"。当前随着中国经济发展、国力增强及国际地位的提高，海外华文教育正遍地开花且不断升温，然而早期移民海外的华侨华人的第二代、第三代已经基本不会甚至完全不懂中文，渐有成为所谓"香蕉人"（皮肤是黄的，心却是白的）的趋势。

如何通过文化浸濡继续维系华人华侨与中华文化的密切联系，以汉语言教学带动文化教学，是当前华文教育的大课题。值得关注的是，与整个国际汉语教学大背景类似，基于华文教育的华文教学也面临教师、教材和教法的"三荒"这一制约事业发展的瓶颈问题。本书内容主要涵盖基于华文教学的汉语本体个案研究、华文教学的基本理念和方法、国际华文教师的专业化与职业化建设、华文教材的练习设计及学习词典编纂、汉语国际推广背景下华文教育的定位等，这些内容经过整理归纳自成系统，目标在于尝试化解华文教学面临的上述难题。

第一章为华文本体研究热点与思考，内容主要涉及"以后"和"后来"的三个平面区分、汉语分裂结构"是……的"的句法语义特征以及其中焦点的指派规则、网络语言"被时代"和"水蛇腰"的语义考察。这些内容与华文教学息息相关，要么是学习者学习的重点难点，要么是容易造成理解障碍的新兴网络语言，本章的研究分析结果可为具体教学提供借鉴。

第二章为华文教学的理念与方法，内容主要涉及任务型语言教学的理论与实践、华文教学中语言学理论的重要性，以及如何在华文教学中进行修辞教学。

第三章为华文教师的职业化与专业化研究，主要在回顾与前瞻对外汉语教师资格制度的基础上，分析对外汉语教师资格制度认证的必要性，并对两个版本的《国际汉语教师标准》进行了解析，这些阐述对推动华文教师的职业化与专业化具有直接借鉴意义。

第四章为华文教学媒介的微观考察，内容主要涉及华文教材的练习设计和汉语学习词典的编纂，练习设计和词典内容作为一种教学介质具有"输出性"和"输入性"特征，是检验学习者学习效果的重要凭借，有效的练习设计和可理解的词典内容均可为学习者搭建脚手架，提高学习效果、化解学习难点。

第五章为汉语国际推广背景下的华文教育，内容涉及如何理解"汉语国际推广"、如何设置基于通识教育的汉语言专业课程及加强汉语国际推广背景下的留学生管理、孔子学院运营模式个案分析，以及新版《国际汉语教师标准》对未来华文教师教育的启示。

汉语国际教育，抑或汉语国际推广，面向的对象都是汉语言文化水平远未达到汉语母语水平的学习者，在全球近1亿人的汉语学习者当中，既有外国人也有华侨华人，他们对汉语言文化学习的特点既有共性又有差异。然而不容否认的是，基于教师、教材和教法的"三荒"问题确是整个汉语国际教育系统的共同难题，基于化解"三荒"难题的多角度研究成果应该也可以实现共享。

目 录
CONTENTS

第一章

华文本体研究热点与思考

本体研究是华文教学实践的重要基础，一些近义词语、重要语法结构、新兴流行语的分析，往往可以作为课堂教学和教材编写的重要参照。时间词"以后"和"后来"在句法、语义、语用三个层面表现出的异同，语法结构"是……的"的句法语义属性以及其间焦点的指派规律，被动结构"被就业"等非语言常规表达的不合常规性及内在理据性分析，基于语言规范性的"水蛇腰"意义分析，都对华文教学具有直接或间接的借鉴意义。

第一节　"以后"和"后来"的句法、语义和语用考察

现代汉语中的"以后"和"后来"在语义上都可以表示某一时间点之后的某一段时间，这一相似性使得留学生在学习和使用这一对词语时常常发生混淆，造出一些错误的句子或说出一些错误的话，如下面的例子①。

（1）＊我打算毕业后来住在家乡。

（2）＊他明年去美国，后来他还没回来了。

（3）＊朋友给他告诉这件事后来，他才知道了。

（4）＊他站了一会儿后来，就回去宿舍了。

本文拟对"以后"和"后来"的异同从句法、语义、语用等角度进行参合比较分析，以期明确区分这两个词语的意义和用法，以便在以后的汉语教

---

① 这些错误例句均来自对外汉语教学中的真实语料，我们将在文章的最后，运用我们的分析结果来分析这些错误的来源。

学中使留学生能够更容易地掌握并使用它们。

1.1.1　"以后"和"后来"的句法考察

"以后"和"后来"在句法表现方面存在着很大的差别，它们在充当句法成分、出现位置以及词语搭配等方面均存在着不同程度的对立。

1.1.1.1　语法功能的异同

先看二者语法功能的相同之处。

第一，"以后"和"后来"都可以作定语，如：

（5）这三件事对致秋以后的生活产生了相当深远的影响。（汪曾祺《云致秋行状》）

（6）这以后的几天成了华工们的节日！（邓友梅《别了，濑户内海！》）

（7）我记得阮琳的脸一下变得煞白，在后来的吵骂过程也没恢复过来。（王朔《痴人》）

（8）后来的一些日子里，我发现，支书的确比我来时的那阵瘦了，两眼下陷。（吕新《圆寂的天》）

第二，"以后"和"后来"都可以作状语，如：

（9）您以后再没见过那个戴眼镜的日本同志吗？（邓友梅《别了，濑户内海！》）

（10）尚掌柜笑笑说："以后您多照应。"（邓友梅《印象中的金受申》）

（11）后来，他竟不好意思起来。（吕新《圆寂的天》）

（12）只是后来听说，八舅走时步履踉跄，也像喝醉了一样，眼角还吊着亮晶晶的泪。（张胜利《八舅》）

第三，"以后"和"后来"都可以作介词的宾语。如：

（13）今天的工作如果今天能够完成的话，就不要留到以后去做。

（14）写到后来，写不下去了，就叫我："老汪，你给我瞧瞧，我这写的是什么呀？"（汪曾祺《云致秋行状》）

二者语法功能的不同主要体现在能否做主语上。

第四，"以后"可以作主语，但"后来"不可以作主语。如：

（15）现在是现在，以后是以后，那可不一样。

（16）＊后来是后来。

1.1.1.2　出现位置的差异

首先，"以后"和"后来"都可以单用，除此之外，"以后"可以作为后置成分出现在分句或短语成分的后面，并与之相结合的部分一起充任某种句法成分，而"后来"却通常放在分句或短语成分的前面单独充任它们的状语。我们所说的单用，是指二者均可以单独充任某种句法成分。

（17）以后，即回乡从事补鞋。（汪曾祺《皮凤三楦房子》）

（18）后来，南希冷丁就和人家吹了。（王朔《谁比谁傻多少》）

虽然"以后"和"后来"都可以单用作状语，但除此之外，"以后"还可以结合其他部分，"后来"则不可以。如：

（19）他那么站了一会以后，听到一个如钟声一样的声音。（余华《鲜血梅花》）

（20）＊他那么站了一会后来，听到一个如钟声一样的声音。

其次，"以后"可以出现在指示代词后面或表示时间的名词及名词短语之后，其中所表示时间可以是一个时间点，也可以是一个时间段。除此之外，"以后"还可以出现在表示事件的短语之后，这个短语可以是名词性的，也可以是动词性的。在以上情况下，不能用"后来"替换"以后"，但是可以用"之后"替换"以后"。如：

A. 在指示代词"这"的后面

（21）这以后，雪就落下来了。（田晓菲《哈得逊河上的落日》）→ 这之后，雪就落下来了。→ ＊这后来，雪就落下来了。

B. 在时间名词的后面

a. 在表时点的时间名词后面

（a）在表示过去或经常发生的时间点后面：

（22）三更以后，就不打了。（钱钟书《干校六记》小引》）→ 三更之后，就不打了。→＊三更后来，就不打了。

（b）在表示将来的时间点后面

（23）明天我三点以后去找你。→ 明天我三点之后去找你。→＊明天我三点后来去找你。

b. 在表时段的时间名词之后

（24）半年以后，店门关了几天，贴出了条子：修理炉灶，停业数天。（汪曾祺《落魄》）→ 半年之后，店门关了几天，贴出了条子：修理炉灶，停业数天。→ ＊半年后来，店门关了几天，贴出了条子：修理炉灶，停业数天。

（25）你别着急，小花十分钟以后就来。→ 你别着急，小花十分钟之后就来。→ ＊你别着急，小花十分钟后来就来。（自拟）

C. 在表事件的谓词性短语后面

（26）侉奶奶安葬以后，榆树生意也就谈妥了。（汪曾祺《故里杂记》）→ 侉奶奶安葬之后，榆树生意也就谈妥了。→ ＊侉奶奶安葬后来，榆树生意也就谈妥了。

D. 在表事件的体词性短语之后

（27）"八一三"以后，日本人打到扬州，就停下来。（汪曾祺《八千岁》）→ "八一三"之后，日本人打到扬州，就停下来。→ ＊"八一三"后来，日本人打到扬州，就停下来。

（28）三年前从部队转业进入公安系统以后，他一步一个脚印地从派出所干到分局再到市局、户籍、治安、刑侦、预审无不涉足……（放在事件段和表事件的谓词性短语之后）→ 三年前从部队转业进入公安系统之后，他一步一个脚印地从派出所干到分局再到市局、户籍、治安、刑侦、预审无不涉足……→ ＊三年前从部队转业进入公安系统后来，……（王朔《枉然不供》）

最后，"后来"多放在短语或小句的前面，这时可以用"以后"来替换"后来"。如：

（29）起先，隔不一会还有人含含糊糊地说一句什么，不知是醒着还是在梦里，后来就听不到一点声息了。→ 起先，隔不一会还有人含含糊糊地说一句什么，不知是醒着还是在梦里，以后就听不到一点声息了。（汪曾祺《羊舍一夕》）

（30）后来七舅舅病重，七舅母尽心尽力地照顾，送走了七舅舅以后，自己也垂垂老矣。（在小句前面）→ 以后七舅舅病重，七舅母尽心尽力地照顾，送走了七舅舅以后，自己也垂垂老矣。（刘心武《四牌楼》）

（31）他后来出了大名，是个作家，他，就是老舍呀！（在短语前面）→ 他以后出了大名，是个作家，他，就是老舍呀！（汪曾祺《八日骄阳》）

关于"以后"和"后来"在充任句法成分和出现位置方面的差异，可以列成下面的表格（"＋"号表示有此特征，"—"号表示无此特征）

充任句法成分及其出现位置	以后	后来
作定语	+	+
单独作状语	+	+
在时间名词的前面	+	−
在表事件的谓词性短语后面	+	−
在表事件的体词性短语后面	+	−

1.1.1.3　搭配的异同

"以后"可以和别的词搭配使用，用来表示某一特殊时间，具体的情形如下。

首先，"很久 + 以后"，表示比现在或某一时间晚得多的一段时间。如：

（32）直到很久以后，我仍然记得清清楚楚。（余华《死亡叙述》）（比过去某一时间晚得多的一段时间）。

其次，"不久 + 以后"，表示比现在或某一时间不太晚的一段时间。如：

（33）不久以后他们的妻子从各自的卧室走了出来，手里都拿着两把雨伞，到了去上班的时候了。（余华《现实一种》）（比过去某一时间稍晚的一段时间）。

（34）我觉得自己不久以后不仅没法站和没法坐，就是躺着也不行了。（余华《现实一种》）（比现在稍晚的一段时间）。

最后，"自从……以后"，表示从以前某一时间到现在或某一事件之后的一段时间。

（35）我却自从去冬以后，再没给留下卡片的人寄去哪怕是一张薄薄的纸（刘心武《人情似纸》）（过去某一时间之后到现在）。

（36）然而自从"昭和"的产品在中国市场打开销售局面以后，情况渐渐发生了逆转（梁晓声《孤上的舞者》）（过去某一事件之后的一段时间）。

但是，"后来"却没有类似的搭配特征，即只能单用。

1.1.2　"以后"和"后来"的语义考察

"以后"和"后来"不但在句法表现上存在着很大的差别，而且它们的语义也是不同的。这种差别可以视为其不同句法表现的一个深层动因。

1.1.2.1　工具书对"以后"和"后来"的解释

首先，"以后"指"现在或所说某时之后的时期：从今以后/五年以后/毕业以后/以后。我们还要研究这个问题。"①

其次，"后来"指"在过去某一时间之后的时间（跟"起先"等相对）：他还是去年二月里来过一封信，后来再没有来过信。"②

（后，时间较迟或较晚，与"先"相对。）"属于随后的时间或时期的；继……之后出现的：后来的情况好多了/后来的行动。"③

1.1.2.2　"以后"和"后来"的语义差别

首先，"以后"和"后来"都可以表示过去发生某事后的一段时间。如：

（37）把那束粉红鹅黄海蓝交错的康乃馨插进花瓶以后，我久久地凝望着窗外。（刘心武《祈祷无辞》）

（38）三中全会以后，允许单干，他带着一儿一女，一同做活，生意兴隆，真是很吃得开了。（刘心武《多桅的帆船》）

（39）后来我到果园干了两年活，知道这是为了保护树木过冬。（田晓菲《哈得逊河上的落日》）

（40）也很可能，后来两次修复，都还保存了滕楼的旧样。（老鬼《血色黄昏》）

其次，但是"后来"只能用于表示过去的时间，而"以后"可以表示过去的时间之外，还可以表示将来的时间和经常性的时间；它们之间的这种差别类似于英语中的将来时和一般现在时。如：

A.　"以后"可以表示将来的一段时间

（41）……到了第四日早晨，贾母等正围着宝玉哭时，只见宝玉睁开眼说道："从今以后，我可不在你家了！"（刘心武《话说赵姨娘》）（从现在起一直到将来的一段时间）

（42）那我们就约定，二十二年以后的今天，我们再在这里聚会好不好？（石言《秋雪湖之恋》）（将来某段时间之后的一段时间）

（43）明天晚上九点以后我给你打电话。（将来某一时间之后的一段时

---

①　《现代汉语词典》（1996），商务印书馆。
②　《现代汉语词典》（1996），商务印书馆。
③　《高级汉语大词典》。

间）

B."以后"表示事件经常（重复）发生的一段时间

（44）王二把他的买卖乔迁到隔壁源昌去了，但是每天九点以后他一定还是端了一杯茶到保全堂店堂里来坐个点把钟。（汪曾祺《异秉》）

（45）因此，他跑警报时，特别是解除警报以后，他每次都很留心地巡视路面。（方方《女士购物病》）

1.1.2.3 关于"以后"和"后来"的语义差别，我们可以用一个简单的图式来表示：

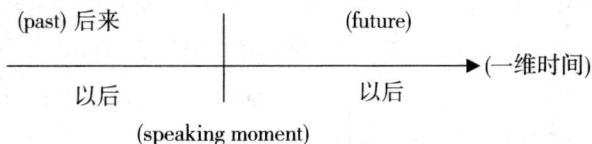

```
        (past) 后来          (future)
    ────────────────┼────────────────►(一维时间)
         以后                 以后
             (speaking moment)
```

从上面的语义差别图式，我们可以得出关于"以后"和"后来"的语义差别的几点基本结论：

第一，"以后"和"后来"都只能表示某一时间段，不能表示某一时间点。

第二，"后来"只能表示过去的某一时间段，所以只能单用。（具体的例子请参考上文）

第三，"以后"既可以表示过去的某一段时间，也可以表示将来的和经常性的某一段时间；所以既可以单用，也可以作为某一成分的后置成分。（具体的例子请参考上文）

1.1.3 "以后"和"后来"的语用差异

上面我们简要分析了"以后"和"后来"在句法表现和语义上的差别和对立，这种不同程度的差别和对立在语用方面也有一些具体的体现。

1.1.3.1 陈述既成事实与陈述将来假设的对立

先看下面一组句子：

（46）以后碰到这样的事情，别来找我。（自拟）

（47）后来碰到这样的事情，他就再也没来找过我。（自拟）

在（46）和（47）中，"以后"和"后来"虽然以同样的线性形式出现，但是它们所暗含的语用意义却很不相同。（46）暗含"这样的事情"已

7

经发生了，如果以后再有此类事情发生的话，不要来找我；虽然句中没有出现"如果"之类的词，但句子中的假设意义是一目了然的。这种陈述将来假设的语用意义是由"以后"可以"表示将来的和经常性的某一段时间"的语义特征决定的。（47）也暗含"这样的事情"已经发生了的意义，但与句（46）所不同的是，它陈述的是一个既成事实而不是一个将来假设。这种陈述既成事实的语用意义是由"后来""只能表示过去的某一时间段"的语义特征决定的。

1.1.3.2 "后来"与"以后"的差异考察

"后来"多用在表示承接关系的语境中，它后面所陈述的事件是表示过去时系列事件的后续部分。而"以后"主要表示某一时间点或事件之后所发生的事件。也就是说，"后来"出现的语境中，一般都有与之相呼应的表示过去的时间词或可以标志过去时间的词，如"开始""起先""原来"等。

（48）赵尧舜也说，我原来也不能喝，后来老要去应酬，也就练出些酒量。（王朔《顽主》）

（49）我年轻时写过诗，后来很长时间没有写。（汪曾祺《〈汪曾祺自选集〉自序》）

（50）在菜园干了半年，后来调到果园，也都半年了。（汪曾祺《羊舍一夕》）

（51）起先，隔不一会还有人含含糊糊地说一句什么，不知是醒着还是在梦里，后来就听不到一点声息了。（汪曾祺《羊舍一夕》）

（52）起初她们怕她挑不惯，后来看她脚下很快，很匀，也就放心了。（汪曾祺《大淖记事》）

通过以上三个方面的考察，我们可以很容易地对留学生讲清楚"以后"和"后来"二者的区别：

（1）*我打算毕业后来住在家乡。→　我打算毕业以后住在家乡。

（2）*他明年去美国，后来他还没回来了。→　他去年去了美国，后来就没回来过。

（3）*朋友给他告诉这件事后来，他才知道了。→朋友告诉他这件事以后，他才知道了。

（4）*他站了一会儿后来，就回去宿舍了。→　他站了一会儿以后，就回宿舍去了。

1.1.4 余论

1.1.4.1 "以后"和"后来"的对外汉语教学实现

我们以句法、语义、语用三个平面为构架参合比较了"以后"和"后来"的差异与对立,阐述了它们之间的共同点①以及存在的差别。当然这种解释或许可以在更高的一些层面上找到定位,比如认知语言学的理论等;但我们的这种基于三个平面的简洁的解释足以给"以后"和"后来"的对外汉语教学实现提供一种有力的支撑。

对外汉语教学中往往有一种大讲特讲某语法成分的意义的做法,我们认为这种做法是十分不可取的。虽然语法成分的意义往往可以成为驱动该成分句法表现的一个有力动因,但这并不意味着教学一定要先讲意义后说用法。对外汉语教学必须"以培养汉语交际能力为目标""以技能训练为中心,将语言知识转化为技能"(刘珣 2000)。在对外汉语教学中"只教最基本的句型,句法规则宜粗不宜细"(杨惠元 2003)。我们据此认为,"以后"和"后来"的对外汉语教学应坚持句法教学优先的原则,淡化其语义教学;学生明白了二者的句法表现,自然也就明白了其语义内容,明白了语义内容,再理解其语用意义也就顺理成章了。我们不妨把这种句法领先语义后来的教学称为句法驱动教学,在这种句法驱动的教学过程中,可以选择一些经典的模范句式作为教学内容的跳板,以此来带动学生对该语法项目的掌握和运用。我们可以把这种教学流程表示如下:

$$语法项目 \xrightarrow{模范句②} 句法表现 \xrightarrow{句法驱动} 语义特征 \xrightarrow{句法驱动} 语用意义$$

1.1.4.2 关于"以后"和"后来"与"……后"以及"之后"的关系

首先,我们在上文成功区分了"以后"和"后来",同时还提及"之后"和"……后"。"之后"可以表示在某一时间点的后面的一段时间,如"三天之后,我们又见面了";也可以放在句首,表示在上文提及的事情以后的一段时间,如"之后,他们又提出了具体的实施计划"。"……后"则表示未来的,较晚的(指时间,与"先""前"等相对),如"三天后,我们又

---

① 这种共同点解释了留学生为什么会在它们的用法上产生分歧的原因。

② 模范句是指在真实语料中使用频率高、流行面广的原型性句子,这种句子代表了某一语法项目句法表现的基本特征。

见面了"。它们在语义上没有太大的差别，但用法上有一些严格的区别。

其次，它们在用法上的差别如下。

A. 如果用于句首即单用时，所表示的语法意义是过去时，那么"以后""后来"和"之后"可以互换使用。如：

（53）以后，他再也没来找过我。

（54）后来，他再也没来找过我。

（55）之后，他再也没来找过我。

B. 用在其他成分之后时，如果该成分是一个复杂结构，则"以后""之后"和"……后"可以互换使用；如果该成分是一个简单结构，则只可以用"……后"。但这些用法都和"后来"没有关系。如：

（56）来到北京以后，我们共见过四次面。

（57）来到北京之后，我们共见过四次面。

（58）来到北京后，我们共见过四次面。

（59）饭后，我们共见过四次面。

（60）＊饭以后/之后，我们共见过四次面。

（61）＊来到北京后来，我们共见过四次面。

（62）＊饭后来，我们共见过四次面。

最后，由于这些词在语义关系上构成一个词族，所以我们在这些语法项目的教学上同样需要坚持以模范句为教学内容跳板的句法驱动的教学原则①。这样做一方面避免了语义的纠缠不清，另一方面，对培养学生的交际能力也是非常有益的。

第二节　"是……的"结构的句法特征

1.2.1　"是……的"结构句法特征研究的视角

学者们很久以前就注意到了"是……的"这一汉语特殊句法结构，因此对该结构的研究也有很多方面；不同的学者在各方面的着墨程度也非常不一

---

① 关于模范句教学的理论与实践，我们将在另一篇文章里面做详尽的介绍和解释。

样。汉语"是……的"结构在句法表现方面很复杂，因为出现于该结构中的结构成分可以是体词性的，也可以是谓词性的，本小节研究的主要是包含动词性核心的是"是……的"结构。例如：

（1）这些书啊，<u>是老王买的</u>。

（2）没说的，这坏点子准<u>是于观出的</u>。

（3）你凭什么说他<u>是在我家被人把头砍下来的</u>。

（4）你们到底<u>是怎么来的</u>啊？

（5）这样说来，走向江边，<u>是戴维·施鲁德自己提出来的</u>。

（6）他当然明白，他这支笔<u>是画不到那些洋楼上去的</u>。

（7）蒸汽机<u>是瓦特发明的</u>。

（8）那<u>是张老师给我的</u>。

下面，我们试着总结一下前人对"是……的"结构研究的诸方面。

1.2.1.1 关于"是……的"结构的类

由于出现于"是……的"结构里面的成分不同，因此，其句法表现和语义关系、功能等诸方面都存在着巨大的差异。对该结构的类型进行系统研究的有宋玉柱（1978）、赵淑华（1979）、吕必松（1982）、杉村博文（1999）等。

宋玉柱把"是……的"结构分为三种：表判断的、表强调的和表示过去时间的。但对这三种类型如何进行区分，没有更详细的论述。

赵淑华根据"是……的"结构中"是"和"的"的作用把出现于谓语中的"是……的"结构分为三种结构类型。我们转述如下：

"第一类'是……的'句，'是'是谓语中主要动词，'是'加上'……的'构成谓语，'的'前往往是单独的名词、代词、形容词、动词等。这类句子的谓语是说明主语的类别的"；"第二类'是……的'句，'是'不是谓语中的主要动词，它一般放在动词或状语之前，表示强调；'的'放在动词之后，表示动态。这类句子只用于某一动作、情况已经完成或实现的场合。谓语要说明的重点并不是动作或情况本身，而是与动作情况有关的某一方面"，在该类下面又根据句法成分的不同共现关系细分出了五个小类；"第三类'是……的'句，'是'和'的'都表示语气，'的'永远在句尾。'是……的'中间一般是形容词结构或动词结构，也就是说'是……的'可以用于形容词谓语句，也可以用于动词谓语句。这类'是……的'句的谓语对主语来说一般起解释、说明的作用"。很显然，赵文的分类是完全建立在句法成分的类别以及句法成分的共现关系这一基础上的。

吕必松则根据一个带有"是……的"结构的句子和去掉该"是……的"结构后形成的句子的对比，得出："'是……的'结构在句中可以起两种不同的作用：①表示过去时；②表示肯定和确信的语气。"并进一步指出另一类"是……的"结构："是"的宾语是一个"的"字结构，组成该"的"字结构的可以是名词、代词、形容词或形容词短语、动词或动词短语、主谓短语等。因此吕文是把整个"是……的"结构分为两大类来讨论的：一类是表过去时和肯定确信语气的，一类是"是"字结构带"的"字结构宾语的。吕文鉴别这两类"是……的"结构的手段是观察对句子中的"是……的"结构进行删除操作后所产生的后果，但"此外，还可以采取检查句子的否定式、改变'是……的'中间的动词的宾语的位置的办法作为鉴别的辅助手段"，显然，在分类的问题上也没有完全搞清楚。

杉村博文专门讨论了用于已然义的"是……的"句，并从话语功能的角度把这种"是……的"结构分为两种类型：信息焦点指定型和事件原因解说型。前者传达已然义是因为该结构承指（anaphoric）上文"V 了 O"的结果，后者具有已然义则是因为此类"是……的"句总是说明已然事件发生的原因（在客观时间顺序上事件先于说明而存在）。然而，关于承指形式的说法似乎还有继续讨论的必要，即为什么汉语中只有表示已然事件的动词才具有承指形式？（木村英树 2003）

从上面的分析来看，在"是……的"结构的分类问题上，不同的学者是见仁见智的。

1.2.1.2 关于"是……的"结构的语法意义

吕必松（1982）在给"是……的"结构分类时指出，无论表示过去时的"是……的"结构还是表示肯定和确信语气的"是……的"结构其实都有一种表示肯定和确信语气的作用，并指出前者表示的肯定和确信语气与"是""的"本身有肯定和确信语气有关。杉村博文（1999）分析了表已然义的"是……的"结构，认为这种已然义来自"……V 的（O）"对其先行成分"……V 了（O）"的承指（anaphoric）。袁毓林（2003）根据 Kiss（1998）的研究，认为"是……的"结构中的焦点是认定焦点（identificational focus），具有［＋对比性］和［＋排他性］两种语义特征，从而认为"是……

的"结构表示三种语法意义：确认、确信和确询。

1.2.1.3 关于"是……的"结构中"是"和"的"性质

关于"是"和"的"的性质，特别是"的"的性质有很多争议。吕叔湘（1944）说："'的'字表示的是一种确认的语气。"朱德熙（1961、1978）则把"的"一律看作结构助词。宋玉柱（1978）认为当"是……的"结构属于判断句时，"是……的"分属于"判断词……结构助词"；当"是……的"结构属于非判断句时，分属于"副词……语气词"。又说，助词"的"和"来着"都是指明动作发生于过去时的时间助词。赵淑华（1979）则认为"的"无论放在动词的后边还是用在句尾，都是动态助词。史有为、马学良（1982）认为"的"是时体助词。李讷、安珊笛和张伯江（1998）则从话语的角度论证了语气词"的"的功能。杉村博文（1999）则认为"的"字和所谓的"动态"或"时""体—时"没有关系，承认"的"是结构助词。关于"是"，现在一般认为是一个焦点标记词（邓守信1979，张伯江、方梅1996，徐杰2001），也有人认为不是（黄正德1989）。关于"是""的"性质的争议可见一斑。

1.2.1.4 关于"是……的"结构的功能

吕必松（1982）主张把"是……的"结构当作一个整体来看待。后来，张伯江、方梅（1996）指出"是……的"结构具有标记焦点的作用，田泉（1996）通过"是""的"的合用及单用论证了"是……的"结构的非句法功能。此外也有很多学者把"是……的"结构与英语的分裂句联系起来（赵元任1968，邓守信1979，汤廷池1981，张伯江、方梅1996等）。

1.2.1.5 关于"是……的"结构中的宾语

关于"是……的"结构中的宾语问题，也有不少学者论及，但最后分析的结果都不是很理想。李培元《基础汉语课本》[①] 认为如果宾语是名词时，放在"的"前、"的"后均可。刘月华《实用现代汉语语法》[②] 说，如果"是……的"结构中的动词带宾语，这个宾语可以紧跟动词，置于"的"前，也可以放在"的"后，口语放在"的"后的更为常见。牛秀兰（1991）则分析了宾语置于"的"前和"的"后的一些规律。

---

① 李培元. 基础汉语课本 [M]. 北京：外文出版社，1980.
② 刘月华. 实用现代汉语语法：增订本 [M]. 北京：商务印书馆，2001.

1.2.2　存在的问题

上面是学者对"是……的"结构研究的一些主要方面，可以看出无论在哪一方面的研究都存在着很大的分歧。

关于"是……的"结构的类基本上都是从句法结构关系的角度着眼的，很少有人考虑语义结构关系。关于"是……的"结构的语法意义目前看来好像比较统一，即表示确认、确信和确询三种意义，但袁文的分析好像并不单纯，他在分析"是……的"结构的意义时，没有把影响该结构意义的一些成分剥离出来，因为确信和确询意义显然分别是由模态谓词和疑问词引起的，并不是"是……的"结构本身传达的意义；我们不能把某个格式所表示的语法意义归到该格式所包含的其他成分身上去（马真1982）。关于"是……的"结构中的"是"和"的"的性质更是众说纷纭，其实，完全有必要把"是……的"结构当作一个整体来研究，不必争论格式中单独的"是"或"的"的性质；因为离开了"是"或"的"，原来的"是……的"结构就不再是"是……的"结构了。关于"是……的"结构的功能研究，如果像汤廷池（1981）那样把它完全当作分裂句对待未免有些偏颇，如果只是指出"是……的"结构是焦点标记，又未免失之武断——因为"是"后面的成分并不总是焦点成分。关于"是……的"结构中的宾语位置问题，置于"的"前和"的"后显然是有规律可循的，但是如果把这种位置简单归结为音节的限制（牛秀兰1991），则是把问题简单化了。

这些问题，对我们继续讨论"是……的"结构都是很有启发意义的。

1.2.3　"是……的"结构的句法限制

1.2.3.1　关于非动词核心"是……的"结构

下面我们来进一步界定引言部分提到的"是……的"结构。

单从形式上看，"是……的"结构是一种很复杂的结构；回顾我们在综述中的分析，不难看出这种倾向，因为"是……的"结构中间的成分很复杂。另外，不同学者在研究该结构时对"是……的"结构的所指也是有区别的。我们在综述部分提到，不少研究者注意了"的"字结构作宾语的"是……的"结构。如"是……的"结构中间是体词性成分的"是……的"结构，例如：

(9) 小王是微软电脑公司的［职工］。

(10) 这本书是张三的［书］。

(11) 这条新闻是昨天下午的［新闻］。

此外，中间是形容词性成分的也不在我们讨论的范围之内，因为这类"是……的"结构在本质上和上述（9）—（11）没有什么区别，例如：

(12) 这种面包是甜的［面包］。

(13) 我至今还记得她的眼睛是水灵灵的［眼睛］。

(14) 战场上，每一个战士都是勇敢的［战士］。

仔细分析一下，可以看出在（9）—（14）的结构中，"的"字和其他成分构成"的"字短语，然后充当"是"的宾语，"的"后都能够补出一个名词性成分；结构的前段和后段形成一种明显的判断关系。这里的"的"可以看作结构助词，它们与"是"没有直接的结构关系，因此可以排除在本文讨论的范围之外。另外在前人的研究中，这些例子也不是研究之重点。他们的研究重点在类似（1）—（8）的结构，即"是"与"的"中间是动词性成分的"是……的"结构。问题是并非所有具有谓词性成分的这种结构都是我们所说的"是……的"结构，吕必松（1982）等学者已经指出了这种现象，然而并没有能够给出一个有效的鉴别框架。原因之一恐怕在于很少有人利用真实的语料进行具体调查分析，分析过程中，内省的例句当然很能说明要研究的问题，但这种内省得来的例句往往会过滤掉一些重要的信息。

下文如果没有特殊交代，所有给出的例句都不包括类似（9）—（14）的非动词核心的"是……的"结构。

1.2.3.2 "是……的"结构对动词的选择性限制

我们分析统计了 250 万字的带"的"的现代汉语语料，从中抽取出了 1004① 个带有动词核心的"是……的"结构的句子；虽然表面上看差不多所有的动词都可以进入这一结构，但实际的结果并非如此，下面是我们从语料中抽取出的能够进入"是……的"结构的 597 个动词。

---

① 抽取 1004 个带有"是……的"结构的句子的原则是：只要句子含有动词性核心结构就算作一例，由于同一动词可以形成不同的核心结构（如带宾语、状语等不同句法成分等），因此最后删掉了重现的一些动词。词表中重复的动词词条代表该动词在具体例句中的不同义项。

单音节动词（260）

变	气	出	录	办	带	派	改	养	学	提
打	说	干	写	来	逼	站	害	眨	接	做
教	混	抄	换	杀	砍	默	搞	哭	传	建
看	泡	吃	做	炒	送	腌	运	煮	冲	讲
发	捕	作	找	带	出	吹	认	梳	湿	叮
买	开	刻	摘	搬	搭	造	带	治	分	挑
提	取	寄	赶	偷	追	弄	剁	碰	挤	装
升	当	锁	烙	请	冲	去	闷	回	见	扮
钻	用	唱	捎	邮	扔	捡	抓	掉	嚷	派
帮	爱	抱	生	照	进	闹	让	传	陪	灌
交	死	选	换	给	伸	脱	递	推	跳	受
画	访	叫	设	烧	订	赢	盘	调	取	拔
闯	逃	扑	敢	记	呼	喝	借	栽	滚	倒
卷	加	教	捣	传	毁	定	惯	飘	拉	割
坐	定	流	喂	疼	爱	给	受	给	派	杀
得	到	有	做	到	带	呆	找	到	来	送
滑	弄	发	跳	赢	编	骗	围	割	管	用
捏	劝	喝	想	掐	搞	挣	跪	造	刻	当
住	炸	换	采	晾	炼	熬	切	烤	铸	卖
求	撞	研	设	租	堆	摆	停			

拿（给）　奔（向）　看（门）　出（钱）　开（车）　搞（来）

分（离）　提（调）　飞（来）　上（船）　许（诺）　判（决）

上（来）　编（造）　装（瓶）　分（配）　保（释）　打（牌）

出（出土）　打（底子）　守（遵守）　进（学校）　打（官司）

提（意见）　过（日子）　蹭（出来）　轰（出去）　拿（出来）

定（规定）　打（电话）　摆（架子）　开（玩笑）　想（办法）

当（作家）　加（上去）　上（化肥）　做（手脚）　走（过来）

猜（得到）　挑（起矛盾）　连（在一起）　有⋯⋯　跑（出花样来）

双音节动词（332）

起誓	出气	赞助	进行	抓差	拜托	代劳	空投
看到	知道	议论	认定	勒死	预备	参加	遵循
改装	传给	战胜	逮捕	抓走	出来	结仇	创造
指使	加工	提炼	找着	推销	特制	认为	活着
天生	琢磨	来到	风流	反映	首肯	认识	过夜
伸长	缩短	造成	相信	创建	想到	建筑	预备
追肥	听到	离开	想念	引起	了解	附会	借用
重修	领会	粘结	切碎	得名	培养	赞成	浸透
记得	报仇	说媒	转变	长大	睡着	嘱咐	发现
饿死	发达	出家	告诉	留下	递交	打听	查账
查考	忘记	结成	告发	设计	采办	闷熟	逼死
起家	寄存	收购	驯熟	求情	战死	传达	汇报
提供	懂得	掌握	登基	写成	迷上	看病	拜访
拉扯	赠送	决定	养活	介绍	送药	知晓	回来
答应	冲动	看看	敲打	嚷嚷	打开	转交	害死
养成	送给	夺走	冲着	回话	灌醉	撬开	降服
糊弄	看望	听见	带进	道歉	插手	约好	祖传
分析	取名	结婚	当作	离婚	缴获	下令	谈判
希望	得到	吃饭	卖身	交涉	卖脱	指使	摆弄
得罪	发明	出来	传播	从事	残留	带路	应召
杀死	放下	走出	建议	求贤	转让	计划	发表
兴起	开始	照顾	交待	帮忙	打动	激发	培养
欠过	培育	梳理	公开	画画	打死	配制	吸引
强占	发出	发现	失踪	改编	落泪	闹腾	牺牲
积疾	准备	拆台	保护	汇报	出发	安排	见面
公认	替换	联接	抢拍	提出	商定	扮演	骑车
告密	提供	搏斗	自称	听来	让给	可能	成功
祖传	试探	受罚	影响	批准	指使	教训	说服
攻击	来到	消磨	落下	同意	开会	缓解	找到
继续	腐蚀	实现	忘记	操练	体贴	习惯	注定

失踪	走进	回头	学习	研究	发现	交代	耽误
购买	操办	引起	徘徊	安排	参加	动身	盖章
慰劳	创造	中止	请教	打听	知道	难受	联络
出厂	解放	赞助	添置	设计	友好	追述	演变
铸造	转化	产生	摸索	流入	出土	计算	表示
补铸	演化	签发	发行	压榨	剥削	联系	达到
译出	首创	编写	写成	统一	填写	织造	进入
衍生	撰著	取得	问世	任命	发明	举行	创立
雕印	维持	崇拜	享受	充任	推举	进行	主持
发动	认识	继承	遵从	盛行	遗传	通知	采访
主张	委托	追肥	卖艺	淘换	打扮	装饰	筹备
布置	应该	可以	能够				

多音节动词（5）

冒名顶替　　离家出走　　自杀身亡　　来者不拒　　当回事儿

上述动词有没有一些突出的特征？我们认为，既然这些动词都可以在"是……的"结构中出现，那么肯定有一定的规律可循。一方面我们可以看到，这些动词之间有着类的区别，如"发现、出来、离开"等显然是一种动补式结果动词，"堆、停"等显然属于表示存在类的动词。另一方面我们也发现，有一些动词显然不可以进入"是……的"结构，如"在""属于"等。下面我们尝试对上述动词的特征进行归纳。关于动词分类的研究①不胜枚举，我们参考崔希亮（1996）的做法。

崔希亮（1996）根据"把"字句的句法语义特征给出了一个动词的分类框架，清楚起见，我们转述如下（见表 1-1）：

---

① 如马庆株（1992），郭锐（1993）等。

表 1-1　崔希亮 1996 关于动词的分类框架

静态动词	V1 存在动词	有　无　在　存在　堆 b　挂 b　站 b 摆 b　放 b　停……（b 表示静态义）
	V2 关系动词	是　为　指　像　相同　属于　姓　等于……
	V3 性质动词	讨厌　小心　轰动　佩服　热爱　信任　迷信　密切……
	V4 结果动词	出来　成立　发现　获得　解散　到达　批准　通过……
	V5 行为动词	拥护　帮助　服务　旅行　游泳　指导　祝贺　压迫……
动态动词	V6 变化动词	大　高　成　热　紧张　成熟　漂亮　地道　瓷实　结实……
	V7 活动动词	想　哭　笑　愁　当　看作　布置　打扮　筹备　联络……
	V8 动作动词	打　抓　摘　搂　拉　拽　脱　砍　剁　劈　砸　削　穿……
	V9 评价动词	看　当　说　夸　怀疑　算　称　叫……
	V10 感觉动词	愁　想　欢喜　忧伤　伤心　兴奋　疼　难受　寂寞……
	V11 生理动词	哭　笑　叫　喊　嚷　病　嚎　吵……
伴随动词	能愿动词	能　会　可以　情愿　宁　要　肯　敢　应该　得（děi）……
	前置动词	把　朝　向　往　被　对　对于　由　从　据　冲（chòng）……
	谓宾动词	省得　值得　任凭　给予　予以　加以　显得　难免……

我们把本书中抽取出的可以进入"是……的"结构的动词整理成表 1-2。

表1-2　"是……的"结构中的动词统计

类型	具体统计结果动词	具体实例	统计结果 数量	统计结果 比例
静态动词	V1 存在动词	堆　站　摆　有　停……	6	1.0%
静态动词	V2 关系动词	（无）	0	0%
静态动词	V3 性质动词	（无）	0	0%
静态动词	V4 结果动词	出来　发现　提出　离开　到达　批准　认识……	148	24.8%
静态动词	V5 行为动词	逼　压榨　剥削　发行　维持　签发　指使……	146	24.5%
动态动词	V6 变化动词	（无）	0	0%
动态动词	V7 活动动词	布置　联络　采访　筹备　装饰……	130	21.8%
动态动词	V8 动作动词	打　分　接　传　拜访　进行　传达　汇报……	128	21.4%
动态动词	V9 评价动词	（无）	0	0%
动态动词	V10 感觉动词	兴奋　疼　难受……	16	2.7%
动态动词	V11 生理动词	哭　笑　叫　喊　嚷嚷　吵……	14	2.3%
伴随动词	能愿动词	可以　要　应该……	5	0.8%
伴随动词	前置动词	（无）	0	0%
伴随动词	谓宾动词	建议　主张……	4	0.7%
合计			597	100%

　　清楚起见，我们把能够进入"是……的"结构的动词重新整理成表1-3。

表1-3　"是……的"结构中的动词统计整理

动词类型	动词具体实例	统计结果 数量	统计结果 比例
V4 结果动词	出来　发现　提出　离开　到达　批准　认识……	148	24.8%

动词类型	动词具体实例	统计结果	
		数量	比例
V5 行为动词	逼 压榨 剥削 发行 维持 签发 指使……	146	24.5%
V7 活动动词	布置 联络 采访 筹备 装饰……	130	21.8%
V8 动作动词	打 分 接 传 拜访 进行 传达 汇报……	128	21.4%
V10 感觉动词	兴奋 疼 难受……	16	2.7%
V11 生理动词	哭 笑 叫 喊 嚷嚷 吵……	14	2.3%
V1 存在动词	堆 站 摆 有 停……	6	1.0%
能愿动词	可以 要 应该……	5	0.8%
谓宾动词	建议 主张……	4	0.7%
合计		597	100%

经过表1-2、表1-3的测试，然后综合比较崔希亮（1996）的分类结果我们发现，关系动词（V2）、性质动词（V3）、变化动词（V6）、评价动词（V9）和前置动词（伴随动词）是不能进入"是……的"结构的，其他诸类动词都可以用在这一结构当中，但使用的频率高低不同。结果动词（V4）、行为动词（V5）、活动动词（V7）和动作动词（V8）使用的频率较高，是能够进入"是……的"结构的主流动词；而生理动词（V11）、感觉动词（V10）、存在动词（V1）以及伴随动词中的能愿动词和谓宾动词的使用频率则较低，而且有例外现象①，是非主流动词。"是……的"结构中动词的分布规律是受语义因素驱动的，这种语义因素的驱动我们将在第三部分的及物性分析中给出进一步的说明和解释。

1.2.3.3 "是……的"结构的句法成分序列

句法成分序列是指句法结构中不同句法成分及其线性排列关系。下面，

---

① 即有一些动词不能用于"是……的"结构，如"在""欢喜""省得""任凭""得"等，我们在语料当中没有发现它们的用例，我们也想象不出一个合适的例子来。具体原因有待今后的继续研究。

我们逐一分析不同动词在"是……的"结构中和其他句法成分的共现关系。动词与不同句法成分的这种配位规律显示了动词对"是……的"结构的句法限制，这些实例可以充分证明"是……的"结构中不同动词类型的句法特征。

由于本书关于"是……的"结构的语义角色类型以及焦点指派都不涉及定语问题，因此我们在句法成分上主要采用主语、宾语、状语和谓语动词，在每一种配位序列之后会给出真实语料中的用例。

A. 结果动词（V4）

a.（主语）＋"是"＋状语＋结果动词（V4）＋（宾语）＋"的"，例如：

（15）秦干事想，王景那时也是傻傻地在太阳下站了好久才发现的（赵琪《告别花都》）。

（16）她对我的问话似乎感到十分意外，她说，当然也是这么多，她们是一起出来的（朱文《我爱美元》）。

（17）我是在翠湖认识这种水生植物的（汪曾祺《翠湖心影》）。

（18）她是在勘探工作结束以后离开这里的。（礼平《小站的黄昏》）

b.（主语）＋"是"＋主语＋结果动词（V4）＋（宾语）＋"的"，例如：

（19）这钉子是在青马的槽里发现的！是王全发现的（汪曾祺《王全》）。

（20）她们两人跟随范吉射也是你们国君批准的（冯向光《三晋春秋》）。

（21）合着"扶清灭洋"的口号是你提出来的？（王朔《千万别把我当人》）

B. 行为动词（V5）

c.（主语）＋"是"＋状语＋行为动词（V5）＋（宾语）＋"的"，例如：

（22）西周是通过井田制来压榨和剥削奴隶的（萧剑平《中国古代文化史》）。

（23）它们起初也是民间发行的，后改为官办（肖茂盛《中国货币文化简史》）。

（24）原始人类最初是靠采集、渔猎维持生活的（萧剑平《中国古代文化史》）。

（25）钱币是在早期铜铸币的基础上产生的（肖茂盛《中国货币文化简史》）。

d.（主语）＋"是"＋主语＋行为动词（V5）＋（宾语）＋"的"，例如：

（26）交子初创时，是一些大商号分别签发的，又叫作私交子（肖茂盛《中国货币文化简史》）。

（27）告诉你，这死刑是我花钱给你买脱的，徐焕章是我指使来的！（邓友梅《烟壶》）

（28）告是他指使的（自拟）。

（29）她们催他赶快去睡觉，说是大老张嘱咐的……（汪曾祺《看水》）

C. 活动动词（V7）

e.（主语）＋"是"＋状语＋活动动词（V7）＋（宾语）＋"的"，例如：

（30）这次任务是现场临时布置的，十分紧急（自拟）。

（31）昨晚我是用手机和他联络的，信号不好听不清楚（自拟）。

（32）我们是坐车去采访的（自拟）。

f.（主语）＋"是"＋主语＋活动动词（V7）＋（宾语）＋"的"，例如：

（33）晚会是老王一个人筹备的，满意程度达到百分（自拟）。

（34）既然是第三工程队装饰的，那就再让他们来好了……（自拟）

D. 动作动词（V8）

g.（主语）＋"是"＋状语＋动作动词（V8）＋（宾语）＋"的"，例如：

（35）你的脚是（用）铁打的（自拟）。

（36）让我们来看看这些证据……也只证明了杀人是在我家进行的（王朔《枉然不供》）。

（37）他的菊花秧子大都是从朱雪桥那里分来的（汪曾祺《皮凤三楦房子》）。

（38）周仁是在和金秀见面的第四天去拜访金家的（陈方《皇城根儿》）。

（39）当初老太太是在夜里敲打他的，几天前他还提起过呢！（自拟）

h.（主语）＋"是"＋主语＋动作动词（V8）＋（宾语）＋"的"，

例如：

（40）材料有的是公安局传达的，有的是他向公安局汇报的。（汪曾祺《云致秋行状》）

（41）没准儿上次就是他接的电话。（王朔《编辑部的故事》）

（42）中国有几处桃花源，都是后人根据《桃花源诗并记》附会出来的。（汪曾祺《桃花源记》）

（43）我总怀疑，这种喝茶法是宋代传下来的。（汪曾祺《桃花源记》）

E. 生理动词（V11）

i.（主语）+"是"+状语+生理动词（V11）+（宾语）+"的"，例如：

（44）我知道他是昨天晚上哭的。（自拟）

（45）他这声"父亲"是要当众叫出来的。（自拟）

（46）那种痛苦是大声喊出来的，难道你还不清楚？（自拟）

j.（主语）+"是"+主语+生理动词（V11）+（宾语）+"的"，例如：

（47）鸡蛋散黄是蚊子叮的；你想起孑孓在水里翻跟斗……吃什么呢？（汪曾祺《落魄》）

（48）到底是谁先笑的？严肃点儿！（自拟）

（49）事情是他们自己嚷嚷起来的。（自拟）

F. 伴随动词+（宾语）

k.（主语）+"是"+状语+伴随动词+（宾语）+"的"，例如：

（50）大概是昨天建议开这次全体大会的吧，具体细节我也不很清楚。（自拟）

（51）当然这一切首先是一次商业活动，受价值规律的支配，同时宏观调控也是完全可以实现的。（朱文《我爱美元》）

l.（主语）+"是"+主语+伴随动词+（宾语）+"的"，例如：

（52）是谁首先主张采取这种方案的？我自己？（自拟）

G. 感觉动词（V10）

m.（主语）+"是"+状语+感觉动词（V10）+（宾语）+"的"，例如：

（53）是前天晚上开始疼的，昨晚都没睡好觉。（自拟）

（54）你觉得是什么时候开始难受的？先去做个全面检查吧。（自拟）

H. 存在动词（V1）

n.（主语）+"是"+状语+存在动词（V1）+（宾语）+"的"，例如：

（55）垃圾是昨天晚上就堆在那儿的。（自拟）

（56）那辆车是在那个角落停了三天三夜的。（自拟）

在 a—n 中，我们其实只分析了各种句法配位的原子句形式，即句法成分配位比较简单的形式。在这些句法成分配位的原子句形式当中，"是"后的成分有的可以状语、主语俱全（如 a—j），有的只可以是状语或主语（如 k—n）。这种不同的配位方式恰好和我们对进入"是……的"结构的动词的考察结果相吻合："是"后可同时具有状语和主语两种句法成分的句法成分配位形式中的动词是频率比较高的结果动词（V4）、行为动词（V5）、活动动词（V7）、动作动词（V8）和生理动词（V11），而"是"后只有状语或主语一种句法成分的句法成分配位形式中的动词是使用频率较低且有例外现象的感觉动词（V10）、存在动词（V1）以及伴随动词中的能愿动词和谓宾动词。

从 a—n 可以清楚地看到不同的动词所要求的句法成分的配位方式，如果我们用 NP 代表体词性成分，用 M 代表修饰或限制性成分，用 V 代表核心动词，用 O 代表宾语成分，那么会得到以下配列①：

i. NP – 是 – M – V – O – 的：我是昨天在西单买这本书的。

ii. NP – 是 – M – V – 的 – O：我是昨天在西单买的这本书。

iii. 是 – NP – M – V – O – 的：是我昨天在西单买这本书的。

iv. 是 – NP – M – V – 的 – O：是我昨天在西单买的这本书。

v. M – 是 – NP – V – O – 的：昨天是我在西单买这本书的。

vi. M – 是 – NP – V – 的 – O：昨天是我在西单买的这本书。

---

① 有些学者认为"是……的"结构中的"的"在宾语前和在宾语后没有什么本质的区别（参看 1.5 的介绍），我们将在文章的最后涉及这一问题。i—vi 的配列当中有一些可接受性差，但通过对（1）—（56）的分析，这些可接受性比较差的句子并不影响我们把它们当作类型（type）中的具体实例（token）。另外，对于这几种结构之间是否存在着变换关系，存在着怎样的变换关系，以及变换的条件是什么，是一个比较复杂的问题；本文没有涉足，有待继续研究。

如果我们把上文的（1）—（8），（15）—（56）以及 i—vi 中的"是"和"的"进行删除操作的话，那么都将得到一个主谓结构"NP—VP"的形式。我们发现任何一个主谓结构在原则上都能转换成"是……的"结构的形式，即无论是"（NP）－是－M－V－O－的"形式还是"（M）－是－NP－V－O－的"形式，其基本的句法功能都是分裂一个主谓结构①，即：

NP－M－VP→ NP－是－M－VP－的，

NP－M－VP→ 是－NP－ M－VP－的②。

如"我——在西单买这本书"是一个主谓结构形式，被"是……的"结构分裂之后，得到"我是在西单买的这本书"或"是我在西单买的这本书"。

至此，我们可以清楚地界定本书研究的"是……的"结构了，即所有"是……的"结构其初始形式都必须是一个主谓结构"NP—VP"的形式；该结构形式被"是……的"结构分裂之后，形成"是－S－VP－的"和"S－是－VP－的"两种形式，前者形成一种被"是……的"结构包孕的态势，后者形成一种被"是……的"结构分离的态势，但二者的来源在本质上是一致的：初始形式"NP—VP"（主谓结构）被"是……的"结构分裂。

1.2.4　"是……的"结构的句法限制

综上所述，我们可以总结出关于"是……的"结构的句法限制关系：

第一，"是……的"结构中的成分不可以是体词性的，也不可以是形容词性的，因为二者构成的结构都是典型的"的"字结构做"是"的宾语，前后形成一种纯粹的判断关系。这两种所谓的"是……的"结构都是非动词核心"是……的"结构，和本书的讨论无关。典型的"是……的"结构必须包含一个动词核心结构。

第二，构成"是……的"结构的初始结构都必须是一个主谓结构，该主谓结构可以包孕和分离两种形式被"是……的"结构分裂。因此我们可以说"是……的"结构的基本句法功能是分裂一个主谓结构。

第三，结果动词、行为动词、活动动词、动作动词和生理动词可以进入

---

①　这种主谓结构的界定比较宽泛，基本上不考虑语义结构关系；我们认为任何一个结构只要前后形成一种说明和被说明的关系都可以视为主谓结构，其中"主"是被说明的部分，"谓"是说明的部分。

②　为简便起见，我们在这里简化了 i—vi 的形式，只刻划两种基本的类型作为代表。

"是……的"结构，而且使用的频率较高；而感觉动词、存在动词，以及伴随动词中的能愿动词和谓宾动词虽然也可以进入"是……的"结构，但使用频率较低，而且有例外现象。高频动词可以和主语和状语等句法成分自由共现，低频动词在与主语和状语等句法成分共现时受到很大限制。"是……的"结构对动词的选择性限制与该结构的语义结构关系密切相关，我们将在第三部分给出一些力所能及的解释。

第三节　"是……的"结构的语义类型

作为现代汉语语法研究的热点之一，很多学者都曾对"是……的"结构的类型、语法意义及功能等问题进行过系统研究。"是……的"结构类型复杂，本书只研究包含动词性结构的"是……的"结构。典型的例子如下：

（1）没说的，这坏点子准是于观出的。（王朔《顽主》）

（2）这样说来，走向江边，是戴维·施鲁德自己提出来的。（莫怀戚《陪都就事》）

（3）他当然明白，他这支笔是画不到那些洋楼上去的。（李杭育《沙灶遗风》）

（4）你们到底是怎么来的啊？（自拟）

（5）蒸汽机是瓦特发明的。（自拟）

本书关心的问题是：有哪些语义成分即语义角色可以共现于"是……的"结构中？弄清楚共现于"是……的"结构中的由不同句法成分担任的不同语义角色及其相互关系，可以使我们更清楚地认识"是……的"结构的一些特征。

1.3.1　语义角色

1.3.1.1　语义角色

在句法结构中谓词性成分和相关体词性成分形成一种互动关系，语义角色（semantic role）就是由处于这种互动关系中的谓词性成分指派给体词性成分的一种语义特征。不同的学者对语义角色的界定，特别是对语义角色的类型及数量的界定是非常不同的。例如，Fillmore（1966）在分析名词（包括代名词）跟动词（包括形容词）之间的及物性关系时，就提出过 16 种语义角色①。孟琮（1987）则把名词与动词之间的语义关系界定为 14 种②。鲁川、林杏光（1989）认为语义关系具有层级性，他们先分出 6 种体，每种体下设 6 个语义格，最后共分出 18 种语义角色③。对此进行系统论述的还有袁毓林（2002）（详见表 1 - 4）：

表 1 - 4　现代汉语中的语义角色

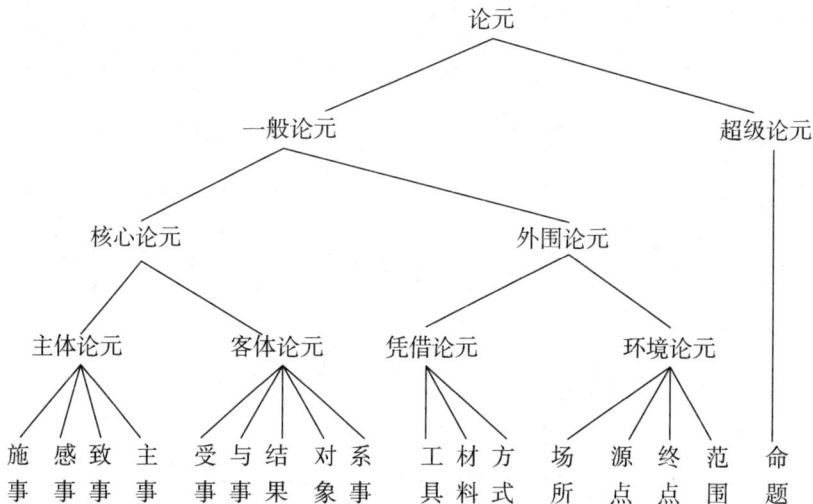

1.3.1.2　本书的语义角色系统

我们在袁文上述 17 种语义角色的基础上在环境论元角色中增加"时间"和"原因"，同时把"结果"和"对象"归入"受事"④，因此我们共得到 17 种语义角色：

施事（agent，A），感事（sentient，Se），致事（causer，Cau），主事（theme，Th），受事（patient，P）［包括结果（result，R），对象（target，

---

① 请参阅 Fillmore1966—1977 年间发表的系列论著，也可参阅中译本《"格"辨》（胡明扬译，商务印书馆 2002 年版）。

② 详细信息请参阅孟琮《汉语动词用法词典》，商务印书馆 2002 年版。

③ 详细信息请参阅鲁川、林杏光"现代汉语语法的格关系"，《汉语学习》1989 年第 5 期。

④ 严格来说把"结果"归入受事是不合适的，但考虑到在"是……的"结构的语料中没有发现"结果"这一语义角色，但在其他句法结构中"结果"又是一个很重要的语义角色，本文姑且把它放在受事。

Ta）］，与事（dative，D），系事（relevant，Rt），工具（instrument，I），材料（material，Ma），方式（manner，M），场所（location，L），源点（source，So），终点（goal，Go），范围（range，Ra），命题（proposition，P），时间（time，T），原因（reason，Rn）。

下文将在上述 17 种语义角色的范围内讨论"是……的"结构中出现的不同语义角色及其相互之间的配位关系，这种分析可以让我们从宏观上把握"是……的"结构的语义类型，从而为该结构的语义分析与解释提供一种参照。

1.3.2 "是……的"结构的语义结构关系类型①

1.3.2.1 两种句法成分的配位序列

不同句法成分（本文指谓语动词、主语、状语以及宾语）在"是……的"结构中的配位可以简化为两种基本序列：

I.（主语）+"是"+状语+动词+（宾语）+"的"

II.（主语）+"是"+主语+动词+（宾语）+"的"

也就是说，在讨论"是……的"结构的语义结构关系类型时，I 和 II 这两种句法配位序列是完全作为表层形式出现的，我们不关注其中动词的差异，I 和 II 都可能对应着至少一种语义结构关系。下面，我们分句首空位和非句首空位两种类型来考察不同语义角色在"是……的"结构两种句法配位序列中的共现关系。

1.3.2.2 句首空位型

A.［ ］+"是"+施事+动词+"的"，例如：

（6）我说："是，都［ ］是我勒死的。"（自拟）

（7）我当时就不该起事，［ ］是王爷害的我。（王朔《疾人》）

B.［ ］+"是"+致事+动词+受事+动词'+"的"，例如：

（8）［ ］是王干事让我们不要大惊小怪的，谁也不知道是怎么回事儿！（自拟）

---

① 我们统计了 250 万字的带"的"字的现代汉语语料（语料均来自北京大学郭锐老师建立的"汉语语料库"），从中抽取到 1004 句带有"是……的"结构的用例，下面论及的语义结构关系的基本类型建立在这些真实语料的基础之上。

（9）一阵沉默后，霍沧粟说：［ ］是我母亲叫我学这个的。（自拟）

C.［ ］＋"是"＋材料＋动词＋"的"，例如：

（10）［ ］是用大理石做的面，坐上去光溜溜、凉津津的。（陆星儿《一个和一个》）

（11）你自然看不懂，因为［ ］是很多小说合在一起改编成的。（自拟）

D.［ ］＋"是"＋工具＋动词＋"的"，例如：

（12）［ ］是用水果刀割的，很钝，几刀不见血，他急了……（自拟）

（13）哦，鸭嘴上有点东西，有一道一道印子，［ ］是刀子刻出来的。（汪曾祺《鸡鸭各家》）

E.［ ］＋"是"＋方式＋动词＋"的"，例如：

（14）［ ］是怎么来的？坐飞机吗？还是坐船？（自拟）

（15）南希指牛大姐：［ ］是严格按照她的要求干的，没错儿！（王朔《编辑部的故事》）

F.［ ］＋"是"＋场所＋动词＋"的"，例如：

（16）晚上，［ ］是在宁波轮船码头门前的过道里过的夜。（王朔《枉然不供》）

（17）当然［ ］是在果园里摘的，叶子都是新鲜的呢！（自拟）

G.［ ］＋"是"＋时间＋动词＋"的"，例如：

（18）［ ］是昨天下午离开的，她没有告诉你吗？（自拟）

（19）［ ］是一年前唱的，就是在这里唱的呀，是……是《有个女孩儿》！（自拟）

H.［ ］＋"是"＋源点＋动词＋"的"，例如：

（20）原来［ ］是从监狱里逃跑的，警察正在四处搜捕。（自拟）

（21）［ ］是从山顶上滚下来的，可惨了。（自拟）

I.［ ］＋"是"＋命题＋动词＋"的"，例如：

（22）都［ ］是打电话造成的麻烦！（自拟）

A—I都属于句首空位型"是……的"结构（［ ］表示空位），即"是"的前面没有明显的语义角色成分，如果要补出这些语义角色成分的话，需要到更大的语境里去寻找。通过分析语料我们发现，只有9种语义角色可以出现在"是"后的位置上，这种类型的"是……的"结构在数量上并不占优势，它们往往出现在语段甚至是语篇当中。在数量上占优势的是非句首空位型的"是……的"结构。

1.3.2.3　非句首空位型①

A. 受事占据句首位，后跟施事型

a. 受事 + "是" + 施事 + 动词 + "的"，例如：

（23）这一回他先打来了一个电话，还真巧，是张全义接的。（陈建功《皇城根》）

（24）鸭掌、鸭翅是王老板买来的。（自拟）

b. 受事 + "是" + 施事 + 时间 + 动词 + "的"，例如：

（25）这是老九放羊时摘来的。（自拟）

（26）这些材料是云致秋昨天提供的……（汪曾祺《云致秋行状》）

c. 受事 + "是" + 施事 + 场所 + 动词 + "的"，例如：

（27）一套深蓝色的西装，一件浅黄色高领毛衣，三件雪白的衬衫，外加一双牛筋底的轻便皮鞋，从头到脚，都是他从那爿百货店里拿来的。（陆文夫《清高》）

（28）所以呀，为了让我心里踏实，你也甭蒙着盖着，告诉我个底，这金丹是谁从金一趟家里拿出来的？（陈建功《皇城根》）

d. 受事 + "是" + 施事 + 方式 + 动词 + "的"，例如：

（29）母亲说，真糊涂，那是我打电话通知的她。（自拟）

（30）别逗啦，总经理，刚才那可是我亲手交给你的呀！（陈建功《皇城根》）

e. 受事 + "是" + 施事 + 工具 + 动词 + "的"，例如：

（31）黄瓜削好了，是我用水果刀削的。（自拟）

f. 受事 + "是" + 施事 + 材料 + 动词 + "的"，例如：

（32）咸菜是母亲用青菜腌的。（自拟）

g. 受事 + "是" + 施事 + 源点 + 动词 + "的"，例如：

（33）石头是石头工从山腰推下来的。（自拟）

在这种类型的语义角色配位序列中，施事后可以直接是动词，也可以加上其他外围论元角色再跟动词，配位的方式比较自由。

---

①　在受事、施事占据句首位的类型中，命题这一语义角色体现出方式的意义，所以不作具体分析。

B. 受事占据句首位，后不跟施事型

a. 受事 + "是" + 工具 + 动词 + "的"，例如：

（34）那种发型是用木梳梳出来的。（自拟）

（35）遥远的星云是用高倍望远镜观察到的。（自拟）

b. 受事 + "是" + 材料 + 动词 + "的"，例如：

（36）妈说这粥是草籽熬的。（汪曾祺《黄油烙饼》）

（37）噢，对了，谁也没看过这本书，这本书是砖头改装的。（王朔《千万别把我当人》）

c. 受事 + "是" + 方式 + 动词 + "的"，例如：

（38）那笔款子是通过邮局汇出去的。（自拟）

（39）四川有"炒米糖开水"，车站码头都有得卖，那是泡着吃的。（汪曾祺《故乡的食物》）

d. 受事 + "是" + 场所 + 动词 + "的"，例如：

（40）只有我知道，这张相片是在苏州园林拍的！（自拟）

（41）您说"下凡"是在那边得到的？（自拟）

e. 受事 + "是" + 源点 + 动词 + "的"，例如：

（42）新媳妇留给人们这个坏印象，是从过门头一天闹洞房引起来的。（浩然《新媳妇》）

（43）人家毕竟是从市局提来的，气宇凡不凡不敢说，至少行头地道……（张郎郎《金豆儿》）

f. 受事 + "是" + 时间 + 动词 + "的"，例如：

（44）这个笑话是在四十四年前听到的，当时觉得很无聊。（汪曾祺《翠湖心影》）

（45）这些建筑的规模大概是明朝永乐时期创建的，清朝又改建或修改过。（汪曾祺《国子监》）

在这种类型的语义配位序列中，"是"后的位置上只有外围论元角色。

C. 施事占据句首位

a. 施事 + "是" + 与事 + 动词 + "的"，例如：

（46）妈妈是给我织的毛衣。（自拟）

（47）这些鸡是他们自己的，还是是给别人家运的。（汪曾祺《鸡鸭名家》）

b. 施事 + "是" + 受事 + 动词 + "的",例如:

(48) 这些人家的大少爷,是连粮价也不知道的,一切全由米店店东经手。(汪曾祺《八千岁》)

c. 施事 + "是" + 场所 + 动词 + "的",例如:

(49) 发薪这天,他照例是不在食堂吃饭的。(邓友梅《烟壶》)

(50) 我没见过,我是在家听说的。(自拟)

d. 施事 + "是" + 源点 + 动词 + "的",例如:

(51) 金枝咯咯笑着打量他:"……你该不会是从地下钻进来的吧?"(萧红《生死场》)

e. 施事 + "是" + 方式 + 动词 + "的",例如:

(52) 老徐又问:"她是用法语交代的吗?"(邓友梅《那五》)

(53) 你不应当看不起农民,你是农民用生命保护下来的。(浩然《夏青苗求师》)

f. 施事 + "是" + 工具 + 动词 + "的",例如:

(54) 雷夏和我是用刮胡刀片干的,每人给自己左手来了一下……(梁晓声《这是一片神奇的土地》)

g. 施事 + "是" + 时间 + 动词 + "的",例如:

(55) 他是从小就确定要出家的。(汪曾祺《受戒》)

h. 施事 + "是" + 命题 + 动词 + "的",例如:

(56) 原来他是杀了人才逃到这儿来的。(自拟)

施事占据句首位时,有 8 种语义角色可以出现在"是"后的位置上,除与事和受事两种核心论元角色外,其他均为外围论元角色。

D. 感事占据句首位

a. 感事 + "是" + 原因 + 动词 + "的",例如:

(57) 这种鱼是由这种声音得名的。(自拟)

b. 感事 + "是" + 场所 + 动词 + "的",例如:

(58) 我是在翠湖才认识这种水生植物的。(汪曾祺《翠湖心影》)

c. 感事 + "是" + 时间 + 动词 + "的",例如:

(59) 哥哥是去年夏天才喜欢游泳的。(自拟)

感事占据句首位时,"是"后的语义角色只能是原因、场所和时间等外围论元角色。

E. 主事占据句首位

a. 主事 + "是" + 主事 + 动词 + "的"，例如：

（60）小孩是自己掉进沟里的，前面的人也没有听到孩子的喊声。（自拟）

b. 主事 + "是" + 处所 + 动词 + "的"，例如：

（61）我们家世代都是果农，我是在果树林里长大的。（汪曾祺《羊舍一夕》）

c. 主事 + "是" + 时间 + 动词 + "的"，例如：

（62）那座桥是昨天晚上塌的，幸好那时没有车通过。（自拟）

主事占据句首位时，"是"后的语义角色只能是主事（其代词复写形式）、处所和时间。

F. 命题占据句首位①，例如：

（63）王二发达了，是从他的生活也看得出来的。（汪曾祺《异秉》）

1.3.3　语义角色的原型效应

1.3.3.1　语义角色的共现统计

在上文的分析中，共有受事、施事、主事、感事、致事、与事、工具、材料、方式、场所、时间、源点、原因、命题 14 种语义角色（系事、终点、范围没有出现）出现在"是……的"结构中，它们之间的相互配位共形成 37 种配位序列。在 37 种配位序列里，句首空位型有 9 种，非句首空位型有 28 种（其中，受事占据句首位 13 种，施事占据句首位 8 种，感事占据句首位和主事占据句首位各 3 种，命题占据句首位 1 种）。在 37 种不同的配位序列里，各种语义角色的出现频率也有很大的差别，其中受事 15 次，施事 16 次，主事 4 次，感事 3 次，致事 1 次，与事 1 次，原因 1 次，工具 5 次，材料 2 次，方式 4 次，场所 5 次，时间 6 次，源点 4 次，命题 2 次。

我们把不同语义角色在"是……的"结构中共现频率的高低称为语义角色的原型效应（prototypical effect）：如果某种语义角色在"是……的"结构中出现的频率较高，则证明该语义角色与"是……的"结构的关系密切，即在共现于"是……的"结构的系列语义角色中具有较高的原型性；反之，则

---

① 由于这种类型的"是……的"结构少而又少，仅举一例作为类型的实例。

证明该语义角色与"是……的"结构的关系比较疏远，即在共现于"是……的"结构的系列语义角色中具有较低的原型性。具体说来，受事和施事具有相同的原型效应；和主事、感事、致事等主体论元角色相比，施事具有较高的原型效应。清楚起见，我们把上述信息列成表1-4。

表1-4　"是……的"结构的语义角色类型的类统计

项目统计 语义角色		非句首空位		句首空位	语义角色在37种配位序列中的数量		语义角色在37种配位序列中的比例	
主体论元	施事	8	114		16	24	23.2%	34.8%
	感事	3			3		4.3%	
	致事	0			1		1.4%	
	主事	3			4		5.8%	
客体论元	受事	13	113		15	16	21.7%	23.2%
	与事	0			1		1.4%	
	结果	受事			（受事）		（受事）	
	对象			228	9			
	系事	0			0		0%	
凭借论元	工具	0	0		5	11	7.2%	15.9%
	材料	0			2		2.9%	
	方式	0			4		5.8%	
环境论元	场所	0	0		5	16	7.2%	23.2%
	源点	0			4		5.8%	
	终点	0			0		0%	
	范围	0			0		0%	
	时间	0			6		8.7%	
	原因	0			1		1.4%	
命题		1			2		2.9%	
合计		28		9	69		100%	

1.3.3.2　原型效应的等级序列

从表 1 - 4 可以看出，非句首空位型"是……的"结构比句首空位型"是……的"结构具有较强的原型性。在非句首空位型"是……的"结构中，主体论元和客体论元，即核心论元角色体现出较强的原型性效应，原型性较弱的分别是外围论元角色，以及超级论元角色——命题。在 37 种语义角色配位序列中，五个层次的论元角色所体现出的原型性等级是：

（64）主体论元角色 > 客体论元角色 > 环境论元角色 > 凭借论元角色 > 超级论元角色。

（64）说明，"是……的"结构对上述五个层次的论元角色的选择是有倾向性的，即五个层次的论元角色在"是……的"结构中的共现体现出不同的原型效应，形成一个由左向右原型性等级呈递降趋势的等级序列。"是……的"结构会优先选择主体论元和客体论元，然后是环境论元和凭借论元，最后才是超级论元。

17 种具体语义角色所体现出的原型性效应序列为：

（65）施事 > 受事 > 时间 > ｛工具，场所｝> ｛主事，方式，源点｝> 感事 > ｛材料，命题｝> ｛致事，与事，原因｝> ｛系事，终点，范围｝。

（65）说明，"是……的"结构对 17 种语义角色的选择是有偏向性的，即 17 种语义角色在"是……的"结构中共现时表现出不同的原型效应，形成一个由左向右原型性等级呈递降趋势的等级序列（｛｝中的角色视为具有相同的原型性等级）。序列左边的语义角色具有优先进入"是……的"结构的能力，序列右边的语义角色进入"是……的"结构的优先能力则较弱。

在（64）和（65）两个原型性效应等级序列中，越是靠近左边的原型性就越强，即处于优选地位，体现出较高的原型性效应；越是靠近右边的原型性就越弱，即处于非优选地位，体现出较低的原型性效应。

第四节　浅析"是……的"结构句的宾语

带宾语的"是……的"结构句指的是这样一些句子：

（1）他是昨天来的北京。

（2）她是昨天在西单买的这本书。

（3）你是怎么知道我的住址的？

我们把（1）—（3）中的"北京""这本书"和"我的住址"等句法成分称为"是……的"结构句的宾语。从这三个例子我们可以看出，"是……的"结构句的宾语在句法位置上具有两种实现可能，即位于动词后"的"前（V+O+的）或动词后"的"后（V+的+O）。这两种句法配列有时候被视为等价句式，如例（4）常常被视为例（1）的等价句式：

（4）他是昨天来北京的。

方便起见，我们将"是……的"结构句与其宾语在句法上形成两种排列表示如下（NP代表体词性成分，M代表修饰或限制性成分，V代表核心动词，O代表宾语成分）：

（5）NP—是—M—V—O—的。

（6）NP—是—M—V—的—O。

我们的问题是，这两种句式有没有什么不同？宾语位于动词后"的"前（V+O+的）和动词后"的"后（V+的+O）在语义上有没有差别？

1.4.1 相关研究

带宾语的"是……的"结构句在句法上之所以能够形成两种配列，关键在于其宾语可以移位。这种移位似乎可以有两种理解，一是从"的"前移至"的"后，二是从"的"后移至"的"前。而以前的学者关于"是……的"结构句宾语的研究并没有对此做出令人信服的回答和解释。下面我们简单介绍一下李培元（1980）、牛秀兰（1991）和刘月华（2001）的研究。

李培元（1980）认为如果宾语是名词时，放在"的"前和"的"后均可，意义上没有太明显的差别。刘月华（2001：765）认为，如果"是……的"结构中间的动词带宾语，这个宾语可以紧跟动词，置于"的"前，也可以放在"的"后，口语以放在"的"后更为常见。如果宾语是人称代词，则常常放在"的"前。刘月华给出的例子是：

（7）我是在外国语学院学的外语。

（8）她是昨天通知我的。

但按照刘月华的看法，例（7）和例（8）是经不住推敲的。例（7）的宾语如果紧跟动词后（置于"的"前）形成的（7'）给人的感觉有点儿别扭，不如原句来得自然。例（8）的宾语"我"是人称代词，但我们认为置于"的"后形成的（8'）也是自然语言中使用频率极高的句子：

（7'）？我是在外国语学院学外语的。①

（8'）她是昨天通知的我。

综上所述，在二位学者看来，宾语处于"的"前和"的"后并没有本质上的差别，这种结论显然是把问题简单化了。

牛秀兰（1991）分析了宾语置于"的"前和"的"后的一些规律，试图探讨类似（5）和（6）两种语序的使用条件。牛秀兰在文章中把"主语＋（是）＋状语＋动词＋的＋宾语"称为 a 式，把"主语＋（是）＋状语＋动词＋宾语＋的"称为 b 式②。认为动词是单音节动词、动宾离合词和动词带趋向补语又带事物宾语时倾向于使用 a 式，当动词是双音节动词、动词带结果补语时倾向于使用 b 式。这种分析在一定程度上揭示了（5）、（6）两种句式的不同，然而，牛秀兰文中在分析 b 式时使用的例句很值得怀疑，因为这些例句几乎都是带有疑问结构的"是……的"结构句。例如：

（9）你是怎么认识徐辉的？③

（10）你是怎么看待这些事情的？

（11）你是怎么研究学问的？

（12）你是在哪儿看见这些传单的？

（13）天这么晚了，你打哪儿到蔽村的？

（14）你怎么变成现在这个样子的？

然而，按照牛秀兰文中的解释，（9）—（14）并不能体现出使用 b 式的倾向性。下面是（9）—（14）使用 a 式的情况：

（9'）你是怎么认识的徐辉？

（10'）？你是怎么看待的这些事情？

（11'）你是怎么研究的学问？

（12'）你是在哪儿看见的这些传单？

---

① 句子前面的"？"表示句子的可接受性值得怀疑，下同。

② 我们在下文的讨论中沿用这种分类法，即 a 式"是……的"结构——主语＋（是）＋状语＋动词＋的＋宾语，b 式"是……的"结构——主语＋（是）＋状语＋动词＋宾语＋的。

③ 我们调查了一些北京人的语感，他们也都认为（9）中的例子说成"你是怎么认识的徐辉？"可接受性更强一些。由此也可以看出，宾语在"的"前还是"的"后和动词音节的数量并没有必然的联系。

（13'）？天这么晚了，你打哪儿到的蔽村？

（14'）？你怎么变成的现在这个样子？

上面的（9）—（14）全都能使用b式，而（9'）—（14'）并不能全都使用a式，我们认为这是由选择的例句造成的。我们在现实语料中发现，如果剔除带有疑问结构的"是……的"结构句，自然语言中其实存在大量的a式句：

（15）没准儿他是昨晚接到的电话，通知晚了。

（16）母亲说，真糊涂，是我刚才打电话通知的小王。

（17）他是在勘探工作结束以后离开的这里。

（15）—（17）中的"接到—电话""通知—小王""离开—这里"完全符合牛秀兰在文章中关于b式使用的条件，但这些结构却都使用了a式。

如此说来，牛秀兰在文章中将"是……的"结构宾语位置的不同简单归结为音节和动宾结构类型的限制，显然也是把问题简单化了，从上面的分析中不难看出，何时使用a式，何时使用b式和音节、动宾结构类型之间并没有太大的关系。

1.4.2 从"自指"到"转指"角度看"是……的"结构句之宾语

朱德熙（1983）认为"VP的"既可以表示转指意义，也可以表示自指意义。前者既牵涉语法功能的转化，又牵涉语义功能的转化；后者只牵涉语法功能的转化。例如（陆俭明1991）：

（18）a. 红 → 红的（红颜色的东西）

b. 吃 → 吃的（食物│吃东西的人）

（19）a. 开车的技术

b. 爆炸的原因

例（18）中"红的"和"吃的"表示转指意义，这里的"的"起了两方面的作用，一是语法功能的转化——名词化，二是语义功能的转化。而（19）中"开车的"和"爆炸的"表示的是自指意义，这里的"的"只起语法功能的转化作用，没有语义功能的转化作用。

如何评价并吸收朱德熙的分析，对于更加深入地研究"是……的"的结构、语义特点是至关重要的（杉村博文1999）。

其实，我们可以从更宏观的角度将转指（tansferred-designation）和自指（self－designation）看作一个问题的两个方面，即任何一个"VP的"形式都会同时具有这两种意义。例如：

（20）这种花是红的，那种花是黄的。①

（21）鸭掌、鸭翅是王老板买来的。

（20）中的"红的"可以有两种理解的维度，一是理解为"红的花"，二是理解为"这种花"具有"红"这种属性。理解成前者体现的是转指意义，理解为后者体现的是自指意义。

（20'a）这种花是红的［花］，那种花是黄的。（转指意义）

（20'b）这种花是红的［？］，那种花是黄的。（自指意义）

（21）中的"王老板买来的"可以理解为"王老板买来的鸭掌、鸭翅"，也可以理解为"鸭掌、鸭翅"具有"王老板买来"这种属性。前者体现的是转指意义，理解为后者体现的是自指意义。

（21'a）鸭掌、鸭翅是王老板买来的［鸭掌、鸭翅］。（转指意义）

（21'b）鸭掌、鸭翅是王老板买来的［？］。（自指意义）

我们发现，即使是一些高度凝固化的结构也同样具有这两种意义，如"修电话的""开车的"等。"修电话"和"开车"在现实生活中已经高度凝固化，变成了一种工作或职业，因此"修电话＋的"和"开车＋的"表示转指的倾向性极强（前者的意义可能是电话修理工，后者的意义可能是司机）；但在具体语境中二者仍可以表示自指意义，例如：

（22）你是怎么修电话的？都送来两个星期了还没有修好！

（23）你是怎么修的电话？这么快就能用了。

（24）？我是昨天修电话的。

（25）我是昨天修的电话。

（22）和（23）都能说，但我们明显感到意义有差别。前者好像是批评以修电话为职业的那个人，后者显然是询问修电话的方式（被询问者很可能不是以修电话为职业的人）。（24）可接受性值得怀疑，（25）则是正常的句子。

从（22）和（23）可以看出，"VP的"在自然语言中可能会产生歧义

---

① 其实例（20）不属于本文界定的严格意义上的"是……的"结构句，此处引用旨在说明"VP的"兼具自指和转指两种意义的情况。

现象。上述（22）—（25）中"修电话的"结构在不同语境中形成了不同的意义，交际中为了避免这种歧义，交际双方往往采用一些行之有效的手段来消解这种歧义。对"是……的"结构句来说，手段之一便是在"VP 的"前加疑问词，使之具有表示属性的功能，如例（9）—（14）、例（22）—（23）等。手段之二便是把宾语后移至"的"后，如例（25）。手段之三便是把"是……的"结构中的宾语话题化，提至句首或放到更大的语境里边（例如，"虽说别人也都喊过口号，也都动过手，可都是李老三逼的……"中"是……的"结构句的宾语就被放到了语境当中）。我们在调查中发现，"是……的"结构句的宾语话题化是一种很强的倾向，其句法后果是使得该结构中的"VP 的"只具有属性特征。

由此看来，"是……的"结构句与其宾语形成的两种句法配位——（5）NP－是－M－V－O－的，（6）NP－是－M－V－的－O，在语义上是有差别的。这种差别表现在句式（5）本质上是一个"VP 的"结构，可以兼具自指和转指两种意义，在自然语言交际中为了避免生成歧义，交际者对句式（5）进行调整，分化出句式（6）专表转指意义。下面，我们试以例（1）与例（4）为例来说明这种差别。

虽然现代汉语中"他是昨天来的北京"和"他是昨天来北京的"都可以说，但按照我们的解释，它们表达的意义还是有所差别的。"他是昨天来北京的"是强调"他"具有"来北京"这种属性，属于"VP 的"之自指意义，但这并不能排除转指意义理解的可能性，即理解为"他是昨天来北京的［人］"。为了避免这种双重理解，交际者对"他是昨天来北京的"进行消歧调整，生成"他是昨天来的北京"，只不过是因为"来北京的"不像"修电话的"那样具有强烈的转指倾向，而使得这种调整的迹象不那么明显罢了①。这说明并非所有的句式（6）都具有源生句式（5），换言之这种现象并没有普遍性，即并非所有的 a 式"是……的"结构——"主语＋（是）＋状语＋动词＋的＋宾语"都有相应的 b 式"是……的"结构——"主语＋（是）＋状语＋动词＋宾语＋的"形式。将"是……的"结构句之宾语位于

---

① 例（24）和（25）中，由于"修电话的"具有强烈的转指倾向，交际者进行消歧调整的痕迹很清楚，调整后例（24）变成一个可接受性很差的句子。而"来北京的"并不具有强烈的转指倾向性，所以调整前后的痕迹没有前者那么明显，生成的两个句子都具有接受性，只不过强调的侧面不同罢了。

"的"前和位于"的"后两种情况等同起来是忽视汉语事实将问题简单化的表现。

1.4.3　结论

现在，我们可以尝试回答我们在开始部分提出的问题。句式（5）和句式（6）实质上是同一种句式的两种不同变体，宾语在"的"前和"后"时语义有差别。句式（5）中的"V—O—的"原则上可以具有自指和转指两种意义，自指意义体现为 NP 的一种属性，转指意义则直接体现为 NP。为了避免这种所谓的歧义，交际主体便将"的"前移至宾语前形成句式（6），专门用来表示转指意义。因此，句式（5）体现的是一种属性意义（自指），句式（6）体现的是一种体词性意义（转指）。由于自指（属性意义）没有语义功能的转化作用，语义上没有独立性，因此带宾语的"是……的"结构句在使用上以句式（6）为常，在某些情况下①，甚至没有相应的句式（5）。

第五节　汉语分裂结构句的及物性考量

1.5.1　及物性与汉语相关研究

1.5.1.1　及物性与及物性参数

关于句子的及物性可以有三个不同层面的理解。传统语言学用及物性来给词定类，把动词分为及物动词和不及物动词，这是第一个层面。第二个层面是指以菲尔莫尔（Fillmore）和韩礼德（Halliday）为代表的研究者用及物性来界定名词组和动词之间的语义格关系。现在我们所谈及的及物性即第三个层面，一般指霍珀（Hopper）和汤普森（Thompson）（1980）提出的及物性假设（the transitivity hypothesis）。

及物性（transitivity）是代表句子属性的一组语法特征的集合，集合中的每一个语法特征都会影响句子的及物性程度，这些参数主要包括动词体、施事、受事和情态等。现把霍珀和汤普森（1980）的及物性假设所提出的及物

---

① 如"VP 的"具有强烈转指意义的情况。

性参数如表 1 – 5 所示。

表 1 – 5 霍珀和汤普森（1980）的及物性参数

及物性程度 及物性参数	及物性高	及物性低
参与者 participant	两个或两个以上	一个
动力 kinesis	动作	非动作
动词体 aspect	有终结点	无终结点
瞬时性 punctuality	瞬时	非瞬时
主动性 volitionality	主动	非主动
肯定性 affirmation	肯定	否定
情态 mode	现实	非现实
施事 agency	高能量	低能量
受事受影响程度 affectedness	完全受影响	完全不受影响
受事单独性 individuation of object	高单独性	无单独性

1.5.1.2 及物性与汉语研究

运用及物性理论能够解决汉语中的一些实际问题。例如，王惠（1997）以形式和意义为标准概括了及物性特征在汉语中的具体体现，并总结出能够反映汉语句子及物性程度的 10 项特征：［±动作］、［±完成］、［±瞬时］、［±自主］、［±肯定］、［±施动性］、［±个别性］、［±受动性］、［±两个参与者］、［±陈述语气］。黄月圆等（2000）运用及物性理论，系统分析了汉语的被动句系统，指出汉语被动句（包括有标记被动句和无标记被动句）的及物性程度形成一个由高到低的连续统。唐翠菊（2005）运用及物性理论分析了汉语无定主语句，指出不同类型的无定主语句对及物性特征的强制性要求不同，同时及物性程度的高低也会对无定主语句出现在话语中的前景部分或是后景部分施加影响。

本书拟从及物性角度考量汉语分裂结构句的种种表现并对其作出解释。

1.5.2　汉语分裂结构句

1.5.2.1　动词核心

根据"是"和"的"中间所包孕成分的性质，可以把汉语分裂结构句分成非动词核心"是……的"形式和动词核心"是……的"形式两种形式。以动词为核心的"是……的"形式即我们所说的"是……的"结构句，由这种结构组成的句子即为汉语分裂结构句（cleft sentence）。例如：

（1）一阵沉默后，霍沧粟说：是我母亲叫我学这个的。

（2）是用水果刀割的，很钝，几刀不见血，他急了……

（3）鸭掌、鸭翅是王老板买来的。

（4）母亲说，真糊涂，那是我打电话通知的她。

但从焦点指派形式上看，英语分裂句"it is …that…"中 be 后面的那个成分一定被指派为焦点，而汉语分裂结构句焦点的指派情况却远非如此。例如：

（5）It was Ted who broke the news to me.

（6）材料有的是公安局传达的，有的是他向公安局汇报的。

（5）中 was 后成分 Ted 被直接指派为焦点成分，（6）中"是"后的"公安局"或"他"都不是焦点成分，被指派为焦点的分别是"传达"和"汇报"。

1.5.2.2　被动属性

王还（1983）分析了 7 种可能被译成英语的汉语被动句式，"是……的"结构句是 7 种被动句式之一。"有许多英语的被动句，用来回答或解释某事物是什么时候、什么地点、怎么样、由什么人做的，等等，总之可以回答一切 wh – questions 的被动句，以及这种疑问句，这些在汉语一概不用'被'字句，而是'是……的'句"。例如：

（7）《北京人》是谁写的?《北京人》是曹禺写的。

（8）那个剧本是什么时候、在哪儿写的? 是 1940 年在北京写的。

我们很同意王还先生的看法，即汉语"是……的"分裂结构句本质上属于被动句范畴。但我们同时也注意到，单纯说汉语分裂结构句属于被动句范畴还不是很严谨，因为不同类型的分裂结构句表现为被动句时的被动程度存在着巨大差别。有些分裂结构句可能属于典型的被动句范畴，而把另一些分裂结构句归于被动句范畴时可接受性就会比较差。这种可接受性差别可以通过分裂结构句的及物性分析得到证明。

1.5.3 分裂结构句与及物性参数

1.5.3.1 对应关系

我们参考霍珀和汤普森（1980）和黄月圆、杨素英、张旺熹（2000）的分析，结合"是……的"分裂结构的语义类型（受事占据句首位，后跟施事型、受事占据句首位，后无施事型、施事占据句首位型、感事占据句首位型、主事占据句首位型、命题占据句首位型），把影响"是……的"结构句的及物性参数及其对应特征调整如表1-6所示。

表1-6 "是……的"结构句与及物性参数的对应关系

影响及物性程度的系列及物性参数		分裂结构句的语义类型	受事占据句首位，后跟施事	受事占据句首位，后无施事	施事占据句首位	感事占据句首位	主事占据句首位	命题占据句首位
篇章		前景/背景	+	+	+	+	+	+
		已然/未然	+	+	+	+	+	+
句子		肯定/否定	+	+	+	+	+	+
		真实/非真实	+	+	+	+	+	+
句子的语义成分	施事	有/无施事力	+	+	+/-	-	-	+/-
	动词	有/无终结点	+	+	+	+/-	+	+/-
		过去/现在	+	+	+	+	+	+
		主动/非主动	+	+	+	+	+	-
		完成/未完成	+	+	+/-	+	-	-
	受事	受/不受影响	+	+	+	+	+	+/-
		有/无独立性	+	+	+	+	+	-
		有/无生命	+/-	+/-	+/-	+/-	+/-	-

从表1-6可以看出，"受事占据句首位，后跟施事"型分裂结构句具有高及物性特征，具体表现为：篇章中体现出已然性，句子层面表现为肯定和

真实，施事（如"盗猎者"）具有施事力，动词（如"打死"）具有终结点、具有主动性、可表示完成和过去，受事（如"藏羚羊"）有独立性和生命、受影响；"命题占据句首位"型分裂结构句则具有低及物性特征，例如，施事不一定具有施事力，动词不一定具有终结点、不一定表示过去、没有主动性、不表示完成，受事不受影响、没有独立性和生命等。根据6种类型分裂结构句各自所涉及的及物性参数数量可以看出，分裂结构句的及物性形成一个由高到低的连续统，"受事占据句首位，后跟施事"型分裂结构句具有最高及物性特征，"命题占据句首位"型分裂结构句具有最低及物性特征。

在上述三个层面的及物性参数当中，由于受"是……的"分裂结构句整体意义的影响，篇章层面和句子层面的参数没有区别性，因此对于分裂结构句来说，句子语义成分层面的施事、受事和动词成为最重要的参数。其实，高及物性特征表现出的施事具有施事力、受事受影响而且具有独立性和生命等与能够进入分裂结构句的动词类别有着重要的关系。

1.5.3.2　动词考察

根据我们的考察，能够进入分裂结构句的动词按照比例高低分别为结果动词、行为动词、活动动词、动作动词、感觉动词、生理动词、存在动词、能愿动词和谓宾动词。如果考虑动词的"有/无终结点""主动/非主动""完成/未完成""过去/现在"4个参数，我们可以得出这样一个结论：动词的4个及物性参数与结果动词、行为动词、活动动词、动作动词等9种动词有着必然联系，同时施事的"有/无施事力"，受事的"受/不受影响""有/无独立性""有/无生命"等参数特征也可由这些动词导出。例如，"这批藏羚羊是盗猎者上周打死的"中的"打死"属于结果动词，结果动词必然会伴随"有/无终结点""主动/非主动""完成/未完成""过去/现在"等特征，同时也决定了施事（盗猎者）具有施事力，以及受事（藏羚羊）的"受影响""有独立性""有生命"等特征。既然结果动词能够体现这些特征，那么我们就可以断定凡是包含结果动词的分裂结构句都具有高及物性特征。为了进一步说明9类动词与分裂结构句及物性高低的关联性，我们从施事的施事性（±Agency）、动词的有无终结点（±Endpoint）、时间性（±Time）、自主性（±Volitionality）、完成性（±Telic）、受事的受影响性（±Affectedness）、独立性（±Individuation）、有生性（±Animate）8个方面来考量9类动词的语义特征差异。考量结果如表1-7所示。

表 1-7 "是……的"结构句中动词的语义特征

动词	语义特征							
	Agency	Endpoint	Time	Volitionality	Telic	Affectedness	Individuation	Animate
结果动词	+	+	+	+	+	+	+	±
行为动词	+	+	+	+	+	+	+	±
活动动词	+	+	+	+	+	+	+	±
动作动词	+	+	+	+	+	+	+	±
感觉动词	+	−	+	−	±	−	−	−
生理动词	+	−	+	+	±	−	−	−
存在动词	±	−	+	−	−	−	−	−
能愿动词	+	−	−	+	−	−	−	−
谓宾动词	+	−	+	+	−	−	−	−

（＋Agency）意为动词的施事具有施事力、（＋Endpoint）意为动词有终结点、（＋Time）意为表示过去的时间、（＋Volitionality）意为动词属于自主动词、（＋Telic）意为动作具有完成性、（＋Affectedness）意为动词的受事受到影响、（＋Individuation）意为动词的受事为具体的有界实体、（±Animate）意为动词的受事是有生实体。例如，"这批藏羚羊是盗猎者上周打死的"中的结果动词"打死"含有表 1-7 中的各项语义特征，说明"打死"的施事"盗猎者"具有施事力；动词"打死"有终结点，（句中）表示过去的时间，属于自主动词，具有完成性特征；动词"打死"的受事受到影响，是独立的

有界实体，是有生实体。因此整个句子具有高及物性特征。

1.5.3.3 两个条件序列

综合表1–7的考量结果，结果动词、行为动词、活动动词和动作动词具有所有上述语义特征，因此，由结果动词、行为动词、活动动词和动作动词构成的分裂结构句都具有高及物性特征。而感觉动词、生理动词、存在动词、能愿动词和谓宾动词5种动词不具有上述所有语义特征，因此，由感觉动词、生理动词、存在动词、能愿动词和谓宾动词构成的分裂结构句都具有低及物性特征。

至此，我们可以得出影响"是……的"分裂结构句及物性高低的两个条件序列：

（9）受事占据句首位，后跟施事 → 受事占据句首位，后无施事 → 施事占据句首位→ 感事占据句首位 → 主事占据句首位 → 命题占据句首位

（10）结果动词、行为动词、活动动词、动作动词 → 感觉动词、生理动词、存在动词、能愿动词、谓宾动词

条件序列（9）说明，如果某分裂结构句为受事占据句首位、后有施事型，则该分裂结构句具有最高及物性特征；如果某分裂结构句为受事占据句首位、后无施事型，则该分裂结构句具有较高及物性特征；依此，序列左边的分裂结构句及物性逐渐降低。条件序列（10）说明，如果某分裂结构句包含结果动词、行为动词、活动动词、动作动词，那么该分裂结构句具有高及物性特征；如果某分裂结构句包含感觉动词、生理动词、存在动词、能愿动词、谓宾动词，那么该分裂结构句具有低及物性特征。

根据表1–6和表1–7，受事占据句首位型分裂结构句相对于其他类型分裂结构句具有更高的及物性，由结果动词、行为动词、活动动词、动作动词构成的分裂结构句较其他动词构成的分裂结构句具有更高的及物性。由于包含结果动词、行为动词、活动动词、动作动词的分裂结构句占所有分裂结构句的90%以上，因此我们可以说，汉语"是……的"分裂结构句具有高及物性表征；由于不同语义类型的分裂结构句所对应的及物性参数有差异（有多有少），汉语分裂结构句的及物性程度形成一个由高到低的连续统（continuum）。

1.5.4 结论

本节从语义类型和动词类型两个维度考察了"是……的"分裂结构句的

及物性特征，由上文的论述我们至少可以得出以下三点结论。

第一，由于90%以上的分裂结构句具有高及物性表征，受事占据句首位型分裂结构句相对于其他类型具有高及物性表征，因此可以说分裂结构句本质上属于被动句范畴（无标记被动句）。同时，高及物性特征也说明分裂结构句通常用作前景，表达已然事件。

第二，分裂结构句及物性程度的高低说明该句式的被动属性有强弱之分——及物性越高，被动属性越强，反之则越弱。分裂结构句被动属性的强弱体现为该句式对动词的选择性限制，结果动词、行为动词、活动动词、动作动词等进入该句式时往往造成分裂结构句的强被动属性。

第三，语义类型和动词类型两个维度的考察，证明受事占据句首位型分裂结构句（即受事主语句的一种类型与结果动词、行为动词、活动动词、动作动词4类动词具有内部相关性），即由"是……的"结构构成的受事主语句中的动词往往是结果动词、行为动词、活动动词和动作动词。

第六节　汉语分裂句的焦点及其指派规律

汉语"是……的"结构句在功能上相当于英语的分裂句（cleft sentence）"It is …that…"，即用"是"与"的"把一个句子分为两段，前半段代表说话者的预设，后半段（即"是"的后面部分）代表信息焦点（杰垦道夫1972，赵元任1979，汤廷池1980，张伯江、方梅1996）。作为一个大的原则，这种说法是站得住脚的，但细究起来又不能说它没有问题，因为很多时候"是"后面的那个成分并不是焦点成分。本文的目的就在于探讨汉语分裂句中"是"与"的"之间的哪些成分在什么条件下可以被指派为焦点，在什么条件下不能被指派为焦点。

1.6.1　焦点、焦点指派与焦点敏感式

1.6.1.1　焦点与焦点指派

焦点（focus）是话语中说话人希望听话人格外注意而且在意义上比较突出的部分，句法结构中某一语义角色被赋值为焦点的过程称为焦点指派（focus assigning）。焦点指派可以运用不同的手段，徐杰（2001）根据古代汉

语、现代匈牙利语和现代马来语的调查概括出焦点指派的两种宏观类型：加用焦点标记词和前置焦点成分。

表 1-8　焦点指派的两种宏观类型

指派焦点特征［F］的语言层面	焦点形式类型		代表语种
词库（疑问代词）［F］	前置焦点成分	至句首	英语（必移）、马来语（可移）
		至动词前	匈牙利语、上古汉语
深层（非疑问结构代词）	加用焦点标记词	加用系词	现代汉语、英语
		加用助词	马来语

在汉语分裂句中，"是"作为一个焦点标记词这一论点没有太大的争论，问题在于"是"后面的成分是不是一定就是句法结构的焦点？特别是如果"是"后面有多个共现成分，那么哪一个是焦点？系列共现成分被指派为焦点时有没有优先之分？例如：

（1）材料有的是公安局传达的，有的是他向公安局汇报的。（汪曾祺《云致秋行状》）

如果根据焦点标记词"是"后的成分是焦点成分这一观点来推理，那么（1）的焦点应该是"公安局"和"他"。但事实并非如此，本句的焦点只有落在"传达"和"汇报"上才是合乎语感的。如此看来，仅仅运用"加用焦点标记词"一种手段并不能很好地解决汉语分裂句的焦点及焦点指派问题。

1.6.1.2　焦点敏感式（focus - sensitive operator）

焦点敏感式是指对焦点成分敏感的结构成分，如"只""甚至""不""居然""都""最"等。袁毓林（2003）将分裂句中的"是"看作焦点敏感式，认为"是"的插入是为了把某句法成分确认为某句法结构的焦点，并通过事件句（event sentence）向事态句（state - of - affairs sentence）的转换，认为在事态句中的焦点成分之前插入焦点标记词"是"是显性地、无歧义地标出焦点的最简单的办法。其实，有些事态句中的焦点并不能用这种方法来标记。

（2）a. 我妈前天去了姐姐家。→我妈前天去姐姐家的。

b. 是我妈前天去姐姐家的。

　　c. 我妈是前天去姐姐家的。

　　d. 我妈前天是去姐姐家的。

　　* e. 我妈前天去是姐姐家的。

　　（2）中 a ~ e 是事件句到事态句的转换。我们知道，在句首"我妈"和句中"前天"前加用焦点标记词"是"是没有问题的，但在句 e "姐姐家"前就不可以加用焦点标记词。为什么？

　　原因之一是不应该只把"是"看作焦点敏感式。其二是因为分裂句是由主谓结构生成的，主谓结构经由"是……的"分裂后就变成了现代汉语中的分裂句，即"分裂句必须以主谓结构为初始形式"（蔡永强 2007），而"去姐姐家"显然不符合这种句法强制性要求。主谓结构转化成分裂句以后，凡是进入"是"与"的"之间的成分都可以成为焦点。因此作为焦点敏感式的应该是整个"是……的"结构。

1.6.1.3　分裂句的焦点及焦点指派形式

　　我们在讨论分裂句焦点的过程中，将以主体论元——施事、主事、致事、感事，客体论元——受事、与事、系事，凭借论元——方式、工具、材料，环境论元——时间、场所、原因、源点、范围、终点，以及超级论元——命题等 17 种语义角色为基础（其中主体论元和客体论元又合称核心论元，凭借论元和环境论元又合称外围论元）（袁毓林 2002，蔡永强、侯颖2005）。

　　汉语分裂句中的"是……的"结构作为一种焦点敏感式，对其辖域（scope）内的焦点成分是敏感的，焦点敏感式对分裂句进行焦点指派可以分为两种基本类型：无标记（unmarked）指派和有标记（marked）指派。如果在分裂句结构中，不管"是……的"中间有多少共现成分，其中的某一种成分总是无条件地被指派为焦点，即焦点的指派可以不受焦点敏感式"是……的"结构的强制性制约和限制而呈现出一种固定性特征，我们称这种焦点指派形式为无标记指派。如果在分裂句结构中，"是……的"中间有多种共现成分，焦点确认需要用标记词"是"强行干预而"是"后面的邻接成分又不总是焦点成分，即焦点指派呈现出一种浮动性（floating）特征，我们称这种焦点指派形式为有标记指派。

1.6.2　无标记焦点指派

　　无标记焦点指派形式比较简单，因为按照这种指派形式的指派规律，不管"是……的"结构中"是"和"的"之间有多少共现成分,其焦点成分总是固定的。调查发现,含有疑问结构、否定结构、模态谓词结构、"连……都/也……"结构、表示目的结构、对举结构和动词拷贝结构的"是……的"分裂句均属于无标记焦点指派。

1.6.2.1 "是……的"结构中出现疑问结构

在这种句法结构里面,如果出现了疑问结构,不管这种疑问结构出现在什么位置,其中的疑问词语总是被指派为焦点,即这种指派是固定的、自然的,不需要其他任何外在标记的。下面(3)—(5)中的"哪儿""怎样""怎么"等疑问词语都直接被以无标记的形式指派为焦点。

(3)您这都是打哪儿听来的?还怪详细的。(王朔《一点正经没有》)

(4)我不知道是怎样走回宿舍的。我的心里空洞洞的,像一只漏了水的木桶。(姜天民《第九个售货亭》)

(5)但是这块伤疤是怎么落下的,他始终没有讲清楚。(朱文《我爱美元》)

1.6.2.2 "是……的"结构中出现否定结构

如果"是……的"结构里面出现了"……不/没……"等否定结构,不管这种否定结构以什么方式出现,总是被指派为焦点。下面例句(6)和(7)中的否定结构"不怕""绝没"等都被无标记指派为焦点。

(6)"甭报警。"我按住丁小鲁拿电话的手,"这种流氓是不怕警察的。"(王朔《一点正经没有》)

(7)这样的归宿是孟家二少爷绝没想到的。(廉声《月色狰狞》)

1.6.2.3 "是……的"结构中出现模态谓词结构

一个句子通常包括命题(proposition)和情态(modality)两部分,情态往往牵涉说话人态度的主观性,而主观性态度是确认句法结构焦点的重要因素之一。如果"是……的"结构中出现模态谓词结构,该模态谓词结构被整体无标记指派为焦点。例如,(8)和(9)中的模态谓词结构"一定会(退)""会(把他们忘记)"等都是焦点。

(8)如果我们坐在楼梯边上说话,到了十点半,她是一定会咳嗽的。(张清平《林徽因》)

(9)他们知道,毕业出去的学生,日后多半是会把他们忘记的。(汪曾祺《徙》)

1.6.2.4 "是……的"结构中出现"连……都/也……"结构

如果"是……的"结构中出现"连……都/也……"结构时，"连"后的那个成分总是被指派为焦点。同作为焦点敏感式，"连……都/也……"与"是……的"共现时，前者对焦点的指派强度明显强于后者，即后者对焦点的指派必须服从于前者，例如，（10）和（11）中的"一个指头"和"小水筒"都直接被指派为焦点。

（10）对于真正的达官巨贾，是连一个指头也不敢碰的。（汪曾祺《皮凤三楦房子》）

（11）不怪虎妞欺侮他，他原来不过是个连小水筒也不如的人！（老舍《骆驼祥子》）

1.6.2.5 "是……的"结构是一种表示目的的结构

如果"是……的"结构中带有表示目的的"来"等成分会构成一种表达目的的句式，在这种结构句式中，靠近句末的成分总是被指派为焦点，即句末焦点指派。例如，（12）中"来找金家看病"中的"看病"、例（13）中"特意来看望徐老爷子"中的"看望徐老爷子"都是行为动作的最终目的，而且靠近句末位置，因此都被无标记指派为焦点[1]。

（12）他跟仁德胡同把口钉鞋的老爷子套上了"瓷"，说自己是来找金家看病的，晚了，没挂上号。（陈建功《皇城根》）

（13）金枝说："我爸今天是特意来看望徐老爷子的。他在家吧？"（陈建功《皇城根》）

1.6.2.6 "是……的"结构以对举形式出现

如果有两个或两个以上的"是……的"结构同时出现，那么被指派为焦点的那个成分一定是结构中意欲进行对比的那几个成分。例如，例（1）中的"传达"和"汇报"同时被指派为焦点，下例（14）和（15）中的"邮来""扔进来"和"分""采/晾""'走后门'搞来"等，由于对举出现也同时被指派为焦点成分。

---

[1] 例（12）中的"找金家"虽然也是"来"的目的，但不是最终目的。例（13）中"来"前成分"特意"只是从语义上强调了"来"的方式，而"看望徐老爷子"才是"特意来"的真正目的。现实语境中可能会出现模态谓词结构、否定结构和表示目的结构等共现的情况，这种复杂结构的无标记焦点指派的对象、依据及规律本书没有进一步涉及，但这是值得深入研究的问题。

（14）小王告诉他，这信不是邮来的，是从门缝儿里扔进来的。（陈建功《皇城根》）

（15）爸爸说，土豆是他分的；口蘑是他自己采，自己晾的；黄油是"走后门"搞来的。（汪曾祺《黄油烙饼》）

1.6.2.7　"是……的"结构出现动词拷贝形式

如果"是……的"结构中出现动词拷贝结构，动词拷贝的部分被无标记指派为焦点。这种句式中的动词拷贝部分从语义上看，是对上文出现某种状况的原因解释和说明，例如，例（16）中"喝酒喝的"是对"耀鑫病在床上"的原因说明，例（17）中的"上化肥上的"是对"看着挺水亮，可没味儿"的原因解释，二者都被指派为焦点。这种将出现状况的原因指派为焦点的方式与之前 1.5.2.5 中将动作行为的目的指派为焦点的情况类似，都体现了句末语义焦点的指派原则。

（16）第二天耀鑫就病在床上了。他说是昨晚着凉了。阿苗硬说是喝酒喝的。（李杭育《沙灶遗风》）

（17）这话您说！跑遍东西南北城，都是这一份，看着挺水亮，可没味儿！大概是上化肥上的。（邓友梅《话说陶然亭》）

在我们观察到的语料当中，一共甄别出 255 例无标记焦点指派的"是……的"分裂句，表 1–9 是我们对无标记焦点指派形式的统计结果。

表 1–9　"是……的"结构的无标记焦点指派形式统计

指派形式＼统计结果	数量	比例
"是……的"结构中出现疑问结构	109	42.7%
"是……的"结构中出现否定结构	51	20%
"是……的"结构是一种表示目的的结构	51	20%
"是……的"结构中出现模态谓词结构	23	9.0%
"是……的"结构以对举形式出现	12	4.7%
"是……的"结构中出现"连……都/也……"结构	5	2.0%
"是……的"结构出现动词拷贝形式	4	1.6%
合计	255	100%

从表 1-9 可以看出，在无标记焦点指派形式中，疑问结构被指派为焦点的情况在数量上占明显优势（42.7%）。"是……的"分裂句含有疑问结构时，疑问形式中"表现为说话人假定听话人所知，但说话人不知"的信息恰好满足了信息焦点的需要（袁毓林 2003），因此在无标记焦点指派中被优先指派为焦点是不言自明的。在含有否定词和目的结构的"是……的"分裂句中，否定词本身就是焦点敏感式，而表目的结构本身就体现了句末语义焦点的强烈倾向，因此二者所占比例也比较高（20%）。模态谓词与说话人的主观态度密切相关，因此模态谓词结构被无标记指派为焦点也是不难理解的。对举形式本身就意味着强调对比的差别，"连……都/也……"本身是一个典型的且具有比焦点敏感式"是……的"（结构）更强的焦点指派功能的焦点敏感式，动词拷贝结构中的后段结构标示了拷贝的结果（是前文出现状况的原因解释和说明），这些特征都是导致焦点无标记指派的关键因素。

1.6.3　有标记焦点指派

"是"与"的"之间可以出现很多语义角色，不同类型论元角色的焦点指派存在差异。我们对从 250 万字的"的"字语料中抽取出的 1004 个分裂句进行了穷尽分析，分析过程中我们采取多项析取的原则（崔希亮 2001）（即只要具有一项特征就列为一例，这种原则主要限于无标记指派形式的统计分析①），因此最后共得到 1030 个例句。这些个例当中除去 255 例无标记形式，共得到有标记形式 775 例。下面我们分主体论元角色、客体论元角色、凭借论元角色、环境论元角色和命题论元角色 5 个层次讨论有标记焦点指派的情况。

1.6.3.1　主体论元角色

主体论元角色的具体不同论元在"是"后的出现频率有很大的差别。在我们的统计中，施事有 246 次，感事 3 次，致事 6 次，主事 7 次。分析发现，对于施事来说：

如果：第一，"是……的"结构前属于明显的空位形式；第二，"是……的"结构前面有受事占位，施事后面没有非主体论元角色与之共现，那么施

---

① 例如，"李三很愿意本坊常发生这样的事，因为募化得来的钱怎样花销，是谁也不来查账的。"是作为两例（疑问结构和否定结构）来统计的。

事被指派为焦点。例（18）—（20）中的"王爷""他""张全义"均被指派为焦点。

（18）我当时就不该起事，这也是王爷害的我。（王朔《千万别把我当人》）

（19）数这丫头坏！没准儿上次就是他接的电话。（王朔《编辑部的故事》）

（20）这一回他先打来了一个电话，还真巧，是张全义接的。（陈建功《皇城根》）

如果：第三，"是……的"结构前属于空位形式；第四，"是……的"结构前面有受事占位，施事后面有非主体论元角色与之共现，那么施事不能被指派为焦点，而其后的非主体论元角色被指派为焦点。例（21）—（23）中的"昨天""放羊时""用水果刀"均被指派为焦点。

（21）对，是我昨天勒死的。（根据真实语料改编）

（22）这是老九放羊时摘来的。（汪曾祺《羊舍一夕》）

（23）黄瓜削好了，是我用水果刀削的。（根据真实语料改编）

感事的焦点指派规律类似施事的情况。例如，（24）与（25）中的"我""去年"被指派为焦点。

（24）是我先认识的他。（根据真实语料改编）

（25）他呀，是我去年认识的。（根据真实语料改编）

对于致事，不论"是……的"结构前是不是空位形式，也不论其后有哪种语义角色与之共现，总是被指派为焦点。例如，（26）与（27）中的"王干事""我母亲"被指派为焦点：

（26）是王干事让我们不要大惊小怪的，谁也不知道是怎么回事儿！（根据真实语料改编）

（27）一阵沉默后，霍沧粟说："是我母亲叫我学这个的。"（莫怀戚《陪都就事》）

主事比较特别，只有其代词重写形式可以被指派为焦点，例如，（28）中的"自己"被指派为焦点。

（28）小孩是自己掉进沟里的，前面的人也没有听到孩子的喊声。（根据真实语料改编）

1.6.3.2　客体论元角色

客体论元分为受事、与事、对象、结果和系事（对象与结果归入受事）。在我们的统计中，受事 28 次，与事 11 次，系事 0 次。对于受事或与事来说，如果：第一，受事或与事成分前没有非受事或非与事语义角色成分，那么受事或与事被指派为焦点；第二，受事或与事成分前有非受事或非与事语义角色成分，那么该非受事或非与事语义角色成分被指派为焦点。例（29）—（31）中的"人""别人家""妈妈"被指派为焦点。

（29）他以前可是一时冲动杀过人的。（根据真实语料改编）

（30）（这些鸡不是他们自己的，）他们是给别人家运的？（根据真实语料改编）

（31）是妈妈给我织的毛衣。（根据真实语料改编）

1.6.3.3　凭借论元角色

凭借论元角色分为材料、工具、方式。统计结果是材料 7 次，工具 25 次，方式 169 次。从统计的频率上我们可以预测，与主体论元相比，方式可以被优先指派为焦点，其次是工具和材料。例（32）—（34）中的"亲手""刀子""大理石"均被指派为焦点。

（32）别逗啦，总经理，刚才可是我亲手交给你的呀！（陈建功《皇城根》）

（33）哦，鸭嘴上有点东西，有一道一道印子，是刀子刻出来的。（根据真实语料改编）

（34）她们在树荫下的一张石桌旁坐下，四只小圆的石凳，是用大理石做的面，坐上去光溜溜、凉津津的。（陆星儿《一个和一个》）

1.6.3.4　环境论元角色

环境论元角色最为复杂，统计结果中它们的出现频率依次为：时间 81 次，场所 53 次，原因 43 次，源点 33 次，范围 15 次，终点 2 次。对于环境论元角色来说，如果：第一，与主体论元角色和客体论元角色共现，那么环境论元角色总是优先被指派为焦点（参考 A 和 B）；第二，与凭借论元共现，在没有强语境干预的情形下，那么二者的焦点指派遵循句末语义焦点的原则，即线性序列靠后的那个角色（凭借论元或环境论元）被指派为焦点，例（35）—（37）中的"果林里""翠湖""刮胡刀片"均被指派为焦点。

（35）我们家世代都是果农，我是在果树林里长大的。（汪曾祺《四个孩

子和一个夜晚》)

（36）这种植物是我去年在翠湖才认识的。（根据真实语料改编）

（37）雷夏和我是在我宿舍用刮胡刀片干的，每人给自己左手来了一下，那冒出的殷红的血足够写一篇四五百字的小说。（梁晓声《这是一片神奇的土地》)

1.6.3.5　命题论元角色

命题论元角色属于超级论元，本身具有一个谓词性结构（包括主谓结构、述宾结构或动词性成分）。在我们的统计范围内出现46例。命题论元角色被整体指派为焦点。例如，（38）和（39）中的"打电话""拜托贵公司代劳"均被指派为焦点。

（38）都是打电话造成的麻烦！（根据真实语料改编）

（39）你们见过她，实际上我有一次约会没空就是拜托贵公司代劳的。（王朔《顽主》)

1.6.4　汉语分裂句的焦点指派规律

1.6.4.1　汉语分裂句焦点指派的一般规律

根据上文的讨论，关于"是……的"分裂句的焦点指派，我们至少可以得出以下几点初步的结论：

A. "是……的"结构的焦点指派分为无标记指派和有标记指派两种宏观类型。二者在数量上呈现出较大的差别，前者出现255例，后者出现775例。

B. 无标记指派表现出句法结构对焦点指派的强制约性特征，这种指派虽然有条件，但实际上是没有条件。这些无标记焦点指派格式形成一个基于频率高低不同的序列：

（40）疑问结构 > ｛否定结构，表目的结构｝ > 模态谓词结构 > 对举形式 > "连"字结构 > 动词拷贝形式。

C. 有标记指派比较复杂。在核心论元角色中，主体论元角色在数量上明显占优势（262例），客体论元角色明显占弱势（39例）。空位与非空位形式对主体论元的焦点指派有影响，对客体论元没有影响。在配位序列中如果没有非核心论元出现，那么核心论元被指派为焦点；如果有非核心论元与之竞争，那么非核心论元被指派为焦点。焦点指派呈现出浮动性特征。

外围论元角色中的凭借论元角色（201例）与环境论元角色（227例）

在数量上的差别不像两个核心论元角色那么明显。如果在配位序列中出现了核心论元角色，那么外围论元角色被优先指派为焦点；如果配位序列中同时出现了两种外围论元角色，那么靠近线性序列右侧的在竞争结果的驱动下往往被指派为焦点（句末语义焦点指派）。焦点指派同样呈现出浮动性特征。

D. 命题论元角色（46 例）独成一类，在配位序列中被整体指派为焦点。在优先度方面低于外围论元角色，即后者较前者被优先指派为焦点。焦点指派也具有浮动性特征。

E. 上述五类论元角色在数量分布上形成一个数量等级序列。

（41）主体论元（施事、主事、致事、感事）＞ 环境论元（时间、场所、原因、源点、范围、终点）＞ 凭借论元（方式、工具、材料）＞ 命题论元 ＞ 客体论元（受事、与事、系事）。

在焦点指派方面形成一个优先等级序列：

（42）{凭借论元、环境论元} ＞ {主体论元、客体论元} ＞ 命题论元。

清楚起见，我们把汉语分裂句的焦点指派及其焦点成分的共现情况整理成表 1－10。

表 1－10　汉语分裂句的焦点指派及焦点成分的共现情况

类型\项目	无标记焦点指派		有标记焦点指派						
类型	数量	比例	类型		数量		比例		
			施事	主体论元角色	核心论元	246	262	93.9%	87.0%	38.8%
疑问结构	109	42.7%	主事			7		2.8%	
			致事			6		2.3%	
			感事			3	301	1.1%	
			受事	客体论元角色		28		71.8%	
否定结构	51	20%	与事			11	39	28.2%	13.0%
			系事			0		0%	

续表

类型项目	无标记焦点指派		有标记焦点指派							
表目的结构	51	20%	方式	凭借论元角色	外围论元	169	201	84.1%	47.0%	55.2%
			工具			25		12.4%		
模态谓词结构	23	9.0%	材料			7		3.5%		
			时间	环境论元角色		81	227	35.7%	53.0%	
对举形式	12	4.7%	场所			53	428	23.3%		
			原因			43		18.9%		
"连"字结构	5	2.0%	源点			33		14.5%		
			范围			15		6.6%		
			终点			2		0.9%		
动词拷贝形式	4	1.6%	命题	超级论元		46				6.0%
合计	255	100%					775			100%
	24.8%	75.2%					100%			

由此，我们可以得出一个除无标记焦点指派以外的其他语义角色被指派为焦点的强式等级序列。（序列中越靠近左边的被指派为焦点的强度越大，越靠近右边的则越小）

（43）施事 > 方式 > 时间 > 场所 > 命题 > 原因 > 源点 > 受事 > 工具 > 范围 > 与事 > ｛材料、主事、致事｝ > ｛感事、终点｝ > 系事。

1.6.4.2　话题对汉语分裂句焦点指派的制约

值得指出的是，本书关于"是……的"分裂句的焦点指派结论是从静态角度观察的结果，从动态的角度看，即如果把分裂句与更大的语境联系在一起，焦点的确认往往表现得更精确，也就是说上下文语境可以对分裂句的焦点指派进行简易化处理，使之具有焦点指派的精确性特征。因此等级序列（43）只是一个一般性的强式等级，"是……的"结构的焦点指派除了要遵循我们在上文讨论的系列规律之外，还要受另外一个比较重要的因素——话题的影响。话题影响焦点指派只是对有标记指派来说的，因为无标记指派不受任何除本身结构特征制约和限制之外的其他因素影响。我们先看两个例子。

（44）杜林从驴脖子上挂的口袋里掏出一张纸条，凑近马灯看清了：瘸老张娶来的媳妇是个哑巴，但聪明、活泼，一点也不丑，两条辫子梳得紧紧

的，总爱比比划划逗笑话——是指导员写他的！（刘兆林《雪国热闹镇》）

（45）虽说别人也都喊过口号，也都动过手，可都是李老三逼的，李老三说，谁不和反革命划清界限，谁就是忘本，谁积极了给谁加工分，大家才打了顺风旗。（乔典运《香与香》）

按照焦点指派的一般规律，例（44）"是指导员写他的"中的焦点应该是"指导员"，然而实际情况并非如此。上文中的"瘫老张娶来的媳妇是个哑巴，但聪明、活泼，一点也不丑，两条辫子梳得紧紧的，总爱比比划划逗笑话"在语义上都是"写"的受事，在语用层面上可以看作"是……的"结构的话题。由于受这种前置话题的影响，"他"被指派为焦点。例（45）按照焦点指派规律，"李老三"应该被指派为焦点，但由于上文话题"别人也都喊过口号，也都动过手"的影响，谓词性成分"逼"被指派为焦点。

在我们调查的1004例"是……的"结构中，充当话题性成分的均为核心论元；限于篇幅，本书不再具体统计分析各种核心论元角色在1004例"是……的"结构中的数量和比例，仅给出一个不同语义角色在"是……的"结构中充当话题的能力，即不同语义角色在"是……的"结构中的话题性等级。

（46）受事 > 施事 > ｛感事、主事｝。①

至此，我们可以对1.5.4.1汉语分裂句焦点指派的一般规律再作一点补充和说明。"是……的"结构的两种焦点指派方式中，有标记指派呈现出浮动性特征，这种浮动性特征基本上取决于不同语义角色在该结构中的共现关系及其配位序列，同时也受到（46）中话题性等级的影响，话题的不同特征有时会直接影响"是……的"结构的焦点指派。如果出现类似例（44）和例（45）的情况，那么"是……的"结构的焦点指派将是一个动态求解（dynamic resolution）的过程。存在于人们观念中的客观事物的等级强度使得人们接受一种认知上以偏概全的老套（stereotype），即 Lakoff（1987）提出的

---

① 这只是通过类型总结出的一个话题性等级序列，关于"是……的"结构中影响其焦点指派的话题性层级的具体调查统计，有待于以后的继续研究。

"理想化的认知模式"（idealized cognitive models，简称ICM）①，所以大脑在静态处理时不会牵涉动态求解的问题。也可以说"是……的"结构的有标记焦点指派有强势和弱势之分，强势指派时，不同语义角色的配位序列直接决定焦点落在何处；弱势指派时，则需要在语境支配下，借助ICM的制约功能对话题性质和焦点指派进行匹配，进而确认出焦点。

第七节　网络语言追踪："被时代"的语言学解读

1.7.1　"被时代"的形成背景

最近，"被就业"充斥网络报刊，一度成为社会热门词汇。但初次看到这种说法的读者大都被"就业"一词的非语言常规表达搞得一头雾水，"就业"本来指的是"得到职业；参加工作"②，是行为主体的一种主动行为，怎么会有"被就业"之说呢？看过相关报道之后得知，原来"被就业"是这样发生的。

（1）在从未听说过就业单位的情况下，便与当地一家公司"签订"了就业协议——对此，高校毕业生赵冬冬自称"被就业"。……"我就业了，就业了，而且是在不明真相的情况下被就业的！"（《人民日报》2009年7月27日）

（2）本报首次报道"被就业"时，提到了两种形式，一种是被媒体广泛报道的"被要求就业"，即学校要求没就业的毕业生自己随便找个章盖在协议书上证明自己就业，好算进就业率；一种是"酱里合酱"那样"被瞒着就业"的情况，毕业生自己不知情就已经"就业"了。（《南方都市报》2009年7月28日）

（3）天涯网友"yongbutuisuo"发帖《就业率是怎样炼成的!》，称山东

---

① 我们可以举一个例子来具体说明这种认知上以偏概全的老套对认知结果的影响。44中的"瘸老张娶来的媳妇是个哑巴，但聪明、活泼，一点也不丑，两条辫子梳得紧紧的，总爱比比划划逗笑话"显然在认知上和"某人"的特征有关，因此44中"他"被指派为焦点。

② 现代汉语词典：第5版［M］．北京：商务印书馆，2005：734．

菏泽某学院就业率注水的办法有两种，除了常见的就业协议或者合同造假外，还有一种独特的办法，即在山东省教育厅高校毕业生就业网上，利用从学生处获得的账号，"在网上进行虚假签约，应付上面对就业率的检查，在检查完后，再在网上解约"……。田方（化名）一听网上虚假签约的问题就笑了，说"真有这么回事"，他说当时老师把大家的账号和密码都要了去。他后来登录去看过，但不知道为什么没有打开，所以也不知道自己曾被就业到什么公司。（《南方都市报》2009 年 7 月 28 日）

由此看来，"被就业"这种非语言常规表述是基于这样一种背景：学生自己找工作没有着落，处于未就业状态；校方为追求高就业率，背着学生、相关政府部门等局外人签订虚假协议，让当事人（学生）在不知情的情况下处于虚假已就业状态。

其实，早在"被就业"这种表述之前就已经有了类似该说法的非语言常规表达，这些表达的形成背景与"被就业"大同小异。

（4）说到"被自杀"，要追溯到阜阳"白宫"举报人的事件，举报人离奇死亡却被认定为"自杀"，然后不了了之。于是很有才的网友发出了"被自杀"的感慨；瓮安事件中，17 岁学生的不明死亡虽经三次尸检，但依然被有关部门认定为"自杀"；前不久的石首事件，虽经中央出面事态得以平息，可死者也被有关部门认定为"自杀"。这一连串让人质疑的事件都以"自杀"的结果落幕，而公众的心里仍然有很多问号。（www.china.com.cn/news，2009 年 7 月 21 日）

（5）说到"被自愿"，前有重庆铜梁县教育局要求孩子读小学缴纳 9000 元的"慰问金"，教育局长称这是家长的"自愿"行为；后有宁波教育学院要求毕业学生向学校缴纳"孝敬费"，校方称这是学生的"自愿"行为。（www.china.com.cn/news，2009 年 7 月 21 日）

因此，"被时代"中的非语言常规表达的都是基于这样一种事实背景："被就业"是当事人事实上没有就业，而被另一方安排成虚假就业；"被自杀"不是当事人自己自杀，而是被另一方说成自杀；"被自愿"不是当事人自愿，而是被另一方说成自愿。

1.7.2 "被……"的语言学阐释

1.7.2.1 不合常规性

"被……"的基本语义结构是：受事＋被＋施事＋谓词性结构，运用这一结构的一个基本前提必须是针对动作的受事者，即表示受事主语处于被处置状态，而且被处置的结果多带有遭遇不愉快或不如意的语用色彩。因此，被动结构中的动词带有强烈的处置意义，这种处置性由某人或某物发出，对另一人物造成某种影响，处置性动词的后面常常跟表示处置结果的后附成分。但仔细分析不难发现，上述（1）—（5）中的"被……"用例至少有三点并不符合汉语被动结构的使用规范，这主要表现为以下几点。

第一，"被自杀"等结构中的动词不具有典型的处置性意义。所谓典型的处置性意义指的是动词所代表的动作由施事方发出，对受事方造成某种不愉快或不如意的结果。例如：

（6）张三被李四打了一顿。

（7）？阜阳"白宫"举报人被自杀了一次。

例（6）中的动词"打"具有典型的处置性意义，施事"张三"发出的动作"打"对受事"李四"造成了不愉快的后果。而例（7）中的动词"自杀"并不具有类似"打"的典型处置性意义，因此在没有具体语境或现实背景的情况下，例（7）的可接受性值得怀疑。

第二，由"自杀""自愿""就业"等动词构成的被动结构缺少典型被动结构所具有的表示处置结果的后附成分，即使用光杆动词直接构成被动结构。我们不妨将"被自杀""被自愿""被就业"补充成结构完整的被动句。

（8）阜阳"白宫"举报人、瓮安17岁中学生、石首事件之厨师被自杀了。

（9）小学生家长、毕业生被自愿缴纳慰问金、孝敬费。

（10）赵冬冬等高校毕业生被就业了。

第三，典型被动结构在语义上必须有动作发出者——施事者，尽管这种施事者有时在句法层面上处于缺省状态；而"被自杀"类被动结构并没有类似"被打"这种语义上的施事者。我们把这两种结构对比如下：

（11）张三被打了。→张三被［李四］打了。

（12）阜阳"白宫"举报人被自杀了。→阜阳"白宫"举报人被［？］

自杀了。

按照常规理解，"张三被打"肯定是被另一方"打"，语义上必定有动作发出者——施事，但这一施事在句法上是可以缺省的。① 而"阜阳'白宫'举报人被自杀"在语义上不可能是被另一方"自杀"，因为"自杀"指的是"自己杀死自己"②，因此动作的发出者只能是举报人自己而非另一方，换言之，"被自杀"类被动结构的行为主体是作为受事者的实施者。从这一角度来看，"被就业"类被动结构在句法上更接近于主动结构句。

(8')阜阳"白宫"举报人、瓮安17岁中学生、石首事件之厨师自杀了。

(9')小学生家长、毕业生自愿缴纳慰问金、孝敬费。

(10')赵冬冬等高校毕业生就业了。

1.7.2.2　理据性

既然"被就业"类被动结构在句法语义等方面并不符合汉语典型被动结构的使用规范，为什么还是被大多数人心理上接受了呢？在分析"被就业"这种非语言常规表达方式的不合规范的同时，我们不妨也分析一下其内在的理据性。

第一，"被就业"这种非语言常规表达在语义上具有非自足性，这是此类表达造成理解困难的重要因素之一。从当事人（学生）的角度来看，"就业"本来是找到并参加某种工作，是一种自主性行为，而基于语境的"被就业"表达意味着有另外一方强行介入，并造成学生不知情的虚假就业这一状态，即表面上看是就业，而事实上并未就业。"自杀"本来是行为主体采取的一种自主性行为动作，自己杀死自己，而基于现实背景的"被自杀"意味着有另一方强行介入，将当事人之死说成是自杀，即表面上看是自杀，而事实上可能是受他人操纵的他杀。"自愿"本来是行为主体自己愿意实施某种行为动作，而基于现实语境的"被自愿"意味着另外一方强行介入，将当事人自己愿意实施某种行为说成自愿，即表面上看是自愿，而事实上可能是受他人强迫的不自愿。如果把这些上下文语义信息补充完整，"被就业"类被动结构在理解上并不存在障碍。鉴于此，我们可以把"被自杀""被自愿"

---

① 这是由被动句使用的基本前提决定的，即被动句是针对动作受事者的。

② 现代汉语词典：第5版［M］. 北京：商务印书馆，2005：1808.

"被就业"等三种表达还原成句法语义结构完整的被动句式。

（13）阜阳"白宫"举报人……被有关部门认定为/说成自杀。

（14）小学生家长缴纳慰问金、毕业生缴纳孝敬费被相关教育部门认定为/说成自愿。

（15）赵冬冬等高校未就业毕业生被学校有关部门弄成（虚假）就业。

第二，"自杀""自愿""就业"等动词虽不具有典型的处置性意义，但却具有自主性处置意义。典型被动结构中的动词（例如"打"）具有［＋处置性］、［＋行为/动作］、［＋/－自主性］等语素义特征，而"自杀""自愿""就业"等动词所具有的语素义特征则是［＋处置性］、［＋行为/动作］、［＋自主性］。［＋/－自主性］与［＋自主性］的区别在于，前者表示的行为动作可以由当事人发出也可以由对方发出，而后者表示的行为动作只能由当事人自己发出。单纯具有自主性的处置动词在用作被动结构时，往往表示介入者不愿意别人知道、看见或听见，例如（16）中"被知道"表达了叙述者不想让别人知道的意思，例（17）中的"被就业"则表达了介入者不想让别人知道当事人已经就业这件事的意思。

（16）再说，这个事要是吵嚷开，被刘四知道了呢？（转引自王还 1983）

（17）我不知道自己被就业到了什么公司。

第三，"被就业"类被动结构的构式义具有遭遇、不愉快或不如意等语用色彩。多数情况下，汉语被动结构表达的是一种遭遇、不愉快、不如意，这种意义不是由某个构成成分表达的，而是由"受事主语＋被动标记＋施事宾语＋行为动作"整个结构表达的，因此是一种构式意义。"被就业"类被动结构所表达的遭遇、不愉快和不如意等意义，和典型被动结构所表达的构式义没有什么差别，即这种遭遇不愉快和不如意都是针对受事者的。例如：

（18）张三被李四打了。

（19）赵冬冬在不知情的情况下竟然被就业了。

（20）阜阳"白宫"举报人被自杀了。

例（18）的构式义为受事者张三遭遇了不愉快的事儿，即被打了；例（19）的构式义为受事者赵冬冬遭遇了不如意的事儿，即被安排成了假就业；例（20）的构式义为受事者阜阳"白宫"举报人遭遇了不愉快的事儿，即他的死亡不是自杀但被人说成自杀（即他的死亡是他杀）。

第四，"被如何"类被动结构可以取得意想不到的修辞效果。

首先，"被如何"这种结构在表达风格上简洁明了。"被自杀""被自愿""被就业"等表达方式以最少的文字传达了清晰的意义，如果换成非被动结构，则需要使用类似"阜阳'白宫'举报人之死不是自杀，而是他杀，但被有关部门认定为自杀"这种复杂形式来表达。

其次，汉语被动结构表达一种消极意义，而"被自杀""被自愿""被就业"等"被××"类非语言常规表达所表达的消极意义是被隐藏在语境中的。"被××"类被动结构的这种隐性消极意义在很大程度上引起了读者的猎奇心理。在"被如何"结构中"自杀""自愿""就业"等自主性动词的自主性变成了不可控制的非自主，而从自主到非自主转变的中间环节恰是读者关心的焦点：自主到非自主的转变需要另一方的强行介入，另一方为何要强行介入？因此，处在"被时代"的人们关心的焦点信息不是"被自杀""被自愿""被就业"等事件结果本身，而是这些事件背后隐藏的猫腻和造假行为——"被自杀"不是自杀而是他杀，"被自愿"不是自愿而是强迫，"被就业"不是已就业而是未就业。此所谓：言在此而意在彼。

不难看出，正是由于"被××"的这种内在理据性，才使得"被就业"等这种不合语法的表达方式具有了广泛的可接受性。

1.7.3　"被……"的泛化趋势

除了上文提到的"被自杀""被自愿""被就业"等用例外，我们发现"被……"格式还有进一步泛化的趋势。例如：

（21）武汉理工大学校长、中科院院士候选人周祖德与其博士生谢鸣合作的一篇论文涉嫌抄袭，周祖德回应事先并不知情，并表示只是被署了名。（http：//www. tianya. cn）

（22）当地政府要求受访群众熟记事先统一下发的标准答案，如家庭人均年收入农村居民必须回答 8500 元，城镇居民必须回答 16500 元，"是否参加社会保险或保障"必须回答"参加了"，"对住房、道路、居住环境是否满意"必须回答"满意"。于是，那些原本在小康达标水平之下的群众，一夜之间就"被小康"了。（《抚顺晚报》2009 年 8 月 3 日）

（23）我们工资降了 20%，但国家统计局硬说我们长了 11%，我很高兴我的工资"被增长"了……（http：//www. tianya. cn）

（24）湖南芒果台卫视：编导们让歌舞双全的艺能女生轮流摸藏在纸箱

子里的一条大蟒蛇，得知真相的女孩们个个花容失色，发出了"凄厉"的尖叫……这种节目观众是"被娱乐"还是"被惊悚"？（经济观察网）

此外，我们还发现了这样一些用例："被捐款""被忏悔""被代表""被失踪""被贿赂""被车祸""被和谐""被幸福""被卖淫""被不明真相""被承诺""被光荣""被优惠""被长大""被鼓掌""被繁荣"等。值得注意的是，在所有这些用例当中，"被"后面的成分除了动词还出现了形容词和名词，分布情况如表 1 - 11 所示：

表 1 - 11　"被……"格式"被"后成分的性质

"被……"格式	"被"后成分的性质①
被自杀、被就业、被署名、被增长、被娱乐、被捐款、被忏悔、被代表、被失踪、被贿赂、被卖淫、被承诺、被鼓掌、被自愿	动词
被长大、被不明真相	动词性结构
被繁荣	动词兼形容词
被惊悚、被和谐、被幸福、被光荣、被优惠	形容词
被小康、被车祸	名词

正如上文所分析，"被 + 动词/动词性结构"具有语义非自足、表达消极性构式义、体现简洁明了及言在此而意在彼的修辞效果等特征，都是弱势群体一方被另一方认定为/说成/宣布为/安排成"如何"。由于形容词具有谓词性质，因此直接移植"被 + 动词/动词性结构"格式所传达的"弱势群体一方被另一方认定为/说成/宣布为/安排成'如何'"这一消极构式义。而"小康""车祸"等名词性成分用于"被……"格式则是该格式的消极构式义，及其可接受性进一步泛化的结果。但不论"被"后是动词、动词性成分，还是形容词、名词，"被××"诸格式都具有相同的系列特征：形式的不合语法性，语义非自足，表达消极性意义，可接受性强，具有简洁明了、言在此而意在彼的修辞效果。

---

①　词性确定根据《现代汉语词典》（第 5 版），商务印书馆 2005 年版。

第八节　网络语言追踪："水蛇腰"
到底是什么"腰"

某航空公司招聘乘务员的一项体检标准引起了我们的兴趣：

"五官端正、肤色好、面部无雀斑、痤疮；嘴型好，说话、微笑时无嘴形不对称；牙齿色质好、排列整齐、无明显异色和排列不整齐；面部表情自然、微笑甜美；身材匀称、步态自如、动作协调、仪表清秀、服饰得体、气质好；无驼背、无水蛇腰"。①

标准中诸如"五官端正"等要求我们都能理解，但对最后一条"无驼背、无水蛇腰"中的"无水蛇腰"，我们有点儿疑惑。航空公司招聘空姐要求之苛刻大家都有所耳闻，符合上述条件越多说明长相越标准、越漂亮，也就越能"适合"这个岗位的要求。我们之所以对"无水蛇腰"觉得奇怪，原因在于我们到底应该如何理解并界定"水蛇腰"。因为在我们大多数现代人的理解模式中，"水蛇腰"大概代表着女性的美丽、婀娜、多姿；但按照该航空公司的招聘要求推测，"水蛇腰"显然不是我们大家所理解的"美丽、婀娜、多姿"。那么，"水蛇腰"到底是什么"腰"呢？

1.8.1　工具书对"水蛇腰"的释义

我们不妨先看看一些权威工具书对"水蛇腰"的解释，这些解释主要有：

1. 指细长而腰部略弯的身材。[《现代汉语词典》(第6版)]

2. 称腰部纤细而柔软的身材：(1)民间常以"水蛇腰"来形容女子婀娜多姿的身段。(《现代汉语学习词典》)

3. ①水蛇般的细腰。②比喻女子腰部细长、婀娜多姿的身段。[《当代汉语词典》(国际华语版)]

4. 形容纤细扭摆的身姿。

(2)明·张四维《双烈记》第三出："在人前扭身做势，鳊鱼脚两只尺

---

① 引自 http://www.ceair.com/mu/main/gydh/ryzp/201103/t20110318_23727.html.

二，水蛇腰一丈有二，黄头发梳不出高髻云鬟，怪物脸那些个如花似玉！"

（3）清·曹雪芹《红楼梦》第七十四回：上次我们跟了老太太进园逛去，有一个水蛇腰，削肩膀，眉眼又有些像你林妹妹的，正在那里骂小丫头。（《近代汉语大词典》）

5. 指细长而腰部略弯的身材。多形容女子。

（4）清·文康《儿女英雄传》第三十二回："我正在那里诧异，又上来那么个水蛇腰的小旦。"

（5）凌力《星星草》："她一转身跟李允说话时，又故意让刘守诚看看那高耸的前胸和风骚曲折的水蛇腰。"（《汉语大词典》）

6. 指细高而腰部略弯的身材。

（6）例：以前他的身板儿挺直溜的，不知为什么，如今变成了水蛇腰。（《关东方言词汇》）

从这些词典的解释中，我们可以看出词典编纂者对"水蛇腰"的理解界定并不一致。例如《现代汉语词典》的解释显得比较模糊，什么是"细长而腰部略弯"？这种身材指男性还是女性？感情色彩倾向褒义还是贬义？《汉语大词典》《近代汉语大词典》《关东方言词汇》在释义的基础上，通过例句展示了"水蛇腰"的适用对象及褒贬色彩。《当代汉语词典》（国际华语版）则将"水蛇腰"分成两个义项，义项②内涵外延清晰，义项①类似《现代汉语词典》模糊不清。6 部工具书中，只有《现代汉语学习词典》的解释在适用对象、感情色彩上比较清晰。

此外，一些汉外词典对"水蛇腰"的翻译也不尽相同，例如：

7. slender stature featuring a slightly curving waist.［《现代汉语词典》（汉英双语）］

8. a slender figure with slightly – bent waist.［吴光华主编《汉英大词典》（第3版）］

9. a very slender waist.（《汉英词典》）

10. 女性の腰が細くやや折れた体つき。やなぎ腰。

（7）（相貌还好，可惜弄了个水蛇腰。）顔はいい方だが、惜しいことに曲がった体つきになっている。［《中日大辞典》（第三版）］

11. ①猫背。②＜旧＞女性のくねくねした病的な姿態。［《中日辞典》（第二版）］

《现代汉语词典》（汉英双语）、《汉英大词典》、《汉英词典》的释义基本上采取直译的方式，很难看出释义内涵、褒贬色彩等。而《中日大辞典》对"水蛇腰"的解释"（女性的）腰很细但是弱不禁风（身体有点儿弯、驼背），柳腰"，以及《中日辞典》对"水蛇腰"的解释"一是'驼背'，一是指女性歪歪扭扭、不正常的姿态"，体现的均是不健康的美，表现出彻底的负面意义。

综合来看，现有词典对"水蛇腰"的理解及释义存在差异，这种差异主要可以概括为两点：一是"水蛇腰"到底是一种什么"腰"？二是"水蛇腰"具有褒义色彩还是贬义色彩？

1.8.2　语料中的"水蛇腰"

带着这些问题，同时也为了弄清楚"水蛇腰"的释义以及上述工具书的释义准确度，我们从北京大学语料库（CCL）及其他相关文献中检索到包含"水蛇腰"的其他一些例句进行进一步考察。

（8）水蛇腰的那个东西，叫作袁宝珠，我瞧他那个大锣锅子，哼哼哼哼真也像他妈的个元宝猪。（《侠女奇缘》）

（9）小鹅蛋脸儿，好似吹弹得破。一双水汪汪的桃花眼，觉得十分妖娆，水蛇腰儿，双肩瘦削，另有一副风韵。（《隋代宫闱史》）

以上（8）（9）以及工具书中引用的（2）—（4）均为古代汉语用例。在这些古代汉语用例中，"水蛇腰"多用来指女性的身材，而且在感情色彩上多具有褒义。例如，（2）作者运用反讽手法描写了妓女赛多娇对"水蛇腰"（细腰）的渴望；（3）中的"水蛇腰"，《红楼梦》（脂批本）庚辰双行夹批为"妙妙，好腰！……，是美之形也"；（9）中的"水蛇腰"更是指女性的婀娜多姿；（4）中的"水蛇腰"则是指女性的细腰身材。古代汉语用例中只有例（8）是例外，指男性的腰（驼背），而且具有贬义色彩。以下是现代汉语中出现的用例：

（10）她是本胡同中的林黛玉。长脸蛋，长脖儿，身量不高，而且微有一点水蛇腰，看起来，她的确有些像林黛玉。（老舍《四世同堂》）

（11）他自己只有老先生的身量，而没有那点气度。他是细长，有点水蛇腰，每逢走快了的时候自己都有些发毛咕。（老舍《四世同堂》）

（12）秋云的眼睛里，梁大牙却不是什么正经人物。自从那回看见梁大

牙同水蛇腰坐在一条船上捞菱角且嬉嬉闹闹，她的心口就堵得慌。（徐贵祥《历史的天空》）

（13）水蛇腰是个什么东西？提起水蛇腰的名，顶风都要臭十里，蓝桥埠方圆十几里，怕是没有谁不晓得水蛇腰的不正经。（徐贵祥《历史的天空》）

（14）中间一位穿着崭新的棉干部服，没戴帽子，微微有点水蛇腰，胸板挺得不直；最后一位个头不高，戴一顶英国呢子礼帽。（邓友梅《记忆中的老舍先生》）

（15）兰叶水蛇腰，狐狸脸，天生一幅俏模样。她是挽着吴双的胳臂进藏的，现在却已经投入了李晓非的怀抱。（池莉《让梦穿越你的心》）

（16）小 model 们的私家"水蛇腰"修练秘籍大公开，……让莉莉的model 们教你如何打造像她们一样迷人的"水蛇腰"……（《传奇文学选刊》2007 年第 9 期）

（17）8 步打造"水蛇腰"。（《女性天地》2007 年第 4 期）

在上述（1）（5）（6），以及（10）--（17）11 个现代汉语用例中，指男性的例（6）（11）和（14）具有明显的贬义色彩（指腰挺不直）。指女性的例（10）似乎具有贬义色彩，大致是指有点儿驼背，而例（5）（12）（13）（15）则指女人的细腰、婀娜身材（但有不正经的言外之意），这里似乎并没有驼背、腰不直的意思。同样指女性的例（1）（16）和（17），则完全具备"女性的美丽、婀娜、多姿"之意，具有褒义色彩。

通过逐一分析上述用例中的"水蛇腰"，我们可以大致得出这样的结论，"水蛇腰"多用来指女性的腰肢，形容女性的腰身纤细、婀娜、柔软、美丽，而且多具有褒义色彩；如果用来描述男性，则指驼背、腰挺不直、缺乏阳刚之美，完全是贬义色彩。

1.8.3　采访及调查结果

其实，现实生活中还有更多的例证可以为我们正确诠释和理解"水蛇腰"提供有力的佐证。

北京卫视曾于 2010 年 6 月 3 日播出"时尚装苑"栏目之"时尚水蛇腰"，该栏目通过大街随机采访的方式，调查了人们对"水蛇腰"的感性认识。受访者在回答"为什么用水蛇腰形容腰细"的问题时，基本上都突出了

"细""软""苗条""瘦""窈窕""风韵""灵活""吸引人"等关键词，
另有两名受访者的回答突出了"扭"的特征，一人回答"水蛇腰是个比喻"，
指"驼背，但比驼背轻一点儿"①。节目主持人最后得出的结论是"水蛇腰"
用来形容女人的腰身（有别于水桶腰和直板腰），是"时尚健康"的代名词，
这种理解是因为时代的发展促发了人们观念的转变，从而赋予了"水蛇腰"
崭新的定义。此栏目还通过腰围数和臀围数的比例（腰围数÷臀围数＝0.6
~0.8）计算出最美的水蛇腰（0.7）。虽然网络上有人对这种结论持怀疑态
度，但北京卫视的结论却是建立在现场采访的基础之上的，反映了一般民众
对"水蛇腰"的感性认知，我们认为是比较可信的。

鉴于上述分析讨论，我们曾对一个性别、年龄、地域呈均衡分布的30人
样本进行封闭式调查，调查结果如表1-12所示②。

表 1-12

身材好坏		健康与否		感情色彩		基本含义概括举例
好	不好	健康	不健康	褒义	贬义	①形容女性的腰纤细、漂亮、苗条；②驼背，身材不直；③形容女性身材好，走路时扭动幅度大；④形容不太正经的女人
20	10	24	6	21	5	
67%	33%	80%	20%	70%	17%	

从调查中不难看出，在"身材好坏""健康与否""感情色彩"三个理
解维度上，绝大多数受访者均认为"水蛇腰"体现了"身材好""健康"
"褒义色彩"等正面意义。不同受访者对"水蛇腰"的释义也体现出比较大
的差异，绝大多数受访者给出的释义均接近"①形容女性的腰纤细、漂亮、
苗条"；有3人的释义接近"②驼背，身材不直"；释义为"③形容女性身材
好，走路时扭动幅度大"和"④形容不太正经的女人"的各有1人。

此外，根据调查结果，我们还可以总结出性别、年龄和地域对"水蛇
腰"理解的影响。首先是性别差异。"水蛇腰"之美只适合于修饰女性，如

---

① 此调查者为年龄较长者，可能在他所处的某个时期，"水蛇腰"就是指驼背。
② 此30人样本具体情况为：男性和女性各15名；20~30岁10名，30~45岁15名，
50岁以上5名；被调查者共来自辽宁、吉林、山东、江苏、陕西、甘肃、四川、湖
南、湖北、福建、江西、安徽、广东、宁夏、河南、北京16个省、市区。

果用来修饰男性，则有很强的贬义色彩。这大概和人们对男性与女性的认知差异有关，即男性应充满阳刚、健壮之气，女性应表现出阴柔、纤细之美。其次是年龄差异。在 30 个人的样本中，50 岁以上的 5 名受访者中有 3 人认为"水蛇腰"和驼背有关，是一种不健康的身材。而 50 岁以下的受访者绝大多数都觉得"水蛇腰"和女性的美好腰肢有关，是一种令人羡慕的身材。最后是地域差异。受访者对"水蛇腰"的理解在地域上大致体现出南、北差异，即北方受访者（特别是东北地区）均理解为身材不健康、不好看、具有贬义色彩，而南方受访者基本上与此相反。对于这一点，我们似乎可以从《关东方言词汇》对"水蛇腰"的释义中找到根据［参见例（6）］，即"水蛇腰"在东北方言中更倾向于负面意义。

1.8.4　结论

从宏观角度来看，语言的发展变化向来都不是以个人意志为转移的，而是社会约定俗成的结果。"社会的变化，客观现实的变化，人们对客观现实认识水平的变化，都会引起词义的变化。"（崔希亮 2009）一个新词的产生，一个新词义的形成，均应以社会约定俗成为标准，《现代汉语词典》（第 6 版）收录的诸多新词就能很好地说明这一点。从微观视角来看，"水蛇腰"这种称呼显然和水蛇这种动物有关，但我们对水蛇的范畴化结果存在个体差异，水蛇被突出了不同的侧面特征。如果突出水蛇游动的姿态（近似"〜"形），那么在认知上会有人走路时腰肢不挺拔（有点儿驼背）的状态，具有贬义色彩；如果突出水蛇的柔软、纤细特征，那么在认知上就会有腰肢纤细、婀娜多姿、妩媚迷人的状态，具有褒义色彩。从上文的所有用例来看，随着时间的推移，越来越多的人接受了水蛇的第二种范畴化结果。

鉴于上文的分析，我们认为《现代汉语词典》（第 6 版）等工具书是否可以重新考虑修正对词条"水蛇腰"的释义，在原释义基础上，加一个义项："形容女子……"。如此，原来的义项可标为旧义，加入的义项则为新义。在这一点上，似乎可以有限参考《中日大辞典》（第三版）和《中日辞典》（第二版）的做法。

第二章

华文教学的理念与方法

　　华文教学的理念和方法不能独立于语言学理论之外，语言学理论对华文教学的理念和方法乃至整个教学系统都具有不同程度的影响。语言学理论是华文教学的基础，华文教学是对语言理论的应用，二者相辅相成、互相促进。基于形式的任务型教学法，从务虚角度为华文教学理念与方法的更新提供了重要借鉴；基于内容的修辞教学，从务实角度为华文教学理念与方法提供了一个样例。任务型教学法适用于课堂教学，在很大程度上改变了教师一人唱"独角戏"的课堂教学现状，体现了不同于传统课堂教学的教学理念，对"以学生为中心"的汉语教学原则做出了深刻的阐释。任务型课堂教学始终以有意义的互动式交际活动为核心，将"以学生为中心"的教学原则彻底落到了实处，实现了课堂教学的交际化目标。在当前对外汉语修辞教学缺乏自觉性和系统性及汉语国际推广这一汉语国际化大背景下，必须充分认识修辞教学的必要性，加强汉语教学的修辞教学环节——增强教师的修辞意识，加大教材的修辞内容含量，培养学习者的修辞意识与修辞能力，并以隐性修辞教学策略提高学习者的修辞技能。

第一节　语言学理论在华文教学中的作用

　　由于语言学理论与语言教学（对外汉语教学）的定位很不一样：语言学理论是一种基于语言本体的理论，而语言教学是一种基于语言应用的活动；因此有人认为既然语言教学中不能把语言学的一些理论知识直接传授给学生，语言学理论对语言教学不能发挥实际的功能，那么教学工作者就没有必要为了汉语教学而学习和掌握语言学理论。也正是由于这种观点，所以曾一度产生过"是中国人就能教汉语"的错误说法。其实这是一种很深的误解，这种误解是由于没有搞清楚理论和实践、本体和运用的关系造成的。目前汉语教学是一门独立的学科，这一结论已经越来越多地被人们所接受，探索汉语教学的规律已经成为摆在教学工作者面前的重要任务；北京华文学院作为中国对外汉语教学学会的重要成员单位，是国内唯一一所专门从事华文教学的院校，因此不断探索华文教学的规律是我们广大华文教学工作者面临的艰巨任务。只有不断探索华文教学的规律和方法，才能更好地完成针对广大华人华侨和港澳同胞的汉语和中国文化教育的任务。

本书认为语言学理论与华文教学之间并非风马牛不相及，语言学理论是华文教学的基础，华文教学是对语言理论的应用；没有语言学理论的指导，华文教学亦将成为无源之水、无本之木，同时华文教学的实践也可以为语言理论的正确性提供一种可靠的验证手段。

2.1.1　语言学理论对华文教师的指导作用

2.1.1.1　教学对象的特殊性

华文教学的教学对象主要是华人华侨和港澳同胞，他们的母语虽然是汉语，但他们的第一语言要么不是汉语，要么不是标准的普通话（粤语或其他）。因此，他们学习汉语的目标很明确，就是要在短期内迅速提高汉语的听、说、读、写水平。华文教学中能否做到在短期内迅速提高学生的汉语综合水平是判断教学成败的最直接标准，教师作为华文课堂教学的组织者，也理应把这一直接标准当作衡量自己课堂教学效率高低的标准。

华文课堂教学作为一种语言教学，有其自身的特殊性，这种特殊性首先是由特殊的教学对象决定的。和针对第一语言是汉语的学生不同，华文教学的对象是第一语言非汉语的学生，因此在教学中传授给他们的不是语言学的理论知识，而是把汉语作为一种交际技能来传授的。华文教学的根本目的在于让学生在短时间内迅速掌握这种技能，从而全面提高学生的听、说、读、写能力。传授技能重视的是实践，是实际的操练，这种课堂上的实际操练和教师在课堂上的讲解是汉语各种课型的两个基本任务，是汉语教学的两个最基本的环节。教师要想顺利完成课堂教学中的"精讲"任务，没有语言学理论的支撑是行不通的。例如，教师在教学过程中必须具有根据一些纷繁的语言现象总结语言规律的能力，试以"把"字句的教学为例。教学中我们会遇到各种各样的"把"字句（请把门关上，大风把树吹倒了，我把他打了一顿……），传统语法对"把"字句的语义解释是表示"处置"，这种句式的一般结构是"主语 S + 把 + 宾语 O + 动词结构 VP"，如果考虑到最典型的"把"字句，我们就会发现这种句式的线性描述还不是最典型的；据崔希亮的研究，有 93.9% 的"把"字句动词结构是由动补结构组成的，因此我们可以得出"把"字句的一种典型句式"主语 S + 把 + 宾语 O + 动词结构 VP + 补语 C"。教学中如果让学生明白了"把"字句的这种原理，无疑会对他们的语言内化产生一种积极的推动作用。而这种对"把"字句句法语义规律的描述需要汉语教师具有扎实的语言学理论基础，需要汉语教师及时追踪汉语言研究得出的一些结论。

当然，课堂教学中并不能提倡教师大量讲解这些语言知识，我们举"把"字句的例子在于说明作为语言教师，应该掌握一些必要的语言学理论知识，虽然这些知识可能永远都不能跟学生讲。这些知识在潜意识中可以指导教师如何去把握具体的语言教学环节，可以让教师对某个教学环节的难点和重点提前做出预测。除了这种关于具体语言点的理论常识外，华文教师也应该关注其他方面的一些理论，如语音学的理论（教师应该明白汉语语音的发音原理，教会学生辨别不同发音的方法等）、语义学的理论（教师应该通晓各类句式的语法意义、各类词语的褒贬色彩、语体色彩等）、语用学的理论（教师应该掌握某一语言项目的使用场合，让学生明白不同语言项目在不同场合或环境中说出来可以具有不同的含义等）。

笔者曾于 2004 年参加北京语言大学组织的"新世纪对外汉语教学——海内外的互动与互补"讨论会，美国普林斯顿大学周质平教授认为汉语教师作为操练员有三个层次：不知而言、知而言、知而不言，他认为"不知而言"是汉语教师的最低层次，"知而不言"则是最高层次。这种概括或许过于绝对，但却是一个强调汉语教师应该具有扎实语言功底的例子。华文教学对象的特殊性，不允许授课教师在课堂上讲解过多的语言学的理论知识，但作为教学组织者，应该熟练掌握相关的语言学理论知识，以便更好地服务于教学。

2.1.1.2 华文教师的工作性质

教学对象的特殊性要求华文教师具有深厚的语言学功底，同时华文教师的另一个工作性质也对华文教师提出了这方面的要求。华文教师不能只是教书匠，而应该是集科研和教学于一身的双面手。我们在前面提到，汉语教学已经成为一门独立的学科，研究汉语教学的规律（教学规律和学生的学习规律）已经成为教学工作者的任务；同时我们也应该看到，汉语本体研究也面临着很大的挑战，教学中有一些老大难的问题其实也是汉语本体研究也没有搞清楚的问题，如汉语中的"了""的"等项目的教学。因此，以汉语作为母语或熟练语言的华文教师应该在具体教学中培养另一种能力——科研能力，对教学中遇到的实际问题提出具体的解决方案。而这种具体解决方案的提出需要一些语言学理论做前提，如在区别"以后"和"后来"这两个词语时可以从句法、语义和语用三个视角着眼。因此，一名合格的华文教师应该成为教学和科研的双面手，一方面搞好教学，另一方面也要不断学习语言学的相关理论，把科研工作搞好，更好地服务于教学。从大的角度来看，教学和科研也是摆在所有高校教师面前的两大基本任务。

所以，无论从华文教学之教学对象的特殊性还是从华文教师工作的双重性来看，语言学理论都应该对华文教师具有一种指导作用。没有语言学的基本理论知识，华文教学就不能具体落到实处，没有语言学的基本理论知识，华文教师的科研也不可能搞好。

2.1.2　语言学理论对教学方法的指导作用

语言学理论不但对从事教学的华文教师具有指导作用，对我们教学方法的指导作用也是不容忽视的。历史上，每一种教学法的出现都与某种语言学理论的诞生有着千丝万缕的联系。

目前，学术界基本已经承认语言学研究形成了形式主义（formalism）、功能认知主义（functional - cognitivism）和类型学（linguistic typology）三分天下的格局，由于每一种流派语言观和理想信念的不同，不同流派的研究者在分析语言现象时所使用的方法和手段有时也迥然不同。这种语言观、理想信念和分析手段、方法的不同，成为不同教学方法产生的重要理据。换句话说，某种流派的语言学理论会对教学法产生直接的指导或促进作用。

现代语言学之父索绪尔是结构主义语言学的创始人，认为语言是一种符号，符号之间靠"组合关系"和"聚合关系"得以运转；后期的布龙菲尔德则在此基础上强调对语言的结构系统进行全面的描写，并利用刺激—反应的行为主义心理学主张解释语言的产生和理解过程，认为语言是一种习惯。因此，结构主义语言学从诞生的那一天起就有严重的重视语言结构而忽视语言意义的倾向。语言教学法中的直接法（direct method）和听说法（audiolingual method）（重视模仿操练，先听说后读写，以句子或句型为教学单位，排斥或限制使用母语教学，让学生形成习惯等）就是直接以这种语言学理论为基础形成的语言教学法。目前我们在教学中还常常看到这两种教学法的影子。以 N. Chomsky 为代表的形式主义语言学一方面强烈批评结构主义语言学（认为结构主义不能解释"语言是什么"的问题，认为人类语言之所以不同是因为普遍语法之外的参数不同），另一方面则把结构主义语言学推到了极端（把语言的研究建立在严格的逻辑推导基础上，把语言研究限定在核心结构研究的范围内，从而认为人类语言的规则是一个有限的集合）。受这种学说影响产生的语言教学法是认知法（cognitive approach）。这种教学方法强调教学过程中学习者的智力作用，强调对语法规则的理解，以学生的学习和有意义的操练为主，注意培养学生的信心和积极性，反对有错必纠。这些做法都是形式主义语言学所持语言观的具体体现，这些教学理念对华文教学是十分具有启发意义的。

作为形式主义语言学的对立物出现的功能—认知主义语言学认为，研究语言不能只研究语言的形式和结构，而把语言的意义、使用和功能等派出在外。因此，功能—认知主义语言学强调语言的社会性和功能性，认为语言的基本功能是交际；语言研究中应该重视语言的使用、意义和功能、语言和社会的关系等问题。受这种语言观影响而产生的语言教学法是产生于 70 年代的交际法（communicative approach）。交际法强调教学过程的交际化，提出教学以培养学生的交际能力为主要目标，教学中以话语为基本教学单位。这种教学法的理念已经非常接近现代课堂教学的基本目标，在汉语教学中已经广为使用。作为交际法的继续发展，目前方兴未艾的"任务型"教学法（task – based language teaching）也是以功能—认知主义为语言学基础的。"任务型"教学法为了培养学生的实际交际能力，在课堂上让学生完成一定的交际任务。这种教学法在美国、马来西亚等国家的第二语言教学中已经被广泛使用（吴中伟"浅谈基于交际任务的教学法——兼论口语教学的新思路"，《第七届国际汉语教学讨论会论文选》，北京大学 2004 年版）。这种教学法在国内英语教学中目前使用广泛，但在汉语教学中还处于尝试阶段；华文教学应该把这种"崭新"的教学法吸收进来，大胆尝试。作为功能主义语言学的发展——认知语言学对华文教学的启示也是显而易见的。例如，认知语言学理论中的临摹性原则就可以具体运用到华文教学中，该原则认为汉语中的句子其实遵循着一种顺序性规律："2008 年 8 月 22 日"遵循从大到小排列的时间顺序原则，"我吃了饭再去打电话"遵循先后的时间顺序原则。根据这种时间顺序原则，在教学中我们就可以对"我上楼睡觉"能说而"我睡觉上楼"不能说做出简洁明了的解释，也能对"猴子在马背上跳"和"猴子跳在马背上"的不同做出通俗易懂的说明。关于认知语言学理论对华文教学的启示是一个很大的课题，我们打算另文讨论，这里就不再举例了。

语言类型学强调语言共性和个性之间的辩证关系，认为人类纷繁复杂的语言背后隐藏着一致性和共同性。研究表明，绝大多数的语言都遵循 S（主语）－V（动词）－O（宾语）语序（如汉语）或 S（主语）－O（宾语）－V（动词）语序（如日语），这种研究成果对我们的汉语教学有着直接的指导意义。鉴于篇幅，不再详细说明。

因此，明确了语言学理论的历史沿革也就基本上清楚了各种教学法的基本理念，但语言学理论对教学方法的指导作用不是绝对的，任何一种教学方法都有其合理性和片面性，这就需要我们在具体教学中根据不同的需要进行选择，"教学有法而无定法"。

2.1.3　关于文化教学的地位

文化教学是汉语教学的一个重要环节，目前各个学校都设有不同性质、不同名目的文化课程，出版的各类文化教材也比较繁多。强调语言学理论对华文教学的重要性，并不意味着排斥或轻视文化教学。虽然我们不能承认语言观上的文化决定论，但我们必须看到，汉语教学的本质是一种跨文化的语言教学。华文教学的教学对象大都长期生活在国外，有些甚至从来没有接触过汉语文化圈，因此华文教学中的文化教学在整个教学中占有举足轻重的地位。

汉语教学要以培养学生以听、说、读、写为中心的交际能力为目标，这种交际能力说到底是一种跨文化的交际能力，学生知学习语言本身是远远不够的。语言是文化的载体，语言的背后就是文化，二者是部分与整体的关系（刘珣《对外汉语教育学引论》，北京语言文化大学 2000 年版），因此从某种程度上讲，成功的语言教学也是一种文化教学。华文教学中要处理好语言的文化因素、国情文化和背景知识、专门性文化三种文化教学（刘珣 2000），特别是语言文化因素的教学。华文教师在语言学理论指导下进行汉语教学的过程中，应该让学生理解汉语这种语言的语言组织规则重"意合"的特点所体现出的汉民族特有的思维方式，让学生理解汉语言的语义系统、词汇中包含的文化含义（如"知青""红娘""旗袍"等），特别是语用上的一些文化常识（称呼、问候、感谢、谦虚、尊敬、表扬、隐私、禁忌等）更应该让学生熟练掌握和运用。

总之，我们在本书中强调语言学理论对华文教育的重要性并不意味着轻视或排斥文化教学。因为语言是文化的载体，所以华文教学中应该分清轻重缓急，学生只有掌握好了语言技能才谈得上文化的掌握；华文教学中语言教学是第一位的，文化教学是第二位的，是为语言教学服务的；弄清了语言教学和文化教学的关系，那么我们在本书中强调语言学理论对华文教学的重要性在理论上也是站得住脚的。

第二节 任务型教学法简评

任务型教学法产生于 20 世纪 80 年代初，90 年代盛行于英语教学界，至今方兴未艾；然而任务型教学法从英语教学界步入对外汉语教学界却是最近几年的事情。如何科学全面地认识这种崭新的教学法，从而最大限度发挥其优势、克服其不足，将直接关系该教学法在汉语教学中的运用效果。本书拟从正反两个方面简评任务型教学法，以期对该教学法在汉语教学实践中的运用和实施起一个引导作用。

2.2.1 任务型教学法的名与实

语言教学史上，曾先后出现过语法翻译法（Grammar - translation Method）、直接法（Direct Method）、情景法（Situational Language Teaching）、自觉对比法（Conscious - comparative Method）、听说法（Audio - lingual Approach）、视听法（Audio - Visual Approach）、认知法（Cognitive Approach）、全身反应法（Total Physical Response），以及影响深远的交际法（Communicative Approach）等不同教学理念的教学法。由于受不同语言学基础和心理学

基础的影响，早期传统教学法往往比较注重语言结构和语言规则的掌握，而相对后起的一些教学法如交际法，则比较注重语言意义和语言功能的掌握。因此，上述教学法在具体教学操作过程中基本上形成了重视语言结构规则和重视语言意义功能的两极对立，这种对立在很大程度上表现为听说法和交际法两种教学理念的对立。

听说法的语言学基础是结构主义语言学，心理学基础是行为主义心理学，因此，语言教学中强调语言结构规则的"刺激—反应"式反复操作是听说法的主要教学理念。交际法的语言学基础是功能认知语言学，心理学基础是人本主义心理学，因此，语言教学中强调语言的意义和功能，主张以学生为中心。在某种程度上可以说，听说法和交际法的具体教学操作过程是汉语教学界两种教学理念的代表性演示模板。

受语言学研究重点的影响，相对于听说法，交际法在汉语教学界的运用更为广泛。与听说法不同，交际法认为语言学习是一个从意义到形式的过程，实现课堂教学的交际化、培养学习者创造性运用语言的能力是交际法追求的终极目标。受这一目标的影响，交际法在后来的发展过程中渐渐分裂为两派：强式交际法（Strong Version）和弱式交际法（Weak Version）。强式交际法强调通过交际活动来学习语言，弱式版本则强调为了交际要学会语言，因此强式交际法是追求课堂教学交际化的极端形式，在具体实施过程中体现为交际性、任务性、意义性三个基本原则（理查兹和罗杰斯 2001）。而此三原则直接为任务型教学法的诞生奠定了基础。

作为强式交际法的典型代表人物，珀拉布在印度班加罗尔主持 Bangalore 交际教学项目的过程中，让学生"在用中学"，以"任务"的方式呈现课堂教学活动，并于 1983 年正式提出任务型教学法（Task‐based Approach），即任务型语言教学法（Task‐based Language Teaching，TBLT），简称任务型教学法。

作为交际法的一种发展形态，任务型教学法本质上仍旧属于交际法的范畴。其教学理念主要体现在如下几个方面。

（1）教学的根本目标是完成诸项语言任务。

（2）强调语言学习是一个从意义到形式、从功能到表达的过程，反对听说法对某种句型的反复机械操练。

（3）鼓励学习者创造性地运用语言进行交际。

（4）完成语言任务的过程中，表达的流畅性重于表达的准确性。

2.2.2　任务型教学法的特质

任务型教学法之任务指的是"一种通过创造性运用语言、以解决某个现实交际问题为目标的交际活动，它既是语言任务也是交际任务"（蔡永强，2006），因此任务型教学法具有如下几个鲜明的特质。

（1）任务型课堂教学中的任务是一种现实性的交际活动。按照珀拉布的班加罗尔教学项目，任务型课堂教学可以分为三个基本过程，即任务前阶段、任务中阶段和任务后阶段。在任务正式开始之前，教师根据教学计划和教学目标给定学生一个现实性的语言交际任务，如"留学生为什么常常上课迟到？"这种贴近学生生活的现实性任务。每个学生总结迟到的原因，准备自己的内容属于任务前阶段；教师指导学生分组讨论、互相交流、让个别学生发表讨论的意见、其他同学补充、教师板书等属于任务中阶段；任务后阶段则让学生选择一个和本课任务有关的一个话题进行讨论，如"怎么避免或减少留学生上课迟到现象？"等。由于这些过程都是现实生活中的内容表达，因此完成任务的三个阶段都是现实性的语言交际活动。而传统教学中的做法往往是：为了让学生掌握课上学习的语言结构规则，给定学生一个话题，把重要语言结构或重要词语等写在黑板上，要求学生运用这些词语或语言结构表达思想。这种教学方式完全属于学生接受式学习，学习者没有自主性，结果是语言规则没有用对，而且表达上也磕磕绊绊，非常不利于语言学习。

（2）交际性互动是任务型教学的基本形式。完成语言交际任务，需要学生与学生之间、老师与学生之间的互相交流，因此交际性互动成为任务型课堂教学的基本形式。按照 Prabhu 的观点，教学过程中可以区分三种不同类型的任务，即信息差任务（Information – gap Tasks）、观点差任务（Opinion – gap Tasks）和推理差任务（Reasoning – gap Tasks）。如上面的任务"留学生为什么常常上课迟到？"学生必须通过互相交流信息才能进一步完善自己的答案；而对于迟到的现象的原因并非每个人的观点都一致，学生在互相交流的过程中会发现别人不同于自己的观点；在任务后阶段，对于"怎么避免或减少留学生上课迟到现象？"需要学生个体根据前面的原因进行推理，不同学生的推理结果可能有差异，互动性的交流可以引导学生发现这些推理结果的差异。总之，三种不同类型的任务或称任务的三个不同阶段在课堂教学中需要交替使用，学生完成每一项子任务的过程都是一个交际性互动过程。

（3）鼓励学生创造性地使用目的语表达思想。同一个思想可以用不同的语言形式表达出来，例如，同样是"我不吃羊肉"至少就有 3 种不同的表达："我不吃羊肉～羊肉我（可）不吃～我羊肉不吃（吃牛肉）。"（朱德熙，1985）任务型课堂教学中应该鼓励学生灵活地使用目的语的不同形式表达思想，要求大力提倡表达的流畅性，而准确性与得体性则退居其次。由于学习者的注意力在"用语言做事"、用有意义的表达完成任务上，因此在语言表达过程中对语言形式的监控就比较少。学生语言表达过程中没有语言结构规则的强制性制约，不必过于考虑用这个还是那个语言结构或词汇项目，表达的目的只在于能够达到双方思想交流的目的，这种自主性地表达是学习者创造性使用目的语的基本前提。

（4）重视学习者个人经验，关注学习者的学习过程本身。任务型教学法认为，语言学习是一个从意义到形式、从功能到表达的过程，语言教学的核心不再是学习者语言规则的掌握，而是学习者学会如何表达思想的过程。语言教学的核心从结果转移到过程，是教学法发展过程中的一个里程碑。传统语言教学注重向学习者传授语言规则，在随后的操练中，只要学习者能够正确运用这些语言结构完成课后练习就意味着已经掌握了这些规则；但学生在课堂外其他语境中并不能正确使用这些语言结构，甚至回避使用。任务型教学注重学习者学习过程本身，引导学生综合运用显性语言知识和隐性语言知识，在个人已有经验的基础上自由表达思想、进行意义协商；这种关注过程本身的教学真正实现了从让"学生学什么"到让学生体会到"这个东西是如何学会的"的教学理念的转变。从这个意义上我们也可以说，任务型教学本质上也是一种过程性教学。

2.2.3　任务型教学法的局限性

任务型教学法强调以学习者为中心、让学习者"用语言做事"、关注学习者学习过程本身，从而彻底实现了教学理念的转变，但是由此带来的一些理论或实践上的局限也是无法回避的事实。

（1）从语言结构教学到语言意义教学，等于从一个极端走向了另一个极端。语言结构规则的教学固然难以达到学习者自由运用指定结构进行灵活表达的目的，但任务型教学把意义推到极端，从而造成了难以正确监控语言结构的局面。例如，教师评价学生的作文，除了要看学生的自由表达、文章内容和结构以外，语言结构规则的正确运用也是一个重要的考虑因素。

（2）任务型教学法过分强调流畅性，在很大程度上背离了语言教学目标。国家汉办《高等学校外国留学生汉语教学大纲》（长期进修）对教学目标有清晰的表述——"使学习者在原有基础上不同程度地进一步提高汉语交际能力"，在初级阶段，"能比较准确地发出单个字、词的音"，"能根据汉语拼音比较准确地读出汉字的读音"，"能用汉语拼音比较准确地写出听到的普通话音节"；在中等阶段，"具有初步的成段表达能力，语调基本正确，语速基本正常，表达比较清楚、准确、恰当"；在高等阶段，"能在两个小时内写出800字以上的命题作文……汉字书写规范熟练，标点符号运用正确，用词恰当，语句通顺……"。从这些表述中我们可以看出，语言运用的准确性是语言教学的一个重要目标。我们认为，成功的语言教学与成功的语言学习者在语言运用方面应该做到准确性、流畅性和得体性的有机统一。过分强调一个方面而忽视其他方面，在很大程度上违背了语言教学的基本规律。语言教学中出现的英语国家的学生洋腔洋调、洋洋洒洒的长篇作文让人难以读懂等现象，或许正是这种不愿意正视学习者出现的语言问题、对学习者表达上的欠准确性和欠得体性"睁一只眼闭一只眼"造成的后果。

例如，在一次运动会上，学生看到他的汉语老师在比赛中跑得飞快。比赛结束后，学生上前对老师说"老师，你跑得像狗一样快"。这句话在准确性和流畅性上绝对没有任何问题，但从得体性的角度来看，这样的褒奖之词在汉语中是不能说的。同时，由于这一表达还牵涉汉语补语问题，学生在表达时还很容易出现准确性方面的错误。例如，"你像箭一样快跑"，这样的表达并不影响交际，也不存在得体性问题，但给人的感觉就是别扭。我们认为，作为一名汉语教师，这时必须告诉学生"你跑得像箭一样快"这种动补结构的规范说法，不能"有错不纠"。

（3）任务型教学难以建立一个有效的课堂教学评估体系。传统教学法对课堂教学的评估比较容易操作，学生只要做对了课后练习，我们就认为学生已经学会了本课所学的语言结构、语言规则和重要词语。作为课堂教学效果的终极评估形式，期中考试和期末考试中学习者只要得到了很好的成绩，就意味着课堂教学效果是好的（但这种做法面临一个巨大的风险，即学习者学到的很多知识只是死知识，并没有把这些课堂上接受的知识转化为自己的隐性语言知识，因此在不同语言环境中不能举一反三，很容易出现流畅性和得体性方面的错误）。因此，传统课堂教学的评估方法具有很强的可操作性和科学性。相反，任务型课堂教学的评估就非常缺乏科学性和可操作性。上文提到，任务型课堂教学的基本形式是"用语言做事"、用语言完成交际任务，强调有意义的互动性交流；这种教学理念导致任务型课堂教学在评估环节上会遇到这样几个问题：①任务的具体构成要素是什么？任务和交际法主张的功能项目有什么区别？②完成任务的标志是什么？用不用复杂语言规则、话语表达的长短以及表达的准确性、流畅性、得体性，及其在评价任务完成的质量中占有怎样的地位？这一切好像都不能拿出一个可以具体量化的标准。这样一来，任务型课堂教学的评估在科学性和可操作性上就会遭到质疑（但这种教学理念可以充分发挥学习者隐性语言系统的作用，表达比较自由，在这种情境下掌握语言结构或语言规则是一个自然的过程，在某种程度上可能更接近语言习得的效果）。

（4）适用范围有限。由于任务型教学的核心在于通过有意义的协商用语言完成交际任务，因此语言学习者必须具有一定语言基础，否则无法通过有意义的协商完成交际任务。对于初、中、高、三个阶段的汉语学习者来说，对初级阶段的学习者不能使用任务型教学法，对具有中高级汉语水平的学习者可以不同程度地使用。从技能设课的角度来看，由于目前各大高校的留学生课程设置一般是"综合课打头，按技能设课"（杨惠元，2007），某些课型恐怕也不能使用任务型教学法，如阅读课、听力课，或者可以说至少听力课和阅读课等课型的大部分环节不宜使用任务型教学法。

2.2.4 余论

汉语作为外语教学近 60 年的历史也可以说是一部教学法的历史，不同历史时期的语言学理论和心理学理论会催生出不同教学理念的语言教学法，而不同理念的各种教学法在使用范围上都要受到时间和空间条件的限制。课堂教学是激发灵感的场所，具体课堂环境下使用何种教学法需要考虑教师、学生、教材等多种综合因素。本书阐释了任务型教学法的名与实，并着重分析了该教学法在诸多方面的得与失，阐释与分析大部分是基于理论层面上的，至于具体教学中到底应该如何设置任务型课堂教学、如何扬长避短等具体层面上的问题还有待进一步的研究与论证。

第三节　任务型课堂教学的设计与实施

　　课堂教学是汉语作为外语教学的中心环节，如何通过课堂教学全面提高学习者的听、说、读、写技能是汉语作为外语教学的首要目标。当前汉语教学界的主要教学模式可以归纳为"综合课打头，按技能设课"，① 因此综合课的教学在所有科目的教学中有着举足轻重的地位。从"综合课打头，按技能设课"这一教学模式来看，全面提高综合课课堂教学效率，是开设其他技能课的重要基础。而当前以"复习—讲练生词—讲练课文—讲练语法—总结—布置作业"为主要教学环节的综合课课堂教学模式在很大程度上把课堂教学变成了输入大于输出、教师一人在唱的"独角戏"②，这种教学模式过于重视学习知识和学习结果，在很大程度上忽视了学习者的学习步骤与学习过程，不能有效调动学习者的积极性和主动性，最终让课堂教学交际化成一句空话。"复习—讲练生词—讲练课文—讲练语法—总结—布置作业"的教学环节将机械性操练作为教学的重心，学习者的个体因素得不到足够重视，学习者的学习过程完全是被动的。这种教学现状亟需一种新的教学模式和教学理念，实现从机械性课堂教学到有意义交际化课堂教学的彻底转变。

　　产生于 20 世纪 80 年代、盛行于 90 年代的任务型教学法（Task – based language teaching，TBLT）在教学理念和操作细节上迥然于这种传统课堂教学，重视学习者的个体因素和学习过程，可以在很大程度上改变教师"独角戏"的课堂教学现状，达到课堂教学的交际化目标。

2.3.1　任务型教学法的教学理念与局限性

2.3.1.1　任务型教学的基本理念

　　从理论层面上看，任务型教学法强调"从学生的学习兴趣、生活经验和认知水平出发，倡导体验、实践、参与、合作与交流的学习方式和任务型的

---

① 杨惠元 . 课堂教学理论与实践 ［M］. 北京：北京语言大学出版社，2007.
② 李忆民 . 课堂教学的内向和外向——试论中级汉语精读课课堂教学交际化 ［J］. 语言教学与研究，1993（3）.

教学途径，发展学生的综合语言运用能力，使语言学习的过程成为学生形成积极的情感态度、主动思维和大胆实践、提高跨文化意识和形成自主学习能力的过程"。① 该教学法力导学生"在用中学"，"用语言做事"，以"任务"的方式呈现课堂教学活动，以完成诸项语言任务为教学的根本目标，强调语言学习是一个从意义到形式、从功能到表达的过程，反对听说法对某种句型的反复机械操练，鼓励学习者创造性地运用语言进行交际的过程中强调表达的流畅性。因此，任务型教学理念更集中体现了汉语作为外语教学的三个基本原则，即以学生为中心的原则、以交际能力的培养为重点的原则、以结构功能文化相结合为框架的原则。②

2.3.1.2　任务型教学法的局限性

和传统教学法相比，任务型教学非常关注学习者的个体因素，但从语言结构教学到语言意义教学等于从一个极端走向了另一个极端。传统教学法非常注重语言的准确性，而任务型教学法则关注流畅性，并强调准确性要让位于流畅性，这在很大程度上背离了语言教学目标。另外，传统教学法有利于进行有效的课堂教学评估（学习者答对了某一语言结构，就被认为过关），而任务型教学则相对难以建立一个有效的课堂教学评估体系（学习者完成任务的标准）难以具体界定。最后，任务型教学法只能适用于中级及以上水平的汉语学习者，对于汉语初学者适用度不高。

这就要求我们在教学中有选择性地使用任务型教学法，既不能一概排斥传统教学法，也不能一概强调任务型教学，而应该在二者之间找到一条切实有效的中间道路，为区别于传统课堂教学，我们姑且称之为任务型课堂教学。

2.3.2　任务型课堂教学有别于传统课堂教学

2.3.2.1　两种课堂教学之比较

课堂教学是以班级为单位进行集中授课的教学组织形式，这种教学组织形式以教师、学生和教材为基本构成要素。按照"以学生为中心"的教学原

---

①　中华人民共和国教育部. 普通高中英语课程标准（实验稿）［M］. 北京：人民教育出版社，2003.

②　李泉. 对外汉语教学理论思考［M］. 北京：教育科学出版社，2005：81—84.

则，我们认为，课堂教学的核心在于教师以教材为依托引导学生获得语言知识和掌握语言技能，迅速提高学习者的语言能力和语言交际能力。在宏观理论层面和微观操作层面上，体现不同教学理念的课堂教学模式存在着一系列显著的差别；虽然任务型课堂教学与传统课堂教学都强调"以学生为中心"，但二者却在核心目标、教学单元、关注焦点、教学环节、活动方式、评估手段和结果等方面存在着巨大差异如表 2-1 所示。

表 2-1

	传统课堂教学	任务型课堂教学
核心目标	学习者掌握语言知识	学习者完成不同的语言交际任务
教学单元	语言项目	任务
关注焦点	教学结果　语言表达的准确性	学习过程　语言表达的流畅性
教学环节	复习—讲练生词—讲练课文—讲练语法—总结—布置作业	任务前—任务中—任务后
活动方式	机械性操练	有意义练习，用语言做事
评估手段	做练习	完成任务
评估结果	结果一致（一般要求答案唯一）	结果不要求一致
……	……	……

2.3.2.2　任务型课堂教学的优势

因此，任务型课堂教学和传统课堂教学相比，具有这样几个明显的优势。

（1）学习者学习语言知识、掌握语言技能是通过有意义的交际活动来实现的，而不是通过机械性操作和练习获得的。有意义的交际活动，即语言学习者"用语言做事"，比机械性操练更能调动学习者的积极性与主动性；通过有意义的交际活动掌握语言技能、学习语言知识，在很大程度上体现了第二语言习得的规律。

（2）关注焦点的不同有利于学习者活用目标语言。传统教学更多关注语言项目和语言表达的准确性，使得学习者的语言表达受到太多限制，表达磕磕绊绊；而任务型课堂教学则更多关注学习过程和语言表达的流畅性，只要学习者能够清楚表达自己的意思就可以了，至于运用何种语言形式或语言项目则是次要的。

（3）教学环节突破了僵化的模式。传统课堂教学的教学环节"复习—讲练生词—讲练课文—讲练语法—总结—布置作业"比较僵化，长期下去容易让学习者滋生厌倦的学习情绪，而任务型课堂教学"任务前—任务中—任务后"的教学环节以"任务"来联系不同的教学阶段，不像传统课堂教学环节那么僵化，而且"任务"本身具有很大的想象空间，学习者对"任务"的具体内容会有一种心理期待，而不是反复进行的"复习—新课—作业"三部曲。

（4）任务型课堂教学比传统课堂教学更具有趣味性。传统课堂教学以学习者掌握语言知识为核心目标，并通过做练习来达到这一目标的手段，为完成这些练习学习者必须背诵某些内容，活动本身比较单调；而任务型课堂教学以学习者完成语言交际任务为核心目标，学习者在完成任务的过程中会调动自己所有的生活经验和语言知识，根据自己的表达喜好来完成任务，活动本身充满创造性。

2.3.3　基于中级汉语综合课的任务型课堂教学的设计菜单

鉴于任务型教学法的适用范围，我们选取中级汉语综合课作为个案来设计任务型课堂教学的菜单。我们认为，基于中级汉语综合课的任务型课堂教学主要包括教学目标的确立、教学要素的角色界定、教学环节、任务的确定（即任务前阶段）、完成任务的方式（即任务中阶段）、教学评估（任务后阶段）等几个菜单选项。

2.3.3.1　确立教学目标

教学目标是课堂教学的航向标，教学目标的确立要有利于学习者用语言做事、在做中学，进而达到活用目标语言的目的。确立教学目标要把握三个原则：实用性、合适性和互动性。适用性原则要求目标的确立要具有实用性，要与学习者的现实生活联系起来，尽最大可能将学习者置身于一个虚拟的真实情境中，为有意义的操练奠定基础。合适性原则要求目标的制定要充分考虑学习者的汉语水平，过高或过低的目标都不利于提高课堂教学效率。互动性原则要求确立教学目标时要充分考虑教师与学生之间特别是学生之间的互动交流，完成目标的过程始终是一个互动的过程，因为"互动性是交际的全部……在对语言教学进行了几十年的研究之后，我们发现互动途径本身是学会交际的最有效方法。互动性指两人或两人以上相互交流思想、情感或想法的活动，其结果是交流的各方从中受益。交际能力理论强调了互动作为人类在不同语言环境中使用语言'协商'意义的重要性……"（Brown 1994，转引自魏永红 2004：28）。

2.3.3.2 教学要素角色的界定

课堂教学的基本要素包括教师、教材和学生，界定三者的不同角色是高效完成交际性任务的前提。在交际性互动过程中，教师不但是主导者，同时也是参与者。教材则是互动过程的依托，但不是唯一凭借，教材可以为互动者提供生词、句型、课文内容（即话题）等信息，但这些信息从某种程度上讲都是备选项，而非必选项（即互动者可以完全选择这些项目，也可以选择其中的某项项目）。学生是课堂教学的中心，教师的一切教学活动必须以学生为中心，只有这样才能变"独角戏"为"多角戏"，实现真正意义上的互动性交际。

2.3.3.3 教学环节

任务型课堂教学的教学环节主要分为任务前、任务中和任务后三个阶段：在任务前阶段主要由教师讲解并示范需要完成的任务，并为完成任务做必要的准备。任务中主要指在教师引领下，由学习者个人以不同形式的分组完成任务；任务后阶段主要指课堂教学效果评估。

2.3.3.4 任务的确定

任务是一种通过创造性运用语言、以解决某个现实交际问题为目标的交际活动，它既是语言任务也是交际任务①。任务的确定要体现出趣味性和互动性。根据不同的标准可以将任务分成不同的类型②。

按照语言交际技能的培养方式，可以把任务分为听话型任务、说话型任

---

① 参见蔡永强"任务型教学法——理论与实践"，《汉语研究与应用》（第四辑），中国人民大学对外语言文化学院编，中国社会科学出版社 2006 年版

② 有人建议采用广义分类法，将任务分成"交际任务"和"学习任务"（指的是语言方面的练习活动），认为把任务界定为交际任务过分强调了任务本身。（孟繁杰、李焱，2008）我们认为这种看法有一定的科学性。但我们也应该注意，不能把交际任务和语言任务并列，对于语言任务来说，交际任务是第一性的，前者必须为后者服务。如果将二者并列，在实践中很容易造成机械性背诵语言知识、学习者表达受到限制、学习语言知识与完成交际任务脱节等倾向，并最终回到传统课堂教学的窠臼中。

务、阅读型任务、写作型任务、视听型任务和综合型任务。①

按照完成任务的方式和完成结果，可以将任务分为信息差任务（Information-gap Tasks）（学生通过互动交流，弥补彼此的信息空白）、观点差任务（Opinion-Gap Tasks）（通过沟通，交换彼此的看法）和推理差任务（Reasoning-gap Tasks）（从已知信息推出新信息）。②

按照完成任务的难易程度，可以将任务分成初级任务、中级任务和高级任务三类。③

按照任务内容与课文联系的紧密程度，则可以将任务分为学习性任务、模仿性任务和拓展性任务三种。学习性任务是指学习者为了了解课文内容要完成的任务；模仿性任务是根据课文内容设计的任务；拓展性任务则是超出课文内容的任务。

根据上述界定，本书讨论的关于基于中级汉语综合课的任务型课堂教学之任务当属综合型任务、中级任务以及信息差任务、观点差任务和推理差任务。

2.3.3.5　完成任务的方式

完成任务可以有不同的形式，例如，问答式活动可以为进一步完成任务做一些必要的语言知识和任务完成样本的准备，小组讨论活动用来完成信息差任务，互动交流活动用来完成推理差任务，对照课文则可以用来完成观点差任务等。无论采取何种方式，有意义的交际活动都将贯穿完成任务过程的始终。学习者在完成任务的过程中关注的不是语言结构，而是运用语言来解决问题。这种交际任务与传统语言教学中的练习（exercise）有着本质的区别。

2.3.3.6　教学评估

教学评估属于后任务阶段，即教师对学习者的任务完成情况进行总结评价。首先这种任务型教学评估的核心在于学习者是否圆满完成了交际任务，主要指标是否清楚表达了自己的观点、是否了解了对方的一些信息和观点，并能简单陈述这些信息或观点、是否按照要求从已知信息推理出新信息。其

---

① 参见马箭飞"任务式大纲与汉语交际任务"，《语言教学与研究》2002（4）。
② 参见 Prabhu N. S. *Second Language Pedagogy*. Oxford：Oxford University Press，1987.
③ 马箭飞. 任务式大纲与汉语交际任务［J］. 语言教学与研究，2002（4）.

次，要看学习者在完成任务的过程中是否创造性地使用了目标语言。最后，要看学习者在表达方面的流利性、得体性以及准确性。

根据上述设计菜单，我们拟以《桥梁——实用中级汉语教程》（上）第八课"广告与顾客"为个案来具体说明任务型课堂教学的设计与实施。

2.3.4 基于中级汉语综合课的任务型课堂教学设计个案

《桥梁——实用中级汉语教程》（上）第八课"广告与顾客"主要从正面和负面两个角度并运用实例讲述了广告对顾客的影响，真实的广告利人利己，虚假的广告则害人害己。根据上文的设计菜单，我们把本课的设计与实施环节罗列如下。

2.3.4.1 任务前阶段

主要解决教学目标，并为完成后面的任务做好准备工作。（只要包括话题的导入、语言知识的学习）

1. 确立教学目标

引导学生完成信息差任务、观点差任务和推理差任务，了解好广告和坏广告的标准，分析广告对顾客造成的正面和负面影响。

2. 完成任务的准备工作

（1）话题导入：①为什么会有广告？②广告对顾客有哪些影响？③做广告有哪些手段？④你怎么看虚假广告？（问答式）

（2）语言知识学习：语言知识的学习应该突破教师引导学生利用给定语言结构复述课文的被动学习倾向，应该让学习者"身临其境""设身处地"地自主学习。语言知识的学习必须以课文为依托，不要学生拓展到课本之外。可以在学生独立学习的基础上进行分组，进行协商性学习。

①谈谈广告对企业的影响。

②真实广告的标准是什么？说说课文中使用的例子。

③真实广告对顾客的影响。

④虚假广告害人害己，请举例（局限于课本）说明。

通过上述四个问题，学生一方面掌握了生词表中的生词，另一方面也对课文内容有了全面的了解和把握。这种学习任务本质上属于观点差任务，因为学习者自主学习课文内容过程中的同时，也是一个与自己的观点进行对比的过程。为了强化学生的学习结果，教师应该适当板书一些重要词语或语言结构（注意：这些词语或结构应该是学生在完成任务过程中使用过的，对于学生没有使用过而课本上又出现了的语言项目不要板书在黑板上，以免增加学习者的表达负担）。（对照课文、分组）

2.3.4.2　任务中阶段

任务中阶段主要是教师引领学生以不同的形式完成各种语言交际任务，即用任务前阶段学得的语言知识完成信息差任务、观点差任务和推理差任务。三种任务的完成都要求学生表达自己的观点或看法，最好不要陈述课文中作者的观点。

（1）信息差任务。将学生分成两人一组进行讨论。

①如何做一名成功的广告人？

②谈谈广告传播的手段和方式。（此项内容主要针对《桥梁——实用中级汉语教程（上）》内容过于陈旧而设计）

③谈谈广告对我们的影响。

④常明使用"一周黑牙膏"上当受骗，是谁的责任？

⑤如何识别骗人的广告？

学生在两人一组的讨论过程中，会自主使用任务前阶段的语言知识，表达自己的观点，从而达到用目标语言交换不同语言信息的目的。此外，为了强化学生的学习结果，教师也应该适当板书学生表达中出现的重要词语或语言结构。（分组讨论）

（2）推理差任务。推理差任务主要是通过设置一定情境，让学生"设身处地""身临其境"，达到活用目标语言的目的。可以采用互动交流的方式来引领学生完成推理任务，但这种分组不限于两人一组。

①如果你是家具商，你会采取"破坏性实验"还是别的广告方式？为什么？

②如果你是常明，你会怎么做？

③如果你是课本中的青年工人，你会怎么做？

④万一买到假冒商品，应该怎么办？

⑤"不当总统，就当广告人。"总统和广告人有哪些共同点？

推理差任务其实是观点差任务和信息差任务的进一步延伸，是要求学生对照已知信息，或对已知信息做出认知评价，或推翻已知信息推出新信息。学生在完成这些推理差任务的过程中需要和课本内容对照，同时也需要和互

动方交流，达到创造性使用目的语的目的。（互动交流）

（3）拓展性任务。上面讨论的观点差任务、信息差任务和推理差任务可以分别归入学习性任务和模仿性任务，基本上都没有超出课本范围，即基本以教材为依托。在这些任务之外，我们可还以设置拓展性任务来增加课堂教学的趣味性，进一步拓展学生活用目标语言的空间。（互动交流）

①制作一则关于葡萄酒的真实广告。（文字说明）

②制作一则关于洗发水的虚假广告。（文字说明）

③通过广告制作，谈谈广告的利与弊。

2.3.4.3　任务后阶段

任务后阶段主要指教学评估，即评价学生的学习情况。这种评价首先可以采用问答式总结学生表达出的观点或看法，并适当板书；其次要点出任务完成中存在的问题（例如，观点表达的清楚与否，是否能够根据已知信息推出新信息，是否创造性使用了目标语言等）；最后要检查学生表达方面的流畅性、得体性和准确性（有没有使用一些难度较高的词语或语言结构、语言表达是否存在严重语言错误等）。任务评价主要以任务完成情况为标准，而不是检查学生的语言错误，这种评估方式一改传统课堂教学中的练习—对答案式的做法，为学生创造性地自由表达提供了比较广阔的空间。

总之，任务型课堂教学始终以有意义的互动式交际活动为核心，不断激发学生创造性地使用目标语言，最终将以学生为中心的教学原则彻底落到了实处。在很大程度上改变了教师"独角戏"的课堂教学现状，达到了课堂教学的交际化目标。

2.3.5　结语

本文对比了两种课堂教学理念，从理论层面讨论了任务型课堂教学的设计菜单，并着重分析了基于中级汉语综合课的任务型课堂教学的微观操作细节。这种基于宏观分析的微观操作一方面解决了生词问题，同时不同于以给定语言项目复述课文的方式完成了课文的"复述"，达到了创造性使用目标语言的目的。对于《桥梁——实用中级汉语教程（上）》中的其他设计环节，我们建议如下。

（1）"词语搭配与扩展"环节不在课堂上讲解，这种没有具体语言环境的练习属于没有意义的机械性练习，对提高学习者的语言能力和语言交际能力没有显著的帮助。可建议有兴趣的学生自学。

（2）"语法例释"环节给出了具体语言项目的语境，可以让学生自主学习，不必在课堂上逐一讲解示范。

（3）"副课文"环节让学生自主学习。

（4）"练习"环节中有些题目属于机械性练习（如"词语搭配""用指定词语完成句子""选择适当词语填空""根据课文内容完成句子"等），建议学生自主学习；另一些有意义的练习和交际性练习（如"交际训练"）可以拿到课堂上统一讨论学习。

因此，从任务型课堂教学的实施来看，《桥梁——实用中级汉语教程（上）》的练习设计存在机械性练习太多的缺憾，理论上没有摆脱机械性操练的束缚，这种大量的机械性练习并不利于学习者活用目标语言能力的培养。

第四节　汉语国际教育中的修辞教学

2.4.1　汉语国际推广必须以汉语教学为核心

2.4.1.1　汉语教学在汉语国际推广中的核心地位

新中国对外汉语教学经历了 60 年的发展之后终于迎来了一个新的发展契机——汉语国际推广（International Popularization of Chinese Language and Culture）①。较之传统对外汉语教学，汉语国际推广突显了发展战略、工作重心、推广理念、推广机制、推广模式、教学方法"六大转变"，然而这并不意味着对传统对外汉语教学的否定。新时期汉语国际推广是国家根据现实的主客观条件制定的一项与时俱进的语言推广策略，这种主客观条件主要体现为中国之国家经济实力与国际话语权的迅速提升。经济基础决定上层建筑，因此汉语国际推广"应该面向由于中国经济崛起而在全球范围内出现的、具有市场价值的工作（marketable job）需要。换句话说，汉语国际推广必须以

---

① 其重要标志之一是，为适应新形势的需要，原国家对外汉语教学领导小组办公室于 2006 年 3 月更名为国家汉语国际推广领导小组办公室，这标志着国家汉办职能的转变。另外，目前关于"汉语国际推广"的英文翻译比较混乱，我们姑且译作 International Popularization of Chinese Language and Culture。

汉语教学为重点"。（郑定欧，2008）这种理解无疑是正确的。虽然近几年关键词"汉语热"时时见诸报端，但我们应该保持一颗清醒的头脑，即和英语、西班牙语等强势语言相比，汉语距离全球强势语言尚有很长的一段路要走。① 虽然汉语国际推广的最终目标是推广中华民族的文化和价值观，促进中外文化的交流，但从语言与文化的关系以及当前汉语教学市场尚处于培育阶段这一现实背景下，我们必须从基础抓起，即必须坚持以汉语教学为核心。因此，新时期汉语国际推广可以看作对外汉语教学之广度和深度的进一步延伸，从这个角度来理解，汉语国际推广至少包括了对外汉语教学（包括国内汉语作为第二语言教学、国内针对少数民族的汉语教学）、国外汉语作为外语教学、面向华人的华文教学三个领域。

目前对外汉语教学的重点主要集中在高校相关教学机构，面向华人的华文教学除了国内几所华文学校外，则大部分集中于世界各国的华文教学机构，而国外汉语作为外语教学则是新时期汉语国际推广着力的重点。国外汉语作为外语教学的主要依托是近几年迅速发展的孔子学院，截至2011年11月，国家汉办已经与世界上105个国家合作建立了350所孔子学院和500个孔子课堂。孔子学院的职责是"致力于适应世界各国（地区）人民对汉语学习的需要"，具体来说包括：①开展汉语教学；②培训汉语教师，提供汉语教学资源；③开展汉语考试和汉语教师资格认证；④提供中国教育、文化等信息咨询；⑤开展中外语言文化交流活动。"② 不难看出，汉语教学是孔子学院的主要职能。

因此，汉语教学理应成为汉语国际推广的核心工作，如何在汉语国际推广大背景下全面提高汉语学习者的汉语综合交际能力理应成为当前汉语教学的核心目标。离开汉语教学谈汉语国际推广，离开提高汉语综合交际能力谈汉语教学，都将不利于实现汉语国际推广的最终目标。

---

① 例如，虽然目前全球学习汉语的人数已经超过4000万，但这些学习者中竟有70%具有华裔背景。再如，据欧洲某网站近日公布的研究报告，1979—2008年世界文学作品翻译语言中，90%的作品原著是用英语、法语、德语、俄语、意大利语、西班牙语和瑞典语写成的。汉语并没有出现在这个名单当中。

② 参阅《孔子学院章程》（国家汉办，孔子学院总部第一届理事会第一次会议通过，2007年12月12日）。

2.4.1.2　修辞教学是汉语教学的重要环节

提高汉语学习者的汉语综合交际能力固然离不开传统的语音教学、词汇教学和语法教学，但学习者要想能够准确、流利、得体地活用目标语言，修辞能力是必不可少的，换言之，修辞教学应该是汉语教学的重要组成部分。因此，汉语国际推广背景下的汉语教学宜将修辞教学（Rhetoric Teaching）作为重要内容之一，通过各种手段提高汉语学习者的修辞能力，培养汉语学习者的修辞意识。在汉语教学中引进修辞教学，能够提高学习者的表达欲望和表达水平，对学习者语言能力的提高有着非常积极的作用。① 鉴于此，有学者指出如何在汉语教学中行之有效地进行修辞教学"实在是需要深入探讨和研究的一个课题"。②

2.4.2　对外汉语修辞教学及研究概览

虽然汉语教学中的修辞教学环节已经成为"需要深入探讨和研究的课题"，但就目前对外汉语修辞教学的开展情况以及已有研究成果来看，笔者认为尚未达到"深入探讨和研究"的程度，这种现状主要表现为以下几点。

2.4.2.1　汉语教师缺乏应有的修辞教学意识

汉语教师缺乏应有的修辞教学意识，主要是由四个原因造成的。第一，汉语教师本身修辞意识欠缺，即汉语知识系统中缺少修辞知识。当前国家外派教师有进一步多元化的趋势，各种专业出身的毕业生都可以报名到国外任教或在国内某些教学机构兼职，其中没有受过严格中文训练的教师，汉语知识系统很不完善，修辞意识尤为缺乏。第二，目前通行的各种大纲③缺乏对修辞学习内容和要求的相关表述，这不得不说是一种缺憾，这种缺憾在很大程度上对汉语教师的修辞教学意识产生了负面影响。第三，对汉语教学目标或目的的认识存在误区。关于对外汉语教学的目标，目前比较通行的表述是培养汉语交际能力，即学习者能够用语目的准确、流利地表达自己的思想就

---

① 参阅肖奚强、叶皖林（2005）。

② 参阅陈光磊（2006）。

③ 如国家汉办颁布的《高等学校外国留学生汉语言专业教学大纲》《高等学校外国留学生汉语教学大纲》《国际汉语教学通用课程大纲》《国际汉语能力标准》《国际汉语教师标准》等均未对修辞能力做具体性表述，只有《中国汉语水平考试大纲》（高等）对此做了一些必要的陈述。

可以了，在这种能力中修辞能力往往被无意识忽视。其实，所谓汉语交际能力应该是准确、流利与得体的辨正统一，缺少任何一个要素都不能说学习者具备了较高的汉语交际能力。第四，对"修辞"的理解存在偏颇，以为修辞就是比喻、拟人、夸张等修辞格。其实汉语的修辞在整个语言系统中均有比较复杂的表现，例如，语用中语音的临时变异、不同词语的同义现象、因语法规律重"意合"而体现出的语法灵活性等均和修辞有着千丝万缕的联系，因此广义的修辞应包括词语的锤炼、句式的选择、辞格的运用、语体风格的定位等诸多方面。修辞教学是在语音教学、词汇教学和语法教学的基础上，对语言材料、表达方式和表达效果等进行的修饰和调整，即"对语言进行综合的艺术加工"①。然而这并不意味着修辞教学与语音教学、词汇教学和语法教学的脱离，修辞教学必须贯穿于语音教学、词汇教学和语法教学的各个环节。

2.4.2.2 对外汉语教材中缺乏应有的修辞教学内容

有学者指出，"对外汉语教学中一直缺乏系统的修辞教学，现有的教材至多只有零星的修辞注释。到了高级阶段，学生接触的都是原汁原味的作品，这些作品中必然存在大量的修辞现象。如果对汉语的常用修辞手法缺乏了解，势必会影响学生对文章的正确理解。"（肖奚强、叶皖林，2005）这种表述非常到位。我们考查了目前比较通行的对外汉语综合课教材《桥梁：实用中级汉语教程（上）》②，在其六个环节（课文、生词、词语搭配与扩展、语法例释、副课文、练习）当中，课文和副课文中都包含了大量的修辞现象，但词语搭配与扩展、语法例释和练习等关键环节并没有针对修辞的内容，更没有专门针对修辞内容的单元总结。教材是课堂教学的重要媒介，是教学所依据的材料，但目前通行的对外汉语教材（包括综合课教材、听力教材、口语教材、阅读教材和写作教材）中均缺乏针对修辞能力的训练，虽然教材中的输入性材料存在着大量的修辞现象。教材缺乏应有的修辞教学内容，在很大程度上导致了学习者应有的修辞意识和修辞能力的缺乏，即使汉语水平考试达到高级汉语水平，但其真实语言交际水平并不高。

---

① 参阅黄伯荣、廖序东（2007）。

② 陈灼．桥梁：实用中级汉语教程［M］．北京：北京语言大学出版社，2000．

2.4.2.3　相关研究宏观认识充分，微观分析不足

尽管不少学者已经注意到，加强对外汉语修辞教学的重要性，但目前的大部分研究在很大程度上集中于理论的探讨，对修辞教学进行微观分析的研究比较少，因此缺乏一定的实用性。例如，陆庆和（1998）从现实语言状况和留学生的需要，探讨了汉语修辞在对外汉语教学中的定位，但陆文对修辞的理解存在偏颇，认为修辞教学就是修辞格的教学。杨德峰（2001）、肖莉（2004）谈论了试论修辞教学在对外汉语教学中的地位。陈萍（2003）分析了中国汉语水平考试（高等）中的修辞问题，并简要陈述了修辞对外汉语修辞教学的策略。陈汝东（2004）结合对外汉语教学实际，提出"建立以修辞为纲的对外汉语教学理念"的想法，并阐述了理论依据、实践基础、实践价值和可行性等相关问题。董明、桂弘（2006）结合具体实例指出对外汉语教学应加强汉语修辞教学。周虹（2008）提出要在对外汉语教学的不同阶段确定相应的修辞教学内容，循序渐进而又系统地进行修辞教学，并结合各类语言技能课来训练学生的修辞能力。这种宏观分析，指出了加强对外汉语修辞教学的重要性，分析了修辞教学在对外汉语教学中的地位，在理论上具有一定的指导意义，但对如何具体开展对外汉语修辞教学的微观操作缺乏借鉴意义。

当然，以往研究也不乏从微观层面进行研究的佳作。例如，姜德梧（1987）具体分析了对外文学作品教学中的修辞教学问题。常敬宇（2000）具体讨论了委婉表达法及其在对外汉语教学中的应用。于宏梅（2004）针对留学生写作中出现的修辞偏误，谈论了如何在写作教学中进行修辞教学的问题。冯晓鸿（2005）具体讨论了在初级阶段引入修辞教学的具体策略和内容。陈光磊（2006）具体讨论了对外汉语中的语用修辞教学问题，并提出了进行对外汉语语用修辞教学的五条具体建议。这些研究往往针对问题的一个方面进行探讨，并给出具体的解决问题的方案，对开展对外汉语修辞教学的微观操作（如课堂教学、教材编写、语言测试等）具有很强的指导和借鉴意义，遗憾的是成果太少，不成系统。

2.4.3　开展修辞教学的必要性

对外汉语修辞教学之所以没有受到足够的重视，缺乏系统性，在很大程度上也与对修辞教学的必要性缺乏认识有关。

2.4.3.1 语言学习是绝大多数留学生的学习目的

从生源结构与学科分布来看,语言进修生是学习者主体。据教育部统计,2010 年底共有来自 193 个国家和地区的 265 700 名各类来华留学人员,其中学历生为 96 980 名,占来华留学生总数的 36.5%。从生源结构来看,学历生的数量远不及语言进修生;而且在这 9 万名留学生中,学习文科的人数占绝对优势,其他则依次是医学、经济、工科、管理、法学、教育、理科、历史、农科和哲学。这种生源结构及学科分布表明,绝大多数留学生选择汉语的目的是学习掌握这门语言。

2.4.3.2 语言教学是华文教学的总体目标

从学生类别来看,在全球 4000 万汉语学习者中,华裔背景的学生占到了 70%。因此,面向华人的华文教学无疑将成为汉语国际推广的重要阵地之一。华裔学生与非华裔学生在诸多方面存在差异,华文教学也因此在诸多方面有别于传统对外汉语教学与汉语作为外语教学。虽然大部分华裔学生具有中华文化情结,但我们仍旧不能将华文教学视为华文教育①,华文教学的总体目标在于通过语言教学,使学习者掌握汉语这一交际工具。

2.4.3.3 语言教学是孔子学院的核心职能

再从汉语国际推广的基地——孔子学院的职能来看,语言教学是核心工作。从当前孔子学院和孔子课堂反馈的信息来看,孔子学院目前的主要工作是开展汉语教学,在孔子学院学习的留学生,其主要目的也是学习汉语这门语言,或通过学习语言了解中国的文化。因此离开了汉语教学,孔子学院将失去其应有的意义和功能。虽然孔子学院的根本宗旨在于传播中华文化、促进中外文化交流,但其根本却在于语言教学。

2.4.3.4 对留学生的汉语教学主体上是语言教学

从留学生的学习目的或动机来看,语言技能学习仍是主要目的。根据有关调查统计(王志刚,2004),华裔学生的学习目的或动机从高到低排在前三位的分别是"便于与说汉语的人交流,结识更多的朋友""便于了解中国人的生活""满足自己的好奇、探索新知识的需要",非华裔学生排在前三位

---

① 根据郭熙(2007),教学是将语言作为交际工具的一种具体活动,目的是让学习者掌握某种语言的听说读写译能力。而教育则强调"培养",除语言工具目的外,更重要的是文化熏陶,或曰"教化"。

的则是"满足自己的好奇、探索新知识的需要""便于与说汉语的人交流，结识更多的朋友""便于了解中国人的生活"。虽然二者的排序稍有不同，但总体上来看，语言学习均是其主要目的或动机。这一调查结果表明，对留学生（不管是华裔学生还是非华裔学生）的教学，主体上应该是语言教学。

2.4.3.5　结论

综上所述，从生源结构与学科分布、学生类别、孔子学院的职能，以及学习目的与动机四个层面来看，语言教学无疑都是当前汉语国际推广的核心任务。衡量语言教学效果的重要指标在于汉语学习者的听说读写等综合交际水平是否得到了提高，这种水平的提高仅靠语音教学、词汇教学和语法教学是难以实现的。对上述四个层面的汉语学习者来说，达到准确、流利、得体地运用汉语进行表达是其学习汉语的最重要的目标，正如前文指出，学习者达到这个目的的途径必然需要修辞能力的支撑。因此引入汉语修辞教学是从根本上解决汉语学习者理解与表达方面的问题，切实提高其运用汉语言能力必不可少的关键环节。

2.4.4　汉语国际推广呼唤更为有效的修辞教学策略

修辞教学在汉语国际推广背景下的汉语教学中的地位举足轻重，为了全面提高汉语学习者的汉语综合交际能力，我们必须采取行之有效的修辞教学策略。笔者认为，在当前汉语国际推广这一汉语国际化大背景下，宜采取以下措施来进一步加强汉语修辞教学。

2.4.4.1　进一步加强汉语教师的修辞教学意识

传统对外汉语教学之对外汉语教师一般都经过专门的专业化训练，例如，一般系统学习过现代汉语语音、词汇、语法和修辞，具有一定的修辞教学意识。随着汉语学习需求的持续高涨和汉语教学规模的不断扩大，当前汉语教师也呈现多元化趋势。汉语国际推广背景下的汉语教师担当着国家公派教师、孔子学院外派院长、孔子学院外派教师、汉语教师志愿者等多重角色，其构成成分不但包括高校专业化对外汉语教师，还包括小学和中学教师、应届大学毕业生和研究生，以及其他各领域社会人员。虽然，国家汉办目前已有针对教师多元化举行的汉语教师培训，但就目前情况来看，培训的力度和频次还远远不够，"教师荒"的问题也还远远没有解决。针对这种现状，有关部门应该继续加大汉语教师的培训力度。不但要加强语音教学、词汇教学和语法教学的培训，更应该加强汉语修辞教学理论与实践的培训。国际汉语教师应该树立修辞教学意识，以便在教学实践中全面提高汉语学习者的汉语交际水平，使之达到准确、流利、得体。

2.4.4.2　加大对外汉语教材中的修辞内容含量

目前通行的对外汉语教材是按照综合课打头、按照技能设课的原则设计的，主要有精读教材（又叫综合课教材）、听力教材、口语教材、阅读教材、写作教材五种。教材是课堂教学的重要媒介，是教学的主要依据和学习者语言学习的主要材料，因此如何在汉语教材中设计修辞教学的内容是十分关键的。笔者认为，在汉语教材中设计修辞教学内容宜分为两个层次，即理解性修辞内容和运用性修辞内容。理解性修辞主要针对综合教材、听力教材和阅读教材，综合、听力和阅读这三种课型本质上属于输入性课程，课堂教学的基本原则之一是输入必须大于输出。因此这三种教材的修辞内容应该力求全面①，设计的目的在于引导学生理解中文文本，明白作者的意图。运用性修辞主要针对口语教材和写作教材，口语和写作这两种技能课型本质上属于输出性课程，保证有效输出同样是课堂教学的重要原则。因此口语和写作教材中修辞内容的设计不应求全，而应求常用性；只有将一些常用性修辞内容引入口语教材和写作教材，学生才能学以致用，保证说出和写出的内容符合修辞要求。

加大对外汉语教材中的修辞内容含量可以有不同的途径。首先，当然是教材的选文，教材编写者在选定教材内容时，必须考虑修辞问题，即选定的文本必须包含修辞的内容，如可推敲词语的选择、不同句式的修辞效果、不同的语体以及不同的修辞格等，将这些内容融入教材真实文本是后续修辞教学的基础。其次，可以针对文本中的修辞现象进行注释、举例，并在几课之后进行总结归纳，以起到强化作用。最后，练习设计是加大修辞内容含量的最主要的途径。练习是输出性任务，是检验学习者学习效果的重要依据，因此必须在不同类型的教材练习中设计不同目标取向的修辞性练习题，引导学生理解修辞效果、运用修辞手段。如词语辨析题型，同一个句子使用了不同的词语，效果可能会有很大的差别；同一个意义表达时使用了不同的句式，可能会引起褒贬色彩的变换；同一种描述如果使用了修辞格，可能会更加形

---

① 对外汉语修辞教学的范围该如何界定，我们将另文专门讨论。

象生动。总之，所有这些修辞效果都可以在练习中通过不同的题型设计来实现。

2.4.4.3　培养汉语学习者的修辞意识与修辞能力

在汉语教学中，汉语教师应该有意识地培养汉语学习者的修辞意识和修辞能力，只有学习者具有了一定的修辞意识和修辞能力，才能在表达准确、流利的基础上提高表达的得体性。培养修辞意识与修辞能力应该充分考虑学习者的汉语水平，凸显层次性。对于初级汉语学习者来说，应着重培养其基本的修辞意识和修辞能力，充分发挥语境的提示作用，让学生认识到同一意义的不同表达式往往适用于不同的场合，适当引入同义词辨析、依据表达需要选择不同句式等修辞内容。在中级阶段，引入比较系统的修辞内容，让学习者意识到采用不同的修辞手段会造成不同的修辞表达效果，此阶段的修辞教学宜引入词语的推敲与辨析、不同句式的表达效果分析、简单修辞格的理解与运用、书面语体与口语语体的区分等修辞内容。在高级阶段，学习者已经掌握了大量的汉语词汇和汉语的语法知识，因此应该引入系统的修辞教学内容，全面提高学习者的修辞能力，例如，能够自行推敲选择词语，能够根据表达需要选择不同的句式，能够广泛使用修辞格增强表达效果，能够阅读、区分、撰写不同语体风格的文章，能够基本领悟汉语修辞在汉语言结构系统各个层面上的表现形式。

2.4.4.4　采用隐性修辞教学

修辞教学的必要性源于汉语国际推广以汉语教学为核心这一定位，因此开展修辞教学的可行方式是将其与汉语教学融合在一起，而非开设专门的修辞学课程，我们不妨将这种策略称为隐性修辞教学。隐性修辞教学的优势在于将修辞教学的内容按照学习者水平的高低分层次融入语音教学、词汇教学与语法教学之中，这在很大程度上降低了学习者的语言监控力度，即学习者在学习使用修辞内容的过程中不会为使用修辞而使用修辞。修辞教学内容的层次性融入语言要素教学，使得学习者在汉语学习过程中易于将修辞内容运用于语言表达，更有利于学习者的有效输出。相反，如果采取显性修辞教学，在语音教学、词汇教学和语法教学之外单独开设汉语修辞课，很容易造成为学习修辞而学习修辞的倾向，学习者的理解和运用修辞时往往无形加大了监控力度，监控力度过大反而不利于修辞技能的掌握。总之，隐性修辞教学在整个汉语教学中能起到潜移默化的作用，相对于显性修辞教学来说，更利于学习者修辞理解能力和运用能力的提高。

2.4.5　结论

总之，汉语国际推广背景下的汉语学习者群体表现出严重的技能学习倾向，语言教学宜成为汉语国际推广的核心。因此以提高汉语综合交际能力为目标的汉语教学宜成为当前汉语国际推广的核心任务，而要实现这一核心任务，有效引进修辞教学是不可或缺的关键环节。

另外，本文反复强调语言教学是汉语国际推广的核心工作，旨在着重指出修辞教学是汉语教学的一部分，修辞意识的增强和修辞能力的提高只有在汉语言教学中才能找到最佳实现方式，即隐性修辞教学策略当为加强汉语修辞教学的首选策略，而非单独开设修辞课程。

第三章

华文教师的职业化与专业化

  我国对外汉语教师资格制度的发展历程大致经历了起步、完善成熟、多元化发展三个阶段。只有制定一套科学的认定标准，实行对外汉语教师资格制度，建设一支高素质的教师队伍，才能"满足世界各地日益增长的汉语学习需求""不断提高来华留学生教育质量"。塑造"一支能胜任教学工作、科研工作和教学科研管理工作的高素质教师队伍，是汉语教学事业发展的最根本的条件。"（刘珣，2000）国家有必要借鉴其他发达国家以及国内以前的既有做法，尽快恢复对外汉语教师资格认证制度，在对外汉语师资建设方面作出实际有意义的举措，为对外汉语教学事业的发展提供合格的师资储备和保障。此外，从国家文化大发展、大繁荣的时代背景看，合格的对外汉语教师也是"推动中华文化走向世界"的最佳人选，只有实行对外汉语教师资格认证制度，对拟入职者实行统一、科学、严格的标准考试，对合格者办理资格证书，才能建设一支健康、稳定、高素质的对外汉语师资队伍。

  从国家政策背景与不断飙升的汉语学习者数量来看，国际汉语教师必将成为热门行业。如何加强国际汉语教师队伍建设已经成为汉语国际推广事业中的瓶颈问题，《国际汉语教师标准》等规范性文件的陆续出台转变了"重知识、轻能力"的倾向，但和世界其他发达国家相比，我们的国际汉语教师标准及其实施依然存在较大的改善空间。修订版《国际汉语教师标准》则更加凝练，更加突出汉语教学、中华文化传播和跨文化交际等基本技能，更具有实用性、可操作性和有效性。全面解析修订版《国际汉语教师标准》，有利于系统梳理新时期国际汉语教学对国际汉语教师的专业化与职业化要求。

第一节　对外汉语教师资格制度的回顾与前瞻

职业资格是对从事某种职业所具备的素质、知识、能力和技术的基本要求。对外汉语教师职业资格制度是对汉语教师实行的特定职业资格认定的一项法定职业许可制度，是国家对从事对外汉语教育事业人员的知识、能力和素质等基本条件及身份的规定。实施对外汉语教师职业资格制度对提高汉语教师素质与教育质量、吸引优秀的汉语教师人才、促进汉语教师专业化、保障汉语教师社会地位、加强汉语教师队伍法制化建设等发挥着不可忽视的作用。

经过 60 多年的发展，作为语言教学的对外汉语教学已经建立起比较完善的学科体系，渐渐发展成为一个比较成熟的学科。在当前汉语国际推广、国家推动中华文化大发展大繁荣的大背景下，中国境内汉语学习者已突破 26 万，中国境外汉语学习者已达 4000 万，对外汉语教师已经成为一个热门行业。为提高对外汉语执业者的综合素质和教学水平，为"世界各地日益增长的汉语学习需求"① 提供合格教师，实行对外汉语教师职业资格制度已成为必然。

综观美国、日本、英国、法国、德国等世界发达国家，均建立了比较完善的教师资格制度（陈恕平，1999）。例如，法国 1808 年提出教师资格认定制度，1821 年正式实施；美国 1825 年在俄亥俄州设立教师资格制度，后来推广到全国；日本 1949 年制定《教育职员许可法》（1988 年二次修订），对教师的任职资格作出了严格的规定；此外，英国和德国对教师的职业资格也有比较严格的规定。我国则从 1990 年开始，实行对外汉语教师资格审定办法。回顾我国对外汉语教师资格制度，大致经历了起步、完善成熟和多元化发展三个阶段。

---

① 国家汉语国际推广领导小组办公室．国际汉语教师标准 ［M］．北京：外语教学与研究出版社，2007.

3.1.1 起步阶段

3.1.1.1 初期创业者

新中国真正的对外汉语教学肇始于 1950 年清华大学"东欧交换生中国语文专修班",该专修班次年接收了来自东欧国家的 33 名留学生。当时的师资配置情况是:清华大学教务长、著名物理学家周培源教授任专修班班主任,著名语言学家吕叔湘先生任外籍留学生管理委员会主席并负责业务工作,邓懿、杜荣、傅惟慈、熊毅为专修班教师。后来王还、钟棁、赵淑华、周祖谟、朱德熙、郭良夫、杨玉秀、李德津、冯忆罗、焦庞颙、张维、陈承运等也陆续加入了其他班级的汉语教学或管理队伍①。因此,新中国开始的对外汉语教学有很多语言学家和知名学者亲自加盟,师资队伍实力强大,这对新中国对外汉语教学初期的师资队伍建设具有重要意义。在各方的共同努力下,1950—1965 年共接收培养各类留学生 7200 余人,老一辈初期创业者为新中国的对外汉语教学事业作出了不可磨灭的贡献。

3.1.1.2 《对外汉语教师资格审定办法》的出台及实施

改革开放初期,邓小平于 1978 年 6 月 23 日发表的关于扩大派遣出国留学生的重要讲话成为来华留学生迅速增加的契机。伴随改革开放的进程,来华留学生人数不断增长,1978 年来华留学生的在校人数仅为 1236 人,而到了 1990 年在校人数上升为 7494 人②,相当于新中成立初期 15 年培养的留学生总数。学生数量的增长,带动的是专门汉语教学机构的增加和汉语教师的需求。然而面对这种大好形势,却出现了"会说中国话的中国人就能教外国人汉语"的错误言论,某些学校盲目成立汉语教学机构,聘用一些非专业人士担任汉语教师。这种现象不但破坏了对外汉语教师的声誉,更重要的是造成了教学质量的严重下降,不利于对外汉语教学事业的健康发展。形势的发展,急需出台一份关于对外汉语教师行业准入的制度性文件。新中国第一个对外汉语教师资格制度文件——《对外汉语教师资格审定办法》就是在这种背景下诞生的。

1990 年 6 月 23 日,教育部(时称国家教委)颁布实施《对外汉语教师

---

① 参阅刘珣(2000)、程裕祯(2005)。

② 引自于富增(2009)。

资格审定办法》（以下称《审定办法》），《审定办法》共分八条，对制定目
的、对外汉语教师所具备的政治素质、业务素质、申请条件、领导机构、审
查方式等都做了比较具体的规定。制定《审定办法》的目的是"做好从事对
外国人进行汉语教学的教师资格的审定工作，提高对外汉语教师队伍的政治
业务素质，保证教学质量"，可以说非常具有针对性。因此《审定办法》尤
为突出了对汉语教师的业务素质要求，对汉语教师从业者的知识结构和能力
结构做了详细规定。对外汉语教师的知识结构应包括教学理论和教学方法、
语言学和文字学知识、文学知识、其他文化知识四个方面，能力结构主要包
括语言文字能力和工作能力两个方面。《审定办法》规定，由对外汉语教师
资格审查委员会负责资格审查和证书颁发工作。为实施《审定办法》，审查
委员会还专门起草制定了《〈对外汉语教师资格审定办法〉实施细则》。

　　《审定办法》出台后的次年 12 月 26 日，国家教委对北京、天津和上海
11 所院校①的 108 名教师进行了对外汉语教师资格审定试点考试。考试分专
业（包括现代汉语、古代汉语、语言学和语言教学理论、中国文学、中国文
化）和外语（分英语、俄语和日语三个语种）两类，专业考试为充分体现对
外汉语教学特点的综合考试。1991—1993 年的三年间，全国共有来自 25 个
省区的 1600 多名对外汉语教师提出了资格申请，经过考试共有 1051 名教师
获得了对外汉语教师任职资格证书。据不完全统计，这批获得资格证书的教
师多为从事对外汉语教学多年，政治业务素质和知识水平较高，既有丰富教
学经验，又有对外汉语研究潜力的一线对外汉语教师。

　　作为一种行业用人标准和制度，职业资格制度在中国开展得比较晚，20
世纪 90 年代初才陆续开始逐步实行。《对外汉语教师资格审定办法》的颁布
实施，开了中国职业资格制度认定的先河，走在了很多行业的前头，该《审
定办法》颁布三年后，《教师法》和《教育法》才有"国家实行教师资格制
度"的明文规定②，因此该《审定办法》对国内教育及其他行业的职业资格

---

① 这 11 所院校分别为：北京大学、北京师范大学、北京外国语学院、中国人民大学、
　 北京外交人员服务局中国语言文化中心、南开大学、天津师范大学、天津外国语学
　 院、复旦大学国际文化交流学院、华东师范大学和上海外国语学院。

② 国家在《教师法》（1993 年）和《教育法》（1995 年）中明文规定"实行教师资格
　 制度"，并在《教师资格条例》（1995 年）中对教师资格分类及适用对象、教师资
　 格条件、教师资格考试、教师资格认定等做了详细的规定，在各级各类学校及其他
　 教育机构中专门从事教育教学工作的人，必须依法取得教师资格。

制度的制定与实施起到了引领作用。为对外汉语教师进行资格审查并颁发资格证书，成为国家提高对外汉语教学质量，加强对外汉语教师队伍建设，促进对外汉语教学事业健康发展而采取的有效举措。

3.1.2　完善与成熟阶段

3.1.2.1　《〈对外汉语教师资格审定办法〉实施细则》

为了进一步完善对外汉语教师资格的审定工作，审查委员会决定1994年暂停对外汉语教师资格考试，继续讨论修改《〈对外汉语教师资格审定办法〉实施细则》。1996年9月30日，国家语委根据审查委员会对师资队伍的调查情况重新发布《实施细则》，《实施细则》第二条明确规定，"凡从事对外汉语教学工作的教师，必须具有对外汉语教师资格证书"。出国从事专职对外汉语教学工作的教师，必须持有资格证书。鉴于目前的教师队伍一时难以全部达到此项要求，要求各单位加紧对对外汉语师资的培养和培训工作，2000年底前实现"持证上岗"的管理目标。在此规定年限内，未获得对外汉语教师资格证书者，只能作为实习教师，在国内从事对外汉语教学工作。《实施细则》共十三条，对对外汉语教师资格证书的效力、审查及考试安排、申请条件及办法、申报程序、考试内容等做了更为详细的规定和说明。调整后的《实施细则》规定的考试科目包括汉语（包括现代汉语、古代汉语）、对外汉语教学理论和语言学、中国文学和中国文化知识（中国文学包括现代文学和古代文学、普通话）和外语（英语、日语、俄语、法语、西班牙语、德语、意大利语、阿拉伯语、朝鲜语，任选一种）。总之，《实施细则》在各方面对1990年的《审定办法》进行了细化和完善，显得更加成熟。截至1996年，审查委员会共进行了6次资格审定，全国共有1272人通过考试并获得对外汉语教师资格证书。

值得注意的是，1997年新一届审查委员会再次暂停对外汉语教师资格考试，研究未取得资格证书汉语教师的培训工作与已取得资格证书汉语教师的业务提高工作，对《审定办法》中的某些规定条款进行调整。1997年7月19日，全国对外汉语教师资格审定和培训工作会议在福建召开，审定委员会对1991年以来的工作进行了系统总结，宣布了以后的工作计划及工作设想。审查委员会的这些工作，进一步推动了对外汉语教师资格制度认定的规范化、合理化和科学化。

3.1.2.2　《汉语作为外语教学能力认定办法》的出台及实施

2004 年 8 月 23 日，教育部颁布《汉语作为外语教学能力认定办法》（以下简称《认定办法》），同时取消 1990 年以来实施的《对外汉语教师资格审定办法》，以"汉语作为外语教学能力认定考试"取代"对外汉语教师资格考试"。《认定办法》规定的考试科目分为三个级别：初级考试科目（现代汉语基本知识、中国文化基础常识、普通话水平）、中级考试科目（现代汉语、汉语作为外语教学理论、中国文化基本知识）和高级考试科目（现代汉语及古代汉语、语言学及汉语作为外语教学理论、中国文化）。2005 年，国家汉办又及时推出了《汉语作为外语教学能力等级标准及考试大纲》（以下简称《等级标准》），此标准是教学能力认定的主要依据，旨在进一步促进对外汉语教师的职业化与专业化，具有首创意义。

《认定办法》与《等级标准》目标明确，旨在"尽快建立一支数量充足、热心汉语教学、知识技能完备的汉语教师队伍，适应新世纪对外汉语教学事业发展的需要，满足国内外对汉语教师的需求"。和《认定办法》与《实施细则》相比，《认定办法》与《等级标准》有这样几个鲜明的特色。

（1）有法可依，依据《教育法》和《教师法》制定。

（2）适用对象更宽，符合条件的华人华侨或外国人均可申请认定。

（3）要求申请者具有一定的普通话水平和外语水平。

（4）分初、中、高三级，等级设定趋于合理。

（5）对外汉语专业/方向毕业的本科生和研究生可以免试申请。

2005 年，国家汉办以"汉语作为外语教学能力考试"的名义举行了首次考试。2006 年 6 月 8 日，"汉语作为外语教学能力认定委员会办公室"发布通知，汉语作为外语教学能力考试及认定工作将在标准、内容和形式等方面进行调整，2006 年的考试将延至 2007 年上半年进行。然而，这个考试自2006 年停考至今便没再举行过。

如果从 1991 年第一次对外汉语教师资格考试算起，除去中间的两次暂停考试（1994 年和 1997 年），到 2005 年首次举办"汉语作为外语教学能力考试"，国家汉办前后一共举办了 13 次对外汉语教师资格考试，共有 5500 余人通过资格审定或认定而获得了"汉语作为外语教学能力证书"（已获"对外汉语教师资格证书"的更换为"汉语作为外语教学能力证书（高级）"）。对外汉语教师职业资格制度的实施，对加强对外汉语教学师资队伍建设、全面提高对外汉语教师的综合业务素质，进而对国家对外汉语教学事业的发展发挥了重要的推动作用。

3.1.3　资格认证的多元化发展

3.1.3.1　关注知识还是关注能力

从"对外汉语教师资格"到"汉语作为外语教学能力"、从"资格证书"到"能力证书"体现了从关注从业者身份到关注从业者教学能力的转变，这说明一个合格的对外汉语教师到底应该具备什么样的教学能力成为我们考量其从业资格的主要标准。然而，不足因比较而显，当我们将国内外两种外语教学能力标准放到一起进行对比时，就不难发现其间巨大的差别。

以美国纽约大学的汉语教育硕士研究生的课程设置为例（根据赵金铭2007）：

（1）专业课（20%）：应用语言学、教师高级汉语、中文应用语言学。

（2）普通教育课程（23%）：教育学、青少年成长与发展、特殊教育。

（3）外语教学课程（37%）：外语教学理论和实践、双语教育的理论与实践、多元文化教育、第二语言习得研究、第二语言评估与测试、跨学科的第二语言教学、外语教学研习课、科技在第二语言教学中的应用。

（4）教育见习、实习（13%）。

（5）毕业教学研究（7%）。

在这份课程设置中，关于教学能力的课程占了60%，关于知识的专业课仅占20%。反观《认定办法》中的考试内容（语言学和汉语、汉语作为外语教学理论、中国文化）则发现，关于知识的内容几乎占到66%，而关于教学能力的内容不足40%。

3.1.3.2　《国际汉语教师标准》

或许正是因为国内教学能力标准"重知识、轻能力"的倾向，才促使了新的标准的诞生。2007年10月，国家汉语国际推广领导小组办公室颁布了《国际汉语教师标准》（以下称《标准》）。《标准》在借鉴对外英语教学等国际二语教学、汉语教师经验的基础上，建立起了一套完善、科学、规范，可以为培养、培训、评价和资格认证国际汉语教师的教师标准体系。《标准》对合格的国际汉语教师提出了10大标准：汉语知识与技能、外语知识与技能、中国文化、中外文化比较与跨文化交际、第二语言习得与学习策略、汉语教学法、测试与评估、汉语教学课程大纲教材与辅助材料、现代教育技术及运用、教师综合素质。和以前的"对外汉语教师资格"和"汉语作为外语教学能力"相比,《标准》将汉语教师的教学能力放在了尤为突出的地位。这个《标准》体现了与国际外语教学能力标准的共同内涵,即基础知识、专业知识、教学技能和教师素质,是国家标准,也是国际标准（赵金铭,2007）。

3.1.3.3　国际汉语教师中国志愿者计划

为适应世界汉语教学发展的新形势,满足各国对汉语教师的迫切需求,国家汉办于 2004 年开始实行"国际汉语教师中国志愿者计划",面向全国招募"以推广汉语和弘扬中华优秀文化为己任、不畏艰苦、不计报酬、乐于奉献"的志愿者,普通话标准。要求专业包括对外汉语、中文、历史、哲学、教育学、外语、政治学、心理学、法学、社会学,具有大专及以上学历,退休大学中文教师和具有大专及以上学历的中、小学退休语文教师也可以提出申请。志愿者中心对参加面试的人选进行业务和素质方面的面试（内容包括汉语基础知识、普通话、中国国情知识、外语、对赴国外从事汉语教学志愿服务工作的认识）。被录取的志愿者,还必须接受志愿者中心组织的为期两周的业务强化和外事培训（内容包括汉语语音、语法、词汇等知识和教学技能,派往国国情介绍、外事礼仪等）。专业培训合格者,按计划需要派出。

3.1.3.4　汉语国际教育硕士学位

为加快汉语走向世界,培养适应汉语国际推广新形势需要的国内外从事汉语作为第二语言/外语教学和传播中华文化的高层次、应用型、复合型专门人才,2007 年,国务院学位委员会联合教育部决定在我国设置汉语国际教育硕士专业学位（MTCSOL）。《汉语国际教育硕士专业学位研究生指导性培养方案》中的课程设置为:

（1）公共课（8 学分）:政治、外语。

（2）必修课（10 学分）:汉语语言学导论、中华文化与跨文化交际、汉语作为第二语言教学法、第二语言习得导论、课堂教学研究。

（3）选修课（10 学分）:语言类（10 学分）、文化类（12 学分）、教学类（8 学分）、教育类（10 学分）、方法类（6 学分）。①

---

① 要求至少从 3 类中选修,须修满 10 学分。

（4）教学实习（4学分）。

对汉语国际教育硕士的教学"以培养学生的汉语教学技能为主，同时注重培养外语能力和文化传播技能"。凡是修满上述学分、通过毕业论文答辩者，获得教育部颁发的《汉语作为外语教学能力证书（高级）》，具备对外汉语教师职业资格。

3.1.3.5　国家汉办的特设项目

此外，为促进中外汉语教学的交流与合作，国家汉办特设立"外国汉语教师来华研修项目"和"汉语教学专家组赴国外培训项目"。前者为国外汉语教师提供来华研修机会，主要在中国境内研修汉语知识及其教学、汉语教学理论与方法、现代教育技术在汉语教学中的应用、中国特色文化实践、中外汉语教师座谈交流等系列应用性课程。后者则由国家汉办组织派遣国内汉语教学专家组赴国外与当地汉语教师交流教学经验，并提供相应的培训服务。这两个特设项目，不但促进了中外教师之间的交流，而且对提高海外汉语教师的教学能力效果显著。

3.1.3.6　民间培训机构

除了官方的这些举措，提供对外汉语教师培训的"民间"机构也开始出现。目前，国内对外汉语师资的培训机构主要为高校相关专业及其他专业培训机构。高校的培训机构，如北京语言大学、北京大学对外汉语教育学院、对外经济贸易大学等都设有自己的对外汉语教师培训项目，为培训学员颁发结业证书。高校之外的其他专业培训机构目前主要有5家：中语国际教育［颁发经由国际汉语教师协会（ICLTA）认证的"国际汉语教师资格证书"］、京师环宇汉语教师培训基地［颁发由国际认证协会（IPA）认证的"国际注册汉语教师资格证书"］、东方汉院国际文化交流学校［颁发国际汉语教师协会（IACLT）认证的"国际汉语教师资格证书"］、中国语言资源开发应用中心研修院国际汉语教师培训（颁发由中国语言资源开发应用中心认证的"对外汉语教师研修合格证书"）、汉华博文国际汉语教师培训［颁发由国际汉语教师协会（ICA）认证的"国际汉语教师职业资格证书"］。

国务院办公厅《关于加强汉语国际推广工作的若干意见》（国办发［2006］17号）指出，汉语国际"推广机制从教育系统内推进向系统内外、政府民间、国内国外共同推进转变"，以加快汉语走向世界。从《审定办法》到《实施细则》，从《认定办法》到《等级标准》，是对外汉语教师资格制度从起步到完善、成熟的发展过程。"国际汉语教师中国志愿者计划"、《标准》的制定与颁布、汉语国际教育硕士学位的设立，以及"外国汉语教师来华研修项目"和"汉语教学专家组赴国外培训项目"的成立，都可以理解为官方为解决汉语国际推广中的"教师荒"而采取的重要举措；而高校自有的汉语教师培训机构以及其他一些挂着"某某认证"牌子的培训机构的出现，则可以理解为民间的参与形式。

3.1.4　展望

本书回顾了 60 年来对外汉语教学中教师职业资格制度及对外汉语教师行业准入标准建设的历程，2004 年后国家外派汉语教师志愿者、2006 年之前获得对外汉语教师资格证书者、2007 年后的汉语国际教育硕士、符合 2007 年《标准》者、获得高校培训机构结业证书者及其他培训机构证书者，目前都已成为"上岗"或"将要上岗"的对外汉语教师，换言之，这一满足参差不齐要求的群体都已经具备了对外汉语教师职业资格。

根据官方数据统计，截至 2011 年底国家汉办已与世界 105 个国家和地区合作建立了 357 所孔子学院和 500 个孔子课堂，海外学习汉语的人数超过 4000 万，已有 8000 多名汉语教师和志愿者奔赴 100 多个国家和地区教授汉语。如此大的规模，我们还需要外派多少教师才能满足"世界各地日益增长的汉语学习需求"？《国家中长期教育改革和发展规划纲要》（2010—2020 年）则指出，未来 10 年要"进一步扩大外国留学生规模。增加中国政府奖学金数量，重点资助发展中国家学生，优化来华留学人员结构。实施来华留学预备教育，增加高等学校外语授课的学科专业，不断提高来华留学教育质量。"按照教育部制定的《留学中国计划》，到 2020 年中国将成为亚洲最大的国际学生流动目的地国家，全国当年外国留学人员数量将达到 50 万。50 万留学生，需要多少合格的汉语教师来"不断提高来华留学教育质量"？这是摆在我们面前迫切需要解决的课题。

国有国法，行有行规。《教师法》和《教育法》明文规定："国家实行教师资格制度"。"教师必须具备教师资格，必须获得教师资格证书，这在全世界发达国家大抵如此"。（赵金铭，2007）对外汉语教学的教师队伍不应是一个大杂烩，制定一套切实可行的对外汉语教师职业资格制度及认定标准，实行资格认定制度，向合格对外汉语教师颁发资格证书，是保证海外 4000 万及陆续来华 50 万汉语学习者教学质量的必备举措，也应成为对外汉语教学师资队伍建设的必备举措，更应成为解决汉语国际推广之"教师荒"、发挥对外汉语教学在国家推动文化大发展、大繁荣过程中应有角色的必备举措。

第二节　试论对外汉语教师资格认证的必要性

《教师法》和《教育法》明文规定"国家实行教师资格制度"，以促进教师队伍的专业化与职业化，提高教师的综合素质与执教水平，保证教育质量。实行教师资格制度，教育从业者必须具备教师资格，获得教师资格证书，这已成为世界发达国家的普遍做法，美国、日本、英国、法国、德国等均已在不同历史时期实行了这项制度（陈恕平 1999），并不断改进完善这项制度，如美国早在 1996 年就制定了《21 世纪外语学习标准》，提出"5C"目标。（赵金铭，2007）作为语言教师，我国的英语教师目前已普遍实行了英语教师资格制度，基本实现了英语教师"持证上岗"。然而作为语言教师的另一大群体——对外汉语教师，目前却在资格制度及其认证方面出现了缺失。

当前随着全球"汉语热"的持续不断升温，世界范围内的汉语学习需求量巨大，培养一批高专业素质和教学水平的汉语教师已经成为当务之急。国家教育部（时为国家语委）早在 1990 年就认识到了这个问题，认为应该对对外汉语教师的行业准入制定一个标准，于是先后出台了《对外汉语教师资格审定办法》（1990 年）、《〈对外汉语教师资格审定办法〉实施细则》（1996年）、《汉语作为外语教学能力认定办法》（2004 年）等文件规范，对汉语教师应该具备的知识结构和能力结构进行全面考核评定，实行对外汉语教师资格认证制度，向认证合格者颁发对外汉语教师资格证书。然而随着 2005 年世界汉语大会的召开、2006 年汉语国际推广的开展，由教育部联合国家汉办组织实施的对外汉语教师资格认证制度却意外中断了。对外汉语教师资格认证制度的中断，无疑给新形势下的对外汉语师资队伍建设以及蓬勃发展的对外汉语教学事业造成诸多不利影响。我们认为对外汉语教学的决策者们应该审时度势，在"重视对外汉语教学规模化发展"（金立鑫，2009）的同时，更加强调重视高素质师资队伍建设，尽快恢复对外汉语教师资格认证制度。

对外汉语教师资格制度是一项国家制度，实施对外汉语教师资格制度对对外汉语教学师资队伍建设、应对国际竞争、加快人才培养、提高对外汉语教师的教学水平意义重大。（程裕祯，2005）本书将从国内对外汉语教学的飞速发展、汉语国际推广新形势、国家文化大发展大繁荣的时代背景和对外汉语教师队伍的自身建设四个方面，论述实施对外汉语教师资格认证制度的必要性。

3.2.1　国内对外汉语教学飞速发展的需要

新中国对外汉语教学始于 1950 年的清华大学"东欧交换生中国语文专修班"，当时来华留学生只有 33 人（均来自东欧社会主义国家）。后来数量不断增加，到了 1966 年，在华留学生人数已达 3736 人；由于受"文革"的影响，1978 年时在校留学生人数降至 1236 人。然而随着 1978 年改革开放的开始，我国的留学教育事业也随之快速发展起来。例如，据统计 1978—2003 年我国一共接收了来自世界各地的留学生 62 万多人。此后来华留学生人数不断飙升，教育规模也不断扩大，截至 2010 年底，共有来自 194 个国家和地区的 265 090 名留学人员在全国 620 所高等院校、科研院所和其他教学机构中学习，各项指标均创新中国成立以来的新高。

来华留学生人数不断飙升，最重要的保障便是对外汉语教师。据不完全统计，自国家 1990 年实行对外汉语教师资格制度以来到 2006 年暂停资格考试，全国共有 5500 名对外汉语教师拿到了资格证书。如今，这些教师已经成为各对外汉语教学机构教学、科研的一线骨干，为国家对外汉语教学事业的发展作出了巨大贡献。

《国家中长期教育改革和发展规划纲要》（2010—2020 年）指出，要"进一步扩大外国留学生规模。增加中国政府奖学金数量，重点资助发展中国家学生，优化来华留学人员结构。实施来华留学预备教育，增加高等学校外语授课的学科专业，不断提高来华留学教育质量。"按照教育部制定的《留学中国计划》，到 2020 年中国将成为亚洲最大的国际学生流动目的地国家，全国当年外国留学人员数量将达到 50 万。按照这个宏伟大规划，我们还需要大批合格的对外汉语教师，来满足陆续来华的 50 万名留学生的教学需要，并"不断提高来华留学教育质量"。

"有一支能胜任教学工作、科研工作和教学科研管理工作的高素质教师队伍，是汉语教学事业发展的最根本的条件。"（刘珣，2000）因此，国家有必要借鉴其他发达国家以及国内以前的既有做法，尽快恢复对外汉语教师资格认证制度，在对外汉语师资建设方面作出实际有意义的举措，为对外汉语教学事业的发展提供合格的师资储备和保障。

3.2.2 汉语国际推广的需要

国务院办公厅《关于加强汉语国际推广工作的若干意见》（国办发〔2006〕17号）提出了传统对外汉语教学的"六个转变"，即发展战略从对外汉语教学向全方位的汉语国际推广转变，工作重心从将外国人"请进来"学汉语向汉语加快"走出去"转变，推广理念从专业汉语教学向大众化、普及型、应用型转变，推广机制从教育系统内推进向系统内外、政府民间、国内国外共同推进转变，推广模式从政府行政主导为主向政府推动的市场运作转变，教学方法从纸质教材面授为主向充分利用现代信息技术、多媒体网络教学为主转变。不难看出，汉语国际推广的目标在于顺应国际社会对汉语的强烈需求，通过普及性的"走出去"教学让越来越多的外国人接触汉语、学习汉语和使用汉语，从而最终达到推广中国文化的目的。

然而，汉语国际推广在实施过程中却遇到了技术操作层面上的三个"瓶颈"问题，即"三荒"："教师荒"（缺乏合格的对外汉语教师）、"教材荒"（对孔子学院等国外汉语教学不适用）和"教法荒"（教学方法老旧）。而"三荒"的核心是教师，只有解决好了教师的问题，才能顺利解决教材和教法问题，因为没有合格的教师，后面的两个问题就无从谈起。"从决策者的角度看，我们需要培养大批能够适应汉语国际教育形势发展的教师；从教师的角度看，要成为一个合格的汉语教师应该具备一些基本的要素。"（崔希亮，2010）决策者和教师看法的交集，其实就是教师的资格问题。对外汉语教师通过自身学习，参加决策者精心准备的资格考试，在知识结构、基本素质、专业技能方面就"能够适应汉语国际教育形势发展""具备一些基本的要素"。

因此，教师是汉语国际推广中"三教"瓶颈问题的核心环节。我们认为，只有尽快恢复对外汉语教师资格认证制度，在全国甚至世界范围内遴选出符合标准的汉语教师，才能在决策者与教师需求之间找到共同的价值区间，解决"教师荒"问题。

3.2.3　国家文化大发展大繁荣的需要

党的十七届六中全会《中共中央关于深化文化体制改革，推动社会主义文化大发展大繁荣若干重大问题的决定》指出，"深化文化体制改革、推动社会主义文化大发展大繁荣"，增强国家文化软实力，建设社会主义文化强国。决定还特别提出"推动中华文化走向世界"的宏伟目标，要求进一步加强海外中国文化中心和孔子学院建设，增强中华文化在世界上的感召力和影响力，增进国际社会对我国基本国情、价值观念、发展道路、内外政策的了解和认识。世界范围内文化的多样性，构成了人类璀璨的文明。当前我国综合国力和国际话语权大幅提升，世界争将目光对准中国，我们应该抓住这一"推动中华文化走向世界"的难得机遇，积极应对。

语言是文化的载体，中国五千年的文明史几乎全都记录在各种篇章典籍的汉语言中；语言教学是文化传播的载体，文化的传承靠的是语言的传播。作为语言文化传播最主要的媒介——对外汉语教师已经成为向世界范围内的外国人传授汉语言文化知识、传播中华文明、引领中华文化的语言文化大使，是面向海外文化研究及文化推广的核心力量。中华文化博大精深，以何种方式、何种程度向外国人传播中华文化？大概不能只满足于"今天弄个剪纸，明天弄个杂技，后天弄个太极拳，全是手工作坊式的文化交流"（易中天，2011）最有效的办法恐怕还得是语言教学，通过文化的这个载体来按部就班、潜移默化地传播中华文化。而合格的对外汉语教师无疑将成为最优秀的中华文化传播者，因为按照《国际汉语教师标准》，合格的对外汉语教师已经具备了汉语知识与技能、外语知识与技能、中国文化、中外文化比较与跨文化交际、第二语言习得与学习策略、汉语教学法、测试与评估、汉语教学课程大纲教材与辅助材料、现代教育技术及运用、教师综合素质 10 大标准，理应是文化传播的最佳人选。

因此，从国家文化大发展大繁荣的时代背景看，合格的对外汉语教师是"推动中华文化走向世界"的最佳人选，决策者应该实行对外汉语教师资格制度，确定哪些人能成为这些最佳人选中的一员。

3.2.4　教师队伍自身建设的需要

实行资格认证制度，也是对外汉语教师队伍自身发展建设的需要。

美国学者弗里曼（1941）认为，一个受过良好训练的现代语言教师应该具备6个要素：①地道的语音语调；②熟练的口语；③掌握所教语言的语法；④掌握大量词汇；⑤对他国文化、文学作品透彻领会；⑥健康的人格特征。（转引自贾爱武，2006）然而，当前从事对外汉语教学工作的人员很难说都具备了这6个基本要素。如国家汉办2004年实行的"国际汉语教师中国志愿者计划"，从专业来看，对外汉语、中文、历史、哲学、教育学、外语、政治学、心理学、法学、社会学，以及退休大学中文教师和具有大专及以上学历的中、小学退休语文教师都可以提出申请。志愿者中心对申请者进行简单面试和短期培训后按计划需要派出。另外，目前还出现了一些可以颁发"某某认证"教师资格证书的专业培训机构（如中语国际教育、京师环宇教师培训基地等），接受培训的人员也都具备了教师资格。总之，自从2006年对外汉语教师资格考试停止后，对外汉语教师队伍的成分变得极为复杂：汉语教师志愿者、汉语国际教育硕士、符合国家汉办《标准》者、获得民间培训机构证书者等，目前均已成为或将要成为对外汉语教师。

实践证明，实行教师资格制度对提高教师素质与教育质量、吸引优秀教师人才、促进教师队伍专业化职业化、保障教师社会地位、加强汉语教师队伍法制化建设等发挥着不可忽视的作用。教师资格认证考试的标准越严格，教师的专业地位、社会地位及生活待遇也会越提高，结果就会吸引社会上更多的人才加入到教师队伍中来；相反，如果标准不一、程序混乱，则教师的专业地位、社会地位及生活待遇就会降低，社会上优秀的人才也不愿加入教师队伍。（黄剑芬、徐永军，2010）当前，我们的对外汉语教师队伍正面临这种严峻的形势。在未来10年来华留学生以每年7%的速度增长、海外汉语学习者人数不断飙升的形势下，我们的汉语教师质量却越来越让人担忧。量的满足固然重要，因为我们要面对国内26万名留学生的教学以及国外4000万人的学习需求，继续大批对外汉语教师加盟；但长期来看，质的提高却是更根本的。量的满足必须建立在质的保证上，没有质的保证，量的出现恐怕会昙花一现。

因此，从对外汉语教师自身队伍的建设角度来看，必须对汉语教师入职门槛有一个基本的、统一的要求，如果没有了门槛，任何人都可以进入这个行业，那么对外汉语教师就成了一个无所不包的大杂烩，最后只能造成教学质量的下降，留学中国计划、汉语国际推广、中国文化大发展大繁荣等宏伟规划的实施效果，也让人堪忧。只有实行对外汉语教师资格认证制度，对拟入职者实行统一、科学、严格的标准考试，对合格者颁发资格证书，才能建设一支健康、稳定、高素质的对外汉语师资队伍。

第三节　国际汉语教师标准解读

十七届六中全会《关于深化文化体制改革推动社会主义文化大发展大繁荣若干重大问题的决定》作出推动社会主义文化大发展大繁荣、增强国家文化软实力的历史性举措，明确提出"推动中华文化走向世界""增强中华文化在世界上的感召力和影响力""增进国际社会对我国基本国情、价值观念、发展道路、内外政策的了解和认识""加强海外中国文化中心和孔子学院建设"。种种迹象表明，国际汉语教学事业正迎来历史性的发展契机。

国际范围内汉语学习者人数的不断飙升，无疑需要一支高素质的汉语教师队伍作为基本保障。现实表明我们正面临历史性机遇和前所未有的挑战，教师、教法、教材等"三荒"瓶颈问题，已经成为制约汉语国际推广纵深发展的全局性问题，能在何种程度及深度上解决"三荒"瓶颈，关系到汉语国际推广的成败。三教问题中教师是核心，解决了"教师荒"瓶颈即化解了"三荒"的核心难题。

3.3.1　从对外汉语教师到国际汉语教师

新中国来华留学生教育肇始于1950年清华大学"东欧交换生中国语文专修班"（该专修班1951年接收了来自东欧国家的33名留学生），时任清华大学教务长、著名物理学家周培源教授任专修班班主任，著名语言学家吕叔湘、邓懿、王还、赵淑华等成为新中国第一批对外汉语教师。随着教学规模的进一步扩大，来自高校中文系的毕业生及小部分外语系毕业生逐渐成为我国主流对外汉语教师。

为加大专业对外汉语教师的培养力度，20世纪80年代北京语言学院、北京外国语学院、华东师范大学、上海外国语大学和暨南大学相继开设了对外汉语教学本科专业，1986年北京语言学院和北京大学招收对外汉语教学研究方向硕士研究生，1997年北京语言文化大学首次设立"对外汉语教学学科教学论"硕士专业并同时获批语言学及应用语言学博士点。这些重大举措,逐步完善了对外汉语教师的学历教育体系,为对外汉语师资培养提供了坚实的保证。

进入21世纪,随着中国国家话语权和综合国力的不断提升,在来华留学生数量连创新高的同时,海外汉语学习者群体也在不断膨胀。以2005年世界汉语大会的召开为契机,2006年国务院办公厅《关于加强汉语国际推广工作的若干意见》(国办发〔2006〕17号)提出传统对外汉语教学向汉语国际推广的"六大转变",以顺应国际社会对汉语的强烈需求,通过普及性的"走出去"教学让越来越多的外国人接触、学习和使用汉语,最终达到推广中国文化的目的。自此,汉语国际推广事业便催生了两大市场:国内汉语作为第二语言教学与国外汉语作为外语教学。为适应汉语国际推广的形势需要,2007年,国务院学位委员会联合教育部设置了汉语国际教育硕士专业学位(MTCSOL),培养高层次、应用型、复合型国际汉语教师。

海外5000万及即将来华的50万汉语学习者面对的是相同的学习目标(汉语),海外8000名外派汉语教师及国内6000多名本土汉语教师面对的是相同的教学对象(汉语学习者),新形势下的汉语教师不仅应该是合格的对外汉语教师,更应该是同时适应国内与国外两个教学市场的国际汉语教师。

3.3.2　从教师资格到教师标准

3.3.2.1　官方文件的更迭

汉语教师并非人人能胜任,并非"会说中国话的中国人就能教外国人汉语",有一支能胜任教学、科研和管理工作的高素质教师队伍,是汉语教学事业发展的最根本的条件(刘珣,2000)。为了"做好从事对外国人进行汉语教学的教师资格的审定工作,提高对外汉语教师队伍的政治业务素质,保证教学质量",教育部(时称国家教委)于1990年颁布实施《对外汉语教师资格审定办法》,对汉语教师必须具备的业务素质(包括知识结构和能力结构)做了详细规定,对达到要求的教师办法对外汉语教师资格证书。1996年教育部重新发布《〈对外汉语教师资格审定办法〉实施细则》,明确规定"凡从事对外汉语教学工作的教师,必须具有对外汉语教师资格证书",对汉语教师资格证书的效力、考试内容做了更详细的说明。

为"尽快建立一支数量充足、热心汉语教学、知识技能完备的汉语教师队伍，适应新世纪对外汉语教学事业发展的需要，满足国内外对汉语教师的需求"，2004 年教育部颁布《汉语作为外语教学能力认定办法》，取消《对外汉语教师资格审定办法》，将考试科目分为初级、中级和高级三个级别。

鉴于先前《审定办法》与《认定标准》"重知识、轻能力"的倾向，2007 年 10 月国家汉语国际推广领导小组办公室组织海内外 300 余名专家学者，在借鉴 TESOL 等国际二语教学、汉语教师经验的基础上，制定颁布了《国际汉语教师标准》。《标准》规定的国际汉语教师 10 大标准是培养、培训、评价和资格认证国际汉语教师的标准体系，是国家标准也是国际标准。

3.3.2.2 实质内容的变化

从《对外汉语教师资格审定办法》（以下称审定办法）到《汉语作为外语教学能力认定办法》（以下称《认定办法》），再到《国际汉语教师标准》（以下称《标准》），三种规范性文件的前后更迭，体现了对一名合格汉语教师与时俱进的变化要求如表 3-1 所示。

表 3-1 《审定办法》对汉语教师的要求

知识 结构	教学理论和教学方法：对外汉语教学的性质特点、语言教学法流派、教育学
	语言学和文字学知识：现代汉语理论知识、古代汉语基础知识、普通语言学知识
	文学知识：中国文学发展概况及作家作品、世界著名作家作品
	其他文化知识：中国历史和地理、世界历史和地理
能力 结构	语言文字能力：普通话、汉字掌握及分析、汉语表达能力、外语水平
	工作能力：组织课堂教学，贯彻运用课堂教学的原则和方法

《认定办法》对汉语教师的要求

初级	现代汉语基本知识、中国文化基础常识、普通话水平：具备汉语作为外语教学的基本知识，能够进行基础性汉语教学工作
中级	现代汉语、汉语作为外语教学理论、中国文化基本知识：具备汉语作为外语教学的较完备的知识，能够进行较为系统的汉语教学工作
高级	现代汉语及古代汉语、语言学及汉语作为外语教学理论、中国文化：具备汉语作为外语教学的完备的知识，能够进行系统性、专业性汉语教学和相关科学研究

《标准》对汉语教师的要求

汉语知识与技能	汉语基本知识，良好的汉语听力理解能力、口头表达能力、阅读理解能力、书面语表达能力
外语知识与技能	一门外语的基本知识，基本的外语听力理解能力、口头表达能力、阅读理解能力、书面语表达能力
中国文化	中国历史文化、主要哲学思想与宗教文化、文学与艺术、民俗文化及中国国情的基本知识，能运用于教学
中外文化比较与跨文化交际	中外文明特点及历史、中外政治体制及法律体系、宗教派别与哲学思想、国外汉学、重大时事、文化与跨文化交际、语用学，能运用于教学
第二语言习得与学习策略	二语习得主要研究领域、基本理论和假说，母语、显性学习、隐性学习、学习者个体因素、学习策略
汉语教学法	外语教学法，汉语作为外语教学，汉语语音、词汇、语法、听力、口语、阅读、写作教学的基本原则，汉字基本知识，能应用于教学
测试与评估	测试与评估基本概念、原则、方法和特点，试题和试卷设计，能应用于教学
教学课程大纲教材与辅助材料	国内外主要汉语教学项目，课程设置、教学大纲、课堂教学、所用教材、教辅材料的应用
现代教育技术及运用	计算机结构及相关电子设备、软件、多媒体教学设备、计算机网络知识，能应用于实践
教师综合素质	教学反思意识、自我发展意识、主动参与意识，显示亲和力、责任感、合作精神和策略性，良好的心理素质，高度的职业道德

从《审定办法》到《认定办法》和《标准》，有三个鲜明的变化：①对汉语教师的身份（或资格）要求变成能力要求，能力特别是教学能力成为汉语教师的最高标准。②要求细则逐步细化，从最初的知识结构和能力结构到后来的三级要求和十条标准，体现了新时期对汉语教师系统性能力的要求。③对汉语教师的综合素质要求不断提高，综合素质逐渐成为汉语教师执业的重要组成部分。

3.3.3　知识与能力之关系

通过观察美国纽约大学汉语教育硕士研究生的课程设置，我们不难发现作为一名汉语教师之知识结构与能力结构的比例如表 3 - 2 所示。

表 3 - 2　美国纽约大学汉语教育硕士研究生课程设置

课程性质	内容	比重
专业课	应用语言学、教师高级汉语、中文应用语言学	20%
普通教育课程	教育学、青少年成长与发展、特殊教育	23%
外语教学课程	外语教学理论和实践、双语教育的理论与实践、多元文化教育、第二语言习得研究、第二语言评估与测试、跨学科的第二语言教学、外语教学研习课、科技在第二语言教学中的应用	37%
教育见习、实习		13%
毕业教学研究		7%

在这份课程设置中，教学能力课程占了 60%。反观表 3 - 1 的要求内容，在《审定办法》和《认定办法》中，关于语言学和汉语、汉语作为外语教学理论、中国文化等知识内容几乎占到了 70%，而关于教学能力的内容却不足 40%。

虽然我们的知识结构具有先天性，能力结构具有后天性，但对于汉语教学来说，能力结构及其要求应该比知识结构及其要求重要得多。纵观当前绝大部分汉语学习者，几乎无一例外地将汉语作为一种工具来学习，这也是所有第二语言学习者的一个基本倾向，即语言学习是为了交际需要。对于大部分汉语学习者来说，他们需要的可能只是用汉语进行日常口头会话及书面表达，这种需求和兼具广度与深度的汉学研究有着本质的区别。换句话说，当前汉语国际推广面对的是"下里巴人"而非"阳春白雪"。我们一直花大力气培养专职的汉语教师，目的是要适应这种"下里巴人"的汉语教学需要，而非满足汉语精英者的研究。然而，我们先前制定的《对外汉语教师资格审定办法》《汉语作为外语教学能力认定办法》却在这方面走了弯路，即对汉语教师执业者的知识结构要求太高，对他们的能力结构要求过低，最近海外学者对中国汉语教学"教学风格死板""汉语教学水平普遍落后"的指责或许可以从这里找到根源。

鉴于这种能力结构要求的短板，教育部及国家汉办等管理部门采取了一些积极应对措施，如颁布实施《国际汉语教师标准》（以下称《教师标准》）、量身定制《汉语国际教育硕士专业学位研究生指导性培养方案》（以下称《方案》）等。《教师标准》与《方案》的制定在很大程度上纠正了重知识结构、轻能力结构的政策误区，如《教师标准》中规定的 10 大教师标准中，关注能力结构的部分几近 70%，即使对知识结构的要求也强调了"能运用于教学实践"。专业硕士《培养方案》中规定的 32 学分中，考查教学能力的部分差不多占了 18 学分，充分体现了"以培养学生的汉语教学技能为主，同时注重培养外语能力和文化传播技能"的要求。《教师标准》与《方案》的实施标志着对汉语教师从知识要求为主到能力要求为主的转变。

3.3.4　余论

在国家推动文化大发展大繁荣、教育部留学中国计划等国家政策及汉语学习者人数不断飙升两大因素的促动下，国际汉语教师必将成为一个热门行业。然而笔者对我国当前的国际汉语教师队伍建设依然心存两大隐忧。

3.3.4.1　师资队伍建设的标准问题

国际汉语教师标准应该以教师为中心还是以学习者为中心？本书提到的三个规范性文件，无一例外地以教师为中心，即汉语教学从业者必须具备了官方文件的要求才具有执业资格。2007 年颁布的《教师标准》虽然在方向上实现了从知识要求到能力要求的转变，但试问有几人可以完全达到这样的标准？再者，即使有人达到了这样的标准，具体汉语教学实践中能用者几何？我们认为，国际汉语教师标准的制定最基本的出发点应该是汉语学习者，即从汉语学习者的角度看，对一名汉语教师有哪些基本要求？

近年来业界学者对《美国 21 世纪外语学习标准》和《欧洲语言共同参考框架：学习、教学、评估》多有研究。前者是美国在多年调查取证的基础上，总结外语教学得失，制定的指导美国学生外语学习的纲领性文献，其中提到的"5C"标准：[交际（communication）、文化（cultures）、联系（connections）、比较（comparisons）和社区（communities）] 及其 11 条衡量标准不但是对外语学习者的基本要求，更是对外语教师执业的基本要求。后者是欧洲理事会文化合作教育委员会联合欧洲多方力量制定的关于语言学习、教学及评估的整体指导方针和行动纲领，其中提到的外语教学新理念、语言能力及评估量表、任务、语言多元化、评估及其可操作性可谓几十年来欧洲语言教学理论与实践的系统总结，这些内容虽然大部分针对的是学习者，但对语言教师来说却是"促进语言教师和学习者之间的沟通与交流"的凭借，换言之就是语言教师标准。

"他山之石，可以攻玉"。参酌上述两套标准，我们或许可以发现教师标准的制定更为妥当的办法应该是以学习者为中心，只有在对当前国际汉语教学大范围大样本调查取证的基础上彻底了解学习者的需求，将学习者放在标准制定的焦点位置，才能最终制定出满足学习者生活、学习者环境和学习者思想的国际汉语教师标准。

3.3.4.2　标准与认证的问题

《教师法》和《教育法》明文规定："国家实行教师资格制度"，"这在全世界发达国家大抵如此"（赵金铭，2007），美国、法国、日本、英国、德国等世界发达国家，均已建立了比较完善的教师资格制度。

我国的对外汉语教师资格制度始于 1991 年。从 1991 年至 2005 年国家汉办前后一共举办过 13 次资格考试，约有 6000 余人通过资格审定或认定而获得了"对外汉语教师资格证书"或"汉语作为外语教学能力证书"。然而自 2006 年至今，汉语教师资格考试便一直处于停考状态，这与国际范围内对汉语教师的强烈需求、"不断提高教育质量"的要求严重不相匹配。目前国家汉办的外派教师培训采取的基本上是"短平快"的方式，经国家汉办短期培训的汉语教师志愿者、经民间机构短期培训的汉语教师都已经或正在进入国际汉语教师队伍。

我们认为，国际汉语教师队伍不应是一个大杂烩，制定一套切实可行的国际汉语教师职业资格制度及认定标准才是从根本上解决"教师荒"的长效机制，全球范围内"汉语热"的持续不断升温，国家推广文化大发展大繁荣、"推动中华文化走向世界"，都需要一支高素质的国际汉语教师队伍。我们已经有比较成熟的《国际汉语教师标准》，如何将这些标准落到实处，或许继续实行 2006 年以来中断至今的、世界发达国家一直实行的教师资格认证制度是我们的唯一正确出路。

第四节　新国际汉语教师标准试说

　　《国际汉语教师标准》自 2007 年正式颁布 8 年之后，孔子学院总部/国家汉办于 2015 年 12 月又正式出版发行了修订版《国际汉语教师标准》①。修订版《国际汉语教师标准》在"说明"中指出，自旧版《国际汉语教师标准》2007 年正式颁布以来，受到各方广泛关注与积极评价，"为进一步适应国际汉语教育的实际需要，提高国际汉语教师的能力和水平，我们组织国内外专家和教师对《国际汉语教师标准》进行了修订，对原有标准框架进行了凝练，突出汉语教学、中华文化传播和跨文化交际三项基本技能，更加注重学科基础、专业意识和职业修养，增强了实用性、可操作性和有效性，形成了修订后的《国际汉语教师标准》"。

　　值得注意的是，就在修订版《国际汉语教师标准》首次发布与正式出版发行期间（2012 年 12 月—2015 年 12 月），停考多年②的对外汉语教师资格考试以《国际汉语教师证书》考试身份于 2014 年 10 月 31 日重新开考，这或许意味着孔子学院总部/国家汉办在历经数年国际汉语教师资格或标准的"制定—否定—制定"③ 之后，终于有了一套比较科学合理的规范标准，并将之付诸实践，以《国际汉语教师证书》考试逐步实现国际汉语教师的专业化与职业化。我们知道大多世界发达国家为规范教师队伍、保证教学质量，均实行教师资格证书制度，毋庸讳言，国际汉语教师的专业化与职业化建设也是规范教师队伍、提高孔子学院办学质量关键环节之一。本书旨在比较旧版《国际汉语教师标准》的基础上，全面解析修订版《国际汉语教师标准》，系统梳理新时期国际汉语教学对国际汉语教师的专业化与职业化要求。

　　旧版《国际汉语教师标准》（以下称《旧版》）与修订版《国际汉语教

---

　　① 该标准最早由国家汉办/孔子学院总部于 2012 年 12 月发布，时称《国际汉语教师标准》（2012 年版），但一直未有正式出版。

　　② 2006 年 6 月 8 日，"汉语作为外语教学能力认定委员会办公室"发布通知，汉语作为外语教学能力考试及认定工作将在标准、内容和形式等方面进行调整，2006 年的考试将延至 2007 年上半年进行。然而，这个考试自 2006 年停考至今便没再举行过。（侯颖，2012）

　　③ 关于汉语教师资格及考试的历史更迭，详见侯颖（2012）。

师标准》（以下称《修订版》）的差异主要表现在框架结构、内容描述及编写团队组成三个方面。

3.4.1　《修订版》框架结构的变化

《修订版》的框架涵盖了 5 大宏观标准及其下属的 21 项微观标准，相较于《旧版》5 个模块 10 大宏观标准 54 项微观标准的宏大框架，《修订版》确实体现了修订的"凝练"原则，汉语教学基础、汉语教学方法、教学组织与课堂管理、中华文化与跨文化交际、职业道德与专业发展 5 大宏观标准中的"汉语教学、中华文化传播和跨文化交际三项基本技能"则得以特别"突出"。表 3 - 3 体现了从《旧版》到《修订版》的框架变化。

表 3 - 3　《旧版》框架结构

模块	宏观标准	微观标准
模块一 语言基本知识与技能	标准一　汉语知识与技能	汉语基本知识，良好的汉语听力理解能力、口头表达能力、阅读理解能力、书面语表达能力
	标准二　外语知识与技能	一门外语的基本知识，基本的外语听力理解能力、口头表达能力、阅读理解能力、书面语表达能力
模块二 文化与交际	标准三　中国文化	中国历史文化、主要哲学思想与宗教文化、文学与艺术、民俗文化及中国国情的基本知识，能运用于教学
	标准四　中外文化比较与跨文化交际	中外文明特点及历史、中外政治体制及法律体系、宗教派别与哲学思想、国外汉学、重大时事、文化与跨文化交际、语用学，能运用于教学
模块三 第二语言习得与学习策略	标准五　第二语言习得与学习策略	二语习得主要研究领域、基本理论和假说，母语、显性学习、隐性学习、学习者个体因素、学习策略

续表

模块	宏观标准	微观标准
模块四 教学方法	标准六 汉语教学法	外语教学法，汉语作为外语教学，汉语语音、词汇、语法、听力、口语、阅读、写作教学的基本原则，汉字基本知识，能应用于教学
	标准七 测试与评估	测试与评估基本概念、原则、方法和特点，试题和试卷设计，能应用于教学
	标准八 汉语教学课程、大纲、教材与辅助材料	国内外主要汉语教学项目，课程设置、教学大纲、课堂教学、所用教材、教辅材料的应用
	标准九 现代教育技术及运用	计算机结构及相关电子设备、软件、多媒体教学设备、计算机网络知识，能应用于实践
模块五 教师综合素质	标准十 教师综合素质	教学反思意识、自我发展意识、主动参与意识，显示亲和力、责任感、合作精神和策略性，良好的心理素质，高度的职业道德

《修订版》框架结构

宏观标准	微观标准
标准一 汉语教学基础	汉语交际能力，汉语言学知识和语言分析能力，第二语言学习基本原理，第二语言教学基本原则与方法
标准二 汉语教学方法	汉语教学基本原则与方法，语言要素教学、汉外语言差异、针对性教学，听说读写技能教学，现代教育技术
标准三 教学组织与课堂管理	汉语教学标准、大纲及教学设计，教材及其他教学资源利用，课堂教学设计，课堂管理，课外活动组织，测试与评估
标准四 中华文化与跨文化交际	中华文化基本知识及阐释传播能力，中国基本国情及介绍，跨文化意识，跨文化交际能力
标准五 职业道德与专业发展	职业道德，心理素质，教育研究能力和专业发展意识

综合表3-3,《修订版》的框架结构具有以下几个特点。

(1)《修订版》框架中的五大宏观标准是糅合《旧版》五大模块、十大宏观标准的结果。《旧版》中的"模块三 第二语言习得与学习策略"成为《修订版》"标准一 汉语教学基础"的一部分,《旧版》中的"模块三"代之以"标准三 教学组织与课堂管理",这一调整彰显了教学组织与课堂管理在海外孔子学院汉语教学中的重要性。据不完全统计,截至目前诞生的500所孔子学院和1000所孔子课堂①均各有特色,"还没有形成统一的教学模式和教学法","从学习者层次上看,可以说是有教无类,有中小学生,有大学生,有商人,有大学教授,也有家庭主妇"(崔希亮,2010)。另外,从学习者语言水平来看,主要以基础汉语教学为主,同时也兼及中高级汉语教学。从语言学习的性质来看,既有进入国民教育体系的汉语学分课程,也有未进入国民教育体系的汉语选修课程,还有以社会人士为主的汉语兴趣课程。这种学习者层次、语言水平、学习性质的多元化,无疑需要汉语教师具备较强的教学组织能力和课堂管理能力。

(2)《修订版》框架进一步彰显了汉语教学法的地位。相对于《旧版》中"汉语教学法"作为"模块四"的一个宏观标准(十大宏观标准之一),《修订版》则将《旧版》中的"测试与评估""教学课程大纲教材与辅助材料"剥离出去,直接将"汉语教学法"与"现代教育技术及运用"融合列为"标准二 汉语教学法"(五大宏观标准之一)。将"汉语教学方法"直接列为宏观目标之一,体现了国际汉语教学的鲜明针对性,以及对国际汉语教师语言要素教学、语言技能教学、跨语言对比、运用现代教育技术等能力的明确要求。

(3)《修订版》框架进一步突出了中华文化及跨文化交际的内容。这种突显与孔子学院致力于"增进世界各国(地区)人民对中国语言文化的了解""促进世界多元文化发展"的宗旨相一致,因为孔子学院除了语言文化教学外,还组织"各类文化展示活动,如中国文化周、中国电影周、中国经济讲座、中国社会讲座、中国武术教学、中国烹饪体验等活动"(崔希亮,2010)。作为文化传播者,如何有效阐释并传播中华文化、客观准确介绍中

---

① 孔子学院总部/国家汉办第十届孔子学院大会,2015年12月5-7日,上海。

国国情、具备较强的跨文化意识与跨文化交际能力应该成为衡量国际汉语教师的一项重要指标。

（4）《修订版》框架进一步明确了对汉语教师的能力要求。相对于《旧版》知识和能力并重的框架结构，《修订版》框架中除了"标准一"强调"汉语教学基础"知识（要求国际汉语教师必须具备汉语能力，了解第二语言学习基本原理及教学基本原则）外，其余四项均为对国际汉语教师的能力要求（即要求国际汉语教学从业者熟悉汉语教学方法，善于组织教学与课堂管理，能够阐释传播中华文化、诠释当代中国、解决跨文化交际中的问题，以及具备良好的职业道德、心理素质和职业发展规划）。例如，"教学组织与课堂管理"被单独作为一项标准列出，就在很大程度上体现了《修订版》对国家汉语教师的教学能力要求。

3.4.2　《修订版》内容描述的更新

《修订版》与《旧版》的差异除了框架结构的变化，更大的差异在于《修订版》对微观标准内容描述的更新。《修订版》以58条内容描述对21项微观标准进行了阐释；而《旧版》对54项微观标准的内容描述则多达581条。

虽然《旧版》是在《对外汉语教师资格审定办法》《〈对外汉语教师资格审定办法〉实施细则》《汉语作为外语教学能力认定办法》等标准"重知识、轻能力"倾向的背景下诞生的，在很大程度上也将汉语教师的教学能力放在了比较突出的地位，体现了与国际外语教学能力标准的共同内涵（即基础知识、专业知识、教学技能和教师素质，是国家标准，也是国际标准）（赵金铭，2007；侯颖，2012），但全文对微观标准的内容描述繁冗复杂，分类也缺乏科学性、实用性、有效性和可操作性。或许正是基于此，《修订版》在对《旧版》模块及宏观标准进行糅合形成五大宏观标准的基础上，以"凝练"的内容描述对21项新微观标准进行了阐释。从《修订版》对《旧版》微观标准内容描述的重新分类、描述（见表3-4），可见《修订版》对内容描述的更新情况。

表 3 - 4　《修订版》对《旧版》内容的重新描述

宏观标准	内容描述	对应《旧版》内容描述
汉语教学基础（微观标准 1.1 - 1.4）	9 条：汉语口语及书面语交际能力，提高自身汉语水平的能力，具备语言基础知识，具备语言要素分析能力，了解二语习得概念及理论，了解二语学习基本过程，了解影响二语学习得因素，熟悉二语教学一般原则并具有实践能力，熟悉二语教学主要方法	标准一 23 条：描述汉语基本知识及具备汉语听说读写能力要求；标准五 80 条：描述二语习得研究领域、主要概念、理论假说、显性学习、隐性学习、学习者因素、学习策略等要求
汉语教学方法（微观标准 2.1 - 2.4）	11 条：汉语教学原则方法及教学实践，根据教学对象与目标进行教学，掌握语言要素教学原则与内容，掌握语言要素教学方法与技巧，汉外语言对比能力，分析与处理学习者偏误能力，汉语技能教学特点与原则，掌握汉语技能教学方法与技巧，根据学习者特点组织教学活动，了解现代教育技术，运用现代教育技术的能力	标准六 127 条：描述外语教学方法技巧及教学实践，外语教学一般原则及教学实践，汉语、语音、词汇、语法、汉字等要素教学原则及技巧，汉语听力、口语、阅读、写作等技能教学原则及技巧等要求；标准九 31 条：描述计算机基本知识及操作方法、计算机网络知识及教学实践等要求
教学组织与课堂管理（微观标准 3.1 - 3.6）	18 条：熟悉汉语教学标准及教学大纲，设计课程并制定教学计划，编写教案，熟悉常用汉语教材，选择加工和使用教材，利用教学资源制作和补充教学材料，了解课堂教学任务与活动类型，设计教学任务和组织教学活动，选用并制作教具，熟悉域外课堂管理文化，创建汉语教学课堂环境与氛围，实施有效课堂管理，了解课外活动，组织课外活动的方法和程序，组织课外活动，了解测试与评估，选用合适的测试与评估工具，分析与应用测试评估结果	标准七 24 条：描述测试与评估基本概念、原则、方法与特点，选用合适的测试与评估方法，设计试题和问卷并获得教学反馈信息；标准八 72 条：描述了解国内外主要汉语教学项目、熟悉汉语教学课程设置、熟悉汉语教学课程大纲、熟悉汉语课堂教学、熟悉所用教材结构与特色熟悉辅助材料的作用及针对性选择等要求

宏观标准	内容描述	对应《旧版》内容描述
中华文化与跨文化交际（微观标准 4.1－4.4）	13 条：了解中华文化基本知识、特点、价值及当代意义，分析文化产品及文化习俗，文化阐释与语言教学相结合，掌握中华才艺并运用于教学，了解中国基本国情，了解当代中国热点问题，客观准确介绍中国，了解世界文化主要特点，尊重不同文化与多元文化意识，自觉对比中外文化异同并运用于教学，跨文化交际基本原则与策略，跨文化交际技巧及问题解决，运用任教国语言进行交际和教学	标准二 21 条：描述对外语基本知识及听说读写技能要求；标准三 55 条：描述对中国历史文化、中国主要哲学思想与宗教文化、中国文学与艺术、中国民俗文化、中国国情等基本知识掌握及教学运用的要求；标准四 68 条：描述对中外文明、政治法律体系、宗教与哲学派别、汉学、当今世界大事、文化与跨文化交际、语用学知识的了解及教学实践要求
职业道德与专业发展（微观标准 5.1－5.3）	7 条：认识理解职业价值、树立并维护职业信誉，遵守法律与职业道德规范，健康心理与积极态度，心理承受与自我调适能力，合作精神，教育研究及教学反思能力，通过了解学术研究动态和参与学术交流培训等谋划职业发展	标准十 80 条：描述对教学进行反思，自我发展意识，参与专业社区活动，交际场合彰显亲和力、责任感、合作精神与策略，良好心理素质与高度职业道德等方面的要求

综合表 3－4，《修订版》对微观标准的内容描述体现出以下几个特点。

（1）《修订版》对每项标准的内容描述高度凝练，对《旧版》当中一些冗长、无效描述进行了大量删减和合并，表 3－5 从数量上体现了二者的前后变化。

表 3－5　《修订版》内容变化趋势

	汉语教学基础	汉语教学方法	教学组织与课堂管理	中华文化与跨文化交际	职业道德与专业发展	合计
《修订版》	9	11	18	13	7	58
《旧版》	103	158	96	144	80	581
变化趋势	减少91.3%	减少93%	减少81.3%	减少91%	减少91.3%	减少90%

（2）《修订版》弱化了知识表述，将《旧版》103 条内容描述凝练为 9 条内容描述，《修订版》"汉语教学基础"的内容描述是融合《旧版》标准一和标准五，并弱化对语言知识与二语习得知识描述的结果，同时《旧版》中的"外语知识与技能"不再做"汉语教学基础"要求。

（3）《修订版》内容描述强调汉语教学的重要性。《修订版》将《旧版》标准六、七、八、九 254 条内容描述合并成《修订版》"汉语教学方法"和"教学组织与课堂管理"29 条内容描述，此外《修订版》单独将"教学组织与课堂管理"作为标准之一，体现了对汉语教师掌控课堂教学能力的要求，对"测试与评估"的描述则更倾向于教学应用。

（4）《修订版》内容描述进一步彰显了对中华文化和跨文化交际要求的针对性。《修订版》将《旧版》标准二、三、四 144 条内容描述合并成《修订版》"中华文化与跨文化交际"13 条内容描述，并着重如何阐释中华文化、介绍中国国情做出明确说明，强调"掌握中华才艺并运用于教学"，将原标准三关于外语知识技能的描述融合为"运用任教国语言进行交际和教学"均凸显了对中华文化传播要求的针对性。

（5）《修订版》内容描述更加注重强调教师的未来职业发展规划，在职业认识、心理素质、合作能力、学术研究等关涉汉语教师职业发展方面均较《旧版》有更明确的说明。

3.4.3　《修订版》编写团队的更迭

除上述标准框架与标准描述的变化外，二者在参编团队结构方面变化也较大。《旧版》的编写团队包括编委会（主任 1 名、委员 11 名）和研制组（组长 2 名、主要参与成员 48 名），《修订版》的编写团队直接表现为编委会（主任 1 名、副主任 2 名、主要成员 29 名），具体变化体现如表 3–5 所示。

表 3–5　《旧版》与《修订版》团队结构成员变化

	团队结构	人员组成	特点
旧版	编委会（12 人）	主任 1 名	设编委会与研制组两级机构，分别编委会和研制组两套班子，编委会与研制组成员之间没有重合，团队队伍庞大
		委员 11 名	
	研制组（50 人）	组长 2 名	
		主要参与成员 48 名	

	团队结构	人员组成	特点
修订版	编委会（32 人）	主任 1 名	单设编委会一级机构，大幅缩减并更新团队主要成员（较旧版减少 19 名，仅保留原团队中的 7 名成员）
		副主任 2 名	
		主要成员 29 名	

从表 3 - 5 可以看出，《修订版》编写团队数量上较《旧版》有大幅缩减（减少 48%），人员调整主要集中在调整团队结构、精简直接参与编写人员组成两个方面。《修订版》编写团队的调整，加强了编委会上下级之间的直接联系，更能形成编写团队成员间的合力。

3.4.4　结论

总之，为适应孔子学院及国际汉语教学发展的新形势，《修订版》在综合考虑《旧版》推行 8 年来各方"建设性意见"的基础上，对原有框架和结构进行了大幅度调整，有意识地弱化了知识要求加强了能力要求。《修订版》框架结构"构建了国际汉语教师的知识、能力和素质的基本框架，形成了较为完整、科学的教师标准体系，为国际汉语教师的培养、培训、能力评价和资格认证提供了依据"，进一步增强了实用性、可操作性和有效性。

《修订版》在"有效课堂管理""组织课外活动""文化阐释与传播能力""掌握相关中华才艺""使用任教国语言或英语进行交际和教学""具备良好的心理素质"等方面的内容描述上具有鲜明的特色，但对某些方面比如对"职业道德"描述的简单化等的修订则可能值得进一步商榷。

教师是"三教"问题的核心，决策者和教师本身都应该关注教师的职业生涯发展问题（崔希亮，2010）。国际汉语教师队伍也不应该是一个大杂烩，制定一套切实可行的国际汉语教师认定标准才能从根本上解决"教师荒"，才能切实为孔子学院事业的可持续发展保驾护航。2014 年 10 月汉考国际官方网站突然公布了"为贯彻落实《孔子学院发展规划（2012—2020 年）》，加强专业化师资队伍建设，进一步提高孔子学院办学质量与水平，孔子学院总部/国家汉办将于 2014 年 12 月 31 日 15：00—17：30 举行《国际汉语教师证书》考试（试考）"的通知，通知指出"《国际汉语教师证书》考试依据新版《国际汉语教师标准》，通过汉语教学基础、汉语教学方法、教学组织

与课堂管理、中华文化与跨文化交际、职业道德与专业发展等五项标准考核
参考者是否具备国际汉语教师执教能力"。无独有偶，2015 年孔子学院大会
官方文件《孔子学院行动计划（2016—2020 年)》（征求意见稿)① 指出，
将"大力提高孔子学院办学质量和水平"，"建立一支数量足够、质量合格的
教师队伍，开始实行孔子学院教师持证上岗制度"。基于《修订版》知识、
能力及素质要求的《国际汉语教师证书》（以前称为"对外汉语教师资格证
书""汉语作为外语教学能力证书"）考试重新开始，将是一个良好的开端。

---

① 孔子学院总部/国家汉办第十届孔子学院大会，2015 年 12 月 5 – 7 日，上海。

第四章

搭建脚手架——华文教材练习设计 与词典编纂

    汉语教材和汉语课堂的练习设计可以有效检阅学习者对语言输入内容的掌握和理解情况，并依此进一步调节语言输入的质量，外向型汉语学习词典可为学习者解决学习过程中的词汇障碍，助力学习者进一步理解语言输入。因此，在为学习者搭建脚手架这一层次上，练习设计与外向型汉语学习词典编纂具有同质性，都具有为学习者搭建脚手架的功能。

    课堂练习与设计在对外汉语教学中具有核心地位。理想化的汉语课堂应该是一个实用高效的交际性练习场所。提高学习者基于课堂教学的综合交际水平，必须处理好课堂练习中"谁来练""练什么""怎么练"三个环节之间的关系。练习设计在教材编写和语言教学中的地位也举足轻重。综观诸部华语文教材及业界相关研究，练习设计及其研究已越来越成为制约华语文教学的瓶颈问题和薄弱环节。本书旨在对当前华文教材之练习研究与练习设计进行多维考虑，指出问题，寻找思路。练习研究对练习之内容等微观细节缺乏重视，练习设计总体上缺乏语境支撑、实用性不强，此为问题。对传统模式练习进行改革创新，凸显交际性和任务性，形成基于"以用户为中心""用语言做事""用不同的方法训练不同的语言技能"的练习设计模式，此为思路。

    《对外汉语学习词典》是供汉语学习者使用的外向型兼学习型工具书，对学习者来说，无疑具有脚手架功能。但综观目前已版此类工具书，对外汉语学习词典正面临理论研究与实践操作的脱节问题，虽数量小有规模但缺乏精品。例如，通过词典释义与配例的微观分析可以发现当前《对外汉语学习词典》编纂中存在的一些问题，这些长期存在的问题需要一些初步的解决思路。此外，本章还以《当代汉语学习词典》（初级本）为例分析其存在的瑕疵，例如，义项立目的不彻底性、语境动态释义的欠准确性、"释义元语言"比对象语言难度更大、配例的过于单一性、体例的不统一性、拼音标注的不合理性等，并针对这些不足提出了若干可行性建议。

第一节　对外汉语课堂教学练习设计三题

实现对外汉语课堂教学的交际化，在课堂教学练习环节上必须推陈出新，改变练习设计之"硬凑""单调""数量不足"等现状（吕必松，1998；赵金铭，1998；胡名扬，1999），综合考量"谁来练""练什么""怎么练"三个方面的问题。

4.1.1　练习的主体：谁来练

练习的主体即"谁来练"，指练习针对的对象。在课堂教学中，教师和学生是两个最重要的角色，不同角色的表现在教学中所占的比例决定了课堂教学的走向。课堂教学中语言输入大于输出，教师发挥得太多，则会出现教师一人唱"独角戏"的现象，学生很难参与其中。课堂教学是对外汉语教学的中心环节。"培养和训练学生的交际意识和交际能力是课堂教学的核心任务"，"课堂上教师要有通过听、说、读、写、问、答等多种方式使课堂变成一种交际场所的意识。否则课堂就可能成为教师唱'独角戏'的场所，偏离了语言教学的根本方向。"（李泉，2005）因此，培养学生的语言交际能力应该成为课堂教学的核心目标，而实现这一目标的关键在于如何引导学习者参与，如何让学习者成为课堂教学的主体。

4.1.1.1　精讲多练与知而不言

"精讲多练"一直被奉为课堂教学的一大原则，教师精讲，学生多练，可以大大增加语言输出量，提高学习者动手动口的几率。但这一原则在很多时候往往难以贯彻到底，因为目前的教材"在课文、语法、注释方面花的功夫多，练习下的功夫不够"（胡名扬，1999），没有给"精讲多练"提供足够的空间。面对这种情况，教师应该有意识通过"听、说、读、写、问、答"等方式引导学习者参与。具体说来，首先应该跳过某些繁冗的语法讲解以及注释环节，以典型的实例展示让学习者领悟语言点的意义和用法。对于课文环节，则可以采取学生读、师生间互相提问、学生复述等方式串讲，将课文的内容、词汇、语言结构等融于这些串讲方式中。在这一过程中，教师的角色在于引导学习者内化学习内容，通过大量的互相提问、设例、补充句子或语段信息、复述、模仿等手段，突出学习主体在课堂教学中的参与比例，最终达到多练的目的。教师在教材已有精练注释的基础上，必要时可以精讲，或"知而不言"。

4.1.1.2　学习者参与和小组活动

学生的课堂参与有多种形式，教师应该多渠道培养学习者的参与意识。第一种参与形式是学生读课文或分角色读对话，这是比较普遍的一种参与形式，对课文或对话可以采取分小段逐个轮流的方式进行，也可以采取分组整体推进的方式进行，学生通过这种方式可以迅速掌握学习材料的内容。第二种参与形式是学生复述，可以采取分组互相复述的方式，通过复述可以训练学生把握内容主旨的能力。第三种参与形式是提问，学习者基本把握了学习材料的内容后，可以通过提问的方式进一步强化，教师向学生提问，学生向学生提问，在一问一答模式中，达到语言训练的目的。第四种参与形式是组织学生通过协商完成指定练习（如教材课后练习、教师课堂板书练习、教师临时附加性练习等），这种分组协商完成练习，很大程度上避免了教师讲解对答案所带来的弊端。最后，课堂分组讨论也是一种有效的参与形式，学生通过使用限定的语言结构就话题内容进行自由表达。

教师引导学习者通过不同形式参与课堂，大大提高了语言输出效率，但必须避免学生过度依赖母语表达的倾向。学习者在参与过程特别是分组活动中，常常会借助母语表达目的语内容，这种倾向对于培养目的语交际能力非常不利，因此教师在学生参与过程中，必须全程监控学生的表达，严格限制使用或禁止使用母语。

总之，课堂教学的时间是一个定量，只有教师精讲或不言，才能有效增加学生多练和参与的时间量，才能在最大程度上保证学习者作为练习主体的地位。

4.1.2　练习的内容：练什么

练习的内容即"练什么"。既然语言教学的根本目标在于培养学习者的语言交际能力，那么练习的内容就不应只局限于字、词、句等课文内容，而应在给定学习材料的基础上不断扩展练习的广度和深度。虽然练习内容会受到学习者语言水平、教材练习编排、课堂教学设计等因素的制约，但教师作为课堂教学的引导者，必须在考虑多种影响因素的基础上跳出反复无意义操练的框子，大量引入有意义的、具有现实交际价值的真实文本，最终达到学习者活用目标语言的目的。

4.1.2.1　练习内容的层次性

安排练习内容，首先要考虑练习的层次性，即先练什么，后练什么。简言之，课堂教学练习的内容表现为字、词、语、句、段等 5 个从小到大的层次，从字到词，从词到语，依次类推，体现的是一种组装关系，学习者通过这种由小到大的组装过程来表达思想。在字阶段，主要任务在于引导学生掌握常用汉字的音、形、义，可以通过分析字形、单音语素扩展法、联系上下文语境等让学生理解常用汉字的意义。在词、语阶段，主要任务在于引导学生在知晓词语音、形、义的基础进而理解其语用法，这是对外汉语词汇教学的关键环节，因为学习者掌握了词语的语用法，就为进一步的组合表达奠定了基础。在句阶段，主要任务在于引导学生输出准确、流利、得体的句子，为成段表达奠定基础。成句表达，除了实词搭配组合之外，一些虚词往往起到关键作用，教师只需通过提问等方式让学习者输出带有这些虚词的准确、流利、得体的句子即可。学习者能够输出准确、流利、得体的句子，就为下一步的成段表达提供了充足的前提。

4.1.2.2　真实文本内容的引进

引进真实文本内容其实是基于课义内容的进一步拓展。当前的教材在某种程度上存在的"语词生硬地编织""人为的情景对话""和实际的言语交际有着相当的距离"现象（孟国，2008），对课堂教学有着很大的负面影响，主要缺点在于学习者学习了这种教材以后，所学不能用于现实交际。因此，课堂教学中，如何引进真实文本内容，成为培养学习汉语交际能力的重要环节。引进真实文本内容，要求内容必须贴近现实生活，即使不是现实中发生的，但肯定是现实的影子，即都是真实场景、有意义的现实场景。这种真实的场景能够让学生在轻松自然的状态下理解并应用语言，充分发挥真实场景的线索作用。通过这种真实文本的引入，就使得课堂教学站在了另一个新的起点上，而不再是干巴巴的针对语言结构和课文内容的操练。

总之，解决好了练习的层次性问题，合理安排字、词语、句段的练习方式，并在已有语言学习材料的基础上引进真实文本内容，对于进一步拓展练习的广度和深度，引导学习者活用目标语言具有重要的现实意义。

4.1.3　练习的方式：怎么练

练习的方式即"怎么练"，指的是通过何种方法达到训练的目的，合理的练习方式是保证练习效果的基本前提。练习必须是教师指导下的学习者的操练，而非教师主导的对答案。练习的基本模式必须建立在句法驱动、语言任务设置与实施、问答互动等基础上。

4.1.3.1　句法驱动的模范句引导

模范句是"真实语料中使用频率高、流行面广的原型性句子，这种句子代表了某一语法项目句法表现的基本特征"（侯颖，2008）。这种句子是某种句型的典型代表，对其他句型具有辐射作用。因此，学习者掌握了此种句型的语用法，也就基本掌握了该类句型的内部构造、生成规律，而对再学习其他小类也具有引导作用。强调模范句引导的句法驱动，不是要求教师大讲特讲句法知识，罗列句子的基本结构式，而是主张用标准句型带动字、词、语、句、段的教学，把词汇、语法，甚至是语音教学都融于模范句引导的句法教学中（蔡永强，2005）。

句法驱动的练习方式，首先，需要教师整理出可作为模范句操练的句型，采取设问、学生复述等方式，让学习者记诵这些典型的句子。其次，引导学习者掌握模范句内部结构及其生成规律。最后，可以在前两步的基础上，展开标准模范句练习。句法驱动虽然没有讲语法，但"点拨，这对一个汉语老师来讲，要求不是低了，而是高了"（陆俭明，2003）。教师能不能找到模范句并简单分析出模范句的内部结构及生成规律，以及能否使用合适的练习开展形式，都是对教师比较高的要求。

4.1.3.2　设置语言任务

设置语言任务，让学习者通过分组合作完成任务，也是有效的练习方式。真实的语言任务，能够将字、词、语、句、段等语言单位置于动态真实的使用环境中，能够使学习者掌握并控制所学的语言项目，并进而形成流利、准确、得体的交际表达，"如果训练的效果背离了这个目的，其结果只能使学生背负了一堆死的语言结构知识"（刘冬，1995）。根据性质不同，可以将语言任务分为三种类型：信息差任务（Information – gap Tasks）、观点差任务（Opinion – gap Tasks）、推理差任务（Reasoning – gap Tasks）。（珀拉布，1987；艾丽丝，2003）信息差任务针对的是对课文内容的理解，包括文字、词语、句段等信息，是最基本的任务。观点差任务是在信息差任务的基础上进行的，学习者只有理解了文章的内容，才能进一步形成自己的观点和看法。推理差是难度最高的任务，要求学习者在理解课文内容、形成自己独立观点的同时，对该内容进行进一步发挥，是语言学习者创造性使用语言的过程。

对于初级水平的汉语学习者来说，完成这种语言任务会有很大障碍，受水平限制，他们可能觉得无从表达。在这种情况下，教师要主动为学习者提供具体的情境说明，加强控制性练习（刘冬，1995），让学习者能够在背景提示下进行最简单的表达。

4.1.3.3　问答互动模式

学生提问是参与课堂学习活动的重要方式，语言训练必须充分调动学习者的提问意识。从语言学习与表达的角度来看，有效的提问是主动参与并持续谈话的重要基础，谈话者多重信息的获得、话轮与话轮之间的频繁转换，在很大程度上都是由双方的提问支撑起来的。课堂教学作为一种通过师生互动获得知识技能的场所，提问在这一过程中发挥着举足轻重的作用。然而，我们在教学中往往存在这样一种倾向：教师提出五花八门的问题，由学生来回答，这种教学过于注重学生如何回答，却严重忽视了学生如何提问。不难发现，现在的教学是过于强调学生听懂后回答，却严重忽视了学生的发问训练，"提问几乎成了教师的专利"（崔达送，2000）。提问作为一种交谈互动的手段，本来是多方向的，教师提问学生，学生提问教师，学生提问学生，现在的单向提问显然不利于培养学习者的提问能力。学习者缺乏提问的能力，就会造成被动接受，对自己关心的问题无从解决，从而大大降低了课堂操练的效率和交际性。

在课堂操练中有意识引入问答互动模式，用多维提问代替单维提问，有利于师生之间特别是学生之间的有效互动，能够大幅度提高练习的操作效率，增加语言输入和输出的信息含量、交际的真实性以及课堂教学的交际化。我们认为，课堂教学中问答互动的开展，需从两方面着手。

首先，要清楚提问的维度，即可以从哪些方面提问。《高等学校外国留学生汉语教学大纲》（长期进修）中，将"询问"列为了功能项目，其中提到的提问维度主要有问姓名、国籍、问年龄、问生日、问爱好、问看法等47种，然而据笔者了解，当前的汉语教材中并没有专门对提问的方式进行系统化设计，这不得不说是一种遗憾。这就要求教师在平时的课堂教学中不断强化这47种提问角度，逐类进行训练，只有让学习者知道了提问的维度，才能有进一步使用提问的可能性。

其次，课堂教学中注意引导学习者根据语言材料提问的能力。K－W－L训练学生提问的模式（Carr1987）包括三个循序渐进的步骤：已经知道的内容（know），想知道的内容（want to know），最后学到的内容（learned）。因此这个模式可以化解为三个问题：你已经知道了什么？你还想进一步知道什么？你最后学到了什么？

问答互动的一个基本出发点是问答并重，通过教师引导下的师生提问特别是学生提问促进学生的语言输出，进而提高学习者的交际能力。关于问答式课堂教学的具体设计问题，我们将另有专文论述。

上面提到的模范句引导的句法驱动、设置语言任务、问答互动模式等三种课堂练习方式，从不同侧面描述了教师引导下的学习者参与操练，这些方式能够在更多层面上增加学习者的有效语言输出，增强语言交际的情境性与得体性，是提高课堂教学交际化的有效途径。

总之，对外汉语课堂教学必须处理好"谁来练""练什么""怎么练"三者之间的关系，始终围绕如何提高汉语学习者的语言交际能力来设计练习、展开练习，教师引导下的学习者练习应该成为对外汉语课堂教学的中心环节。

第二节　问题与思路：华语文教材之练习
设计的多维考量

课文、生词、注释和练习是构成一部华语文教材的四个重要环节，其中课文、生词和注释属于语言输入环节，练习则属于语言输出环节。关于输入与输出之关系，学界已经总结出"输入大于输出""精讲多练"等华语文教学经典名言，即可理解的"输入"与"精讲"必须为有效"输出"服务。然而悉数教学界对此问题的研究，我们正面临这样一种尴尬的境况——对

"输入""精讲"环节的研究多有侧重，而对"输出""多练"环节的讨论存在缺失。例如，从外语教学界最初的语法翻译法到最近的任务型教学，教学法和教学理念不断推陈出新，对"如何教"的探讨不断深入，而对学习者的学习效果即输出质量的关注却甚是缺乏。综观目前已版华语文教材，亦有过于强调选文和注释的倾向，而对具体练习设计多数粗糙的"急就章"。华语文教学的根本目标在于提高学习者的包括听、说、读、写、译等技能在内的交际能力，而非准确掌握注释等精准内容，因此语言教学中语言输出的质量应该成为检验教学效果最重要的标准和参照。笔者认为，无论是语言教学还是教材编写，偏爱语言输入而忽视语言输出都是本末倒置的表现，这种做法对实现华语文教学的根本目标无益。

不少学者就当前教材之练习设计存在的问题进行研究，发现"教材的练习不是数量太少，就是练习的内容和方式与教学目的不一致"（吕必松，1998）；"练习种类单调，数量不足"（赵金铭，1998）；"练习比较少，而且不少有'硬凑'的痕迹。每一种练习要多少个就凑个数。在课文、语法、注释方面花的功夫多，练习下的功夫不够"（胡明扬，1999）；"练习编写及其研究是对外汉语教学中的薄弱环节"（刘颂浩，2009）。因此，在种种批判声中，练习设计已经成为评估教材的一项重要指标。一部华语文教材好用与否，除了有趣实用的选文和精练的注释外，练习设计亦当成为关键标准之一。练习是检查学习者语言输出的重要媒介，华语文教材是练习的重要载体，因此如何在华语文教材中设计有效实用、能够引导学习者最大限度输出语言产品的练习当成为华语文教材设计与编写的重要一环。

总之，练习设计在教材编写和语言教学中的地位举足轻重，当前对练习编写及其研究已成为华语文教学的薄弱环节，必须引起我们足够的重视。本书在占有数部较有影响华语文教材的基础上，旨在对当前练习设计进行一种多维考查：首先，指出以往练习研究及其设计之问题与不足；其次，提出基于任务型教学理念的华语文教材之练习设计模式；最后，在四条宏观设计原则的基础上，对某些练习设计之个案进行改革创新。我们期待本书提出的华语文教材之练习设计的任务型视角，能够给充满批评之声的练习设计思路些许启发与建议。

4.2.1 问题：练习研究与练习设计

当前华语文教材练习之问题表现于两个层面，一是理论层面上的练习研究，二是实践层面上的练习设计。综观学界之研究及华语文教材之练习设计，理论研究有过于偏重形式与热衷厘清宏观原则与理论概念、对练习设计之内容等微观细节缺乏重视的倾向，练习设计则总体上缺乏语境支撑、远离目的语真实语言环境、实用性不强。

4.2.1.1　研究中的练习设计

当前华语文教材之练习设计研究大都集中于宏观理论方面，研究者热衷于树立宏观原则及阐释理论概念，而鲜有对练习设计内容等微观层面的关注。

A. 练习编排与设计原则

首先，树立练习设计的宏观原则。李杨（1994）认为，练习编排应遵循六大基本原则：科学的定性与定量目标，既有语言知识，又遵循语用规则，体现课型特点，体现阶段性差异，重视文化含量，符合学习规律。杨惠元（1997）坚持练习编写应遵循练习为学生服务、练习为教师服务、练习为课堂教学服务、练习为技能训练服务四项原则。肖菲（2002）将华文教材练习编写原则凝缩为科学性、针对性、适用性、趣味性四条原则。周健、唐玲（2004）强调，具有目的性、针对性和有效性的练习设计应建立在交际原则、任务原则和意义原则的基础之上。刘颂浩（2009）最近更是提出文字上整齐划一的练习设计五原则：目的明确、形式灵活，简洁直接、实用有效，编排有序、彼此配合，主次分明、种类适中，布局合理、文练平衡。

其次，理论概念的阐释。李泉、杨瑞（1999）指出，"输入类练习应先于和多于输出类练习"。李绍林（2001）则认为，客观性练习的设计应该坚持泛化和分化相结合的原则。

上述对练习设计或编排的原则研究基本上都是宏观理论层面上的，这些原则在某种程度上对具体练习设计具有指导性意义，如练习设计要"为学生服务"、要"实用有效"、要讲究"适用性"等，但这些原则的制定在很大程度上缺乏可操作性，例如，什么叫"科学的定性与定量目标"？什么是"输入性练习"？如何做到"科学性"？等等。因此这些原则在更大程度上给人一种空洞的感觉，难以在具体层面上把握和操控。

B. 指出练习设计之不足与弊端

除了我们在上文指出的练习设计倾向于宏观原则研究外，当前练习之设计也被不少研究者广为诟病，这种诟病主要表现为四个方面的不足与弊端。

一是教材编写者对练习设计重视不够，练习编写及其研究已成薄弱环节（李泉、杨瑞，1999；李绍林，2001；郑蕊，2001；肖菲，2002；赵延风，2006；刘颂浩，2009）；二是教材中的练习数量太少，种类单调，题型不丰富（吕必松，1998；赵金铭，1998；胡明扬，1999；李泉、杨瑞，1999；程相文，2001）；三是教材中某些练习的设计具有明显的随意性倾向，造成内容和方式与教学目的不一致（吕必松，1998；赵延风，2006）；四是对练习的交际意识凸显不够（邓恩明，1998）。

业界学者认为虽然练习设计与编排已经成为当前华语文教材中的薄弱环节，但对如何改进却"鲜有建树"。笔者认为，当前教材中的练习设计之所以遭人指摘，当归咎于教材编写者主观上没有将练习设计重视起来，即主观上认为练习编排与设计是"编教材中最容易的事"，（李泉、杨瑞，1999）随意设计一些练习就足以应付留学生了，教材编写者应该将更多的精力集中于课文打磨、注释精准等输入性环节。这种主观意志与学界对练习的重视程度形成了巨大的反差和矛盾，一方面强调练习如何如何重要，而另一方面却在教材编写过程中偷工减料，以为编写完课文和词汇语法注释就万事大吉了，至于练习则随机设计。因此，拿起一本华语文教材，我们看到的多半是一些力求准确的注释，而缺乏丰富的具有针对性的练习。

C. 对练习设计提出要求或建议

业界学者在针砭当前练习设计的同时，也对当前华语文教材之练习设计提出了一些要求或建议。例如：

赵金铭（1997）在探讨教材创新与教材评估时强调，教材练习的编排要覆盖全部教学内容、具有层次性、兼顾各项语言技能、注重表达具有启发性、各项练习间具有内在联系、练习编排遵循"有控制—较少控制—无控制"原则、练习类型多样、量足够大。

郑蕊（2001）指出，练习设计需考虑学习环境和课堂教学的实际情况，教材练习应该以语言点为主，重视词语、句式以及结构的练习。

周健（2001，2004）强调，应该将真实交际和接近真实的交际引入课堂，练习设计需要增加交际性练习。

李绍林（2003）主张，练习样式的总类应该相对固定。

刘颂浩（2009）研究指出，当前对练习设计已经形成一些"相当一致的意见"，如练习应该有明确的目的、练习应该有效、区分主要题型和次要题型、区分课内练习和课外练习、练习编排要讲究顺序、练习量不是越大越好，等等；并根据前人研究成果，进一步将练习的目的归纳为复习强化、归纳总结、拓展提高、诊断检查、意识培养、放松调节、增强动机、应试培训、欣赏领略、开发智力、减负降压 11 种。①

　　然而这些要求或建议并不能从具体层面上为教材编写者提供可操作的行动菜单。与其说这些要求是"相当一致的意见"，不如说是练习设计的一些常识。另外，练习目的如此之多，让人眼花缭乱；让编写者们不知如何下手，抑或以何种方式何以体现。

　　综上所述，学界已经对——练习设计与编排存在弊端，已成为华语文教学中的薄弱环节——这一问题达成基本共识，但对问题的批评与分析多于对问题的解决与回答，一些原则和建议的提出虽在某种程度上对练习设计具有指导意义，但却缺乏微观层面的操作引导价值。换言之，我们对练习设计与编排的研究太偏重于形式方面，太热衷于厘清大的宏观原则与理论概念，而对练习设计之内容的微观细节缺乏重视。

4.2.1.2　教材中的练习设计

　　吕必松（1990）和李杨（1993）曾提出，华语文教学宜"用不同的方法训练不同的语言技能"，当今语言教学形成的"综合课打头，按技能设课"（杨惠元，2007）的教学模式正是这种教学理念的充分体现。按照这种教学设课模式，当前华语文教材的主体基本上以综合教材（又称精读教材）、听力教材、口语教材、阅读教材，以及写作教材等名目呈现。依照这一思路，我们对近年来出版的 19 种海内外华语文教材之练习设计进行了穷尽式调查统计，并按照保尔森（1976）关于机械性练习、有意义的练习和交际性练习的三类模式②对其进行了类型划分。统计及分类结果如表 4−1 所示。

---

① 十一种目的只是作者根据前人研究所作的总结，并不一定代表作者本人的观点。

② 美国应用语言学家 Christina B. Paulston 提到的三类练习方式分别是机械性练习（mechanical drills）、有意义的练习（meaningful drills）和交际性练习（communicative drills）。机械性练习的答案完全由教师掌控，目的在于使学习者掌握某种语法结构，学习者可以不理解意义，但结构必须正确。有意义的练习必须建立在已掌握语言结构的基础上，内容以教材为基础，答案虽然由教师掌控，但学习者必须理解意义。交际性练习接近于真实交际，教师只掌控答案的类型，学习者可以根据实际情况回答，表达的内容基本不受控制。

表 4-1 已版华语文教材练习设计调查及类型归属

教材类型	练习种类		
	机械性练习	有意义的练习	交际性练习
综合教材	(1) 语音训练，(2) 扩展/替换练习，(3) 辨字组词、语素组词，(4) 写出反义词/近义词/同音字/词，(5) 词语搭配练习，(6) 汉字练习，(7) 填图/表	(8) 填空，(9) 释词，(10) 关联词语练习，(11) 改病句，(12) 选择正确答案，(13) 造句，(14) 改写句子，(15) 完成句子或对话，(16) 问答，(17) 看图回答，(18) 熟悉课文，(19) 阅读理解	(20) 看图说话，(21) 语篇练习，(22) 修辞格练习，(23) 猜谜语，(24) 写作，(25) 交际训练
听力教材	(1) 语音练习，(2) 跟读，(3) 听写，(4) 听句子标出停顿位置，(5) 说出每组句子的共同点	(6) 填空，(7) 选择正确答案，(8) 听后多项选择，(9) 判断正误，(10) 填表，(11) 听后联机，(12) 回答问题，(13) 复述	(14) 交际训练
口语教材	(1) 语音训练，(2) 词语替换/扩展，(3) 词语搭配，(4) 背诵	(5) 词语释义，(6) 功能项目练习，(7) 填表，(8) 句子练习，(9) 造句，(10) 完成句子或对话，(11) 表达训练，(12) 问答，(13) 语段表达	(14) 看图说话，(15) 交际训练，(16) 课堂表演，(17) 讨论/辩论，(18) 游戏，(19) 语言实践
阅读教材	(1) 写出反义词/同义词/量词……	(2) 填空，(3) 填表，(4) 联机，(5) 词语释义，(6) 句子释义，(7) 判断正误，(8) 选择正确答案（单项选择），(9) 选择正确答案（多项选择），(10) 将短文补充完整，(11) 排序，(12) 回答问题，(13) 说出段落大意或全文大意	(14) 讨论，(15) 写一写

续表

教材类型	练习种类		
	机械性练习	有意义的练习	交际性练习
写作教材	(1) 词法或句法搭配，(2) 词语练习，(3) 语法练习	(4) 句子练习，(5) 语段练习，(6) 语篇练习，(7) 阅读与表达，(8) 写作训练	(9) 作文，(10) 任务型写作

从表 4 - 1 练习的归类中，我们可以大致发现当前已版华语文教材中练习设计存在的某些缺陷或不足，这主要表现为以下四点。

A. 过于凸显课文内容和语法结构

由于受以结构为纲这一教材编写理念的影响，练习设计亦显示出严重的以语言结构为纲的倾向，从而导致练习的类型在比例上失调。例如，综合类教材中的练习设计竟然有 80% 在操练语言结构，或重复学习教材内容；口语类教材中也有 80% 多的练习集中于语言结构和课文内容，真正交际性训练的比例不足 20%。这种练习设计要么缺乏语境支撑，进行枯燥的干巴巴的语言结构操练；要么在内容上缺乏创新和适当延伸，几乎完全以课文内容为中心，缺乏社会实用性①，在短短 90 分钟的课堂中容易过早引起学生的学习疲劳。

B. 练习设计缺乏目标意识，交际性凸显不够

首先，作为输出环节，练习在语言教学中的地位举足轻重。一切练习的设计均需考虑实用性，考虑练习设计的动机或欲达到咱之目标，不能为学语言而学语言。其次，练习设计的形式与内容应尽量与交际性挂钩，特别是练习的内容必须在最大程度上接近学习者的目的语生活环境，从而最大程度保证练习的实战性。但就目前情况来看，练习设计距离这个目标还有很大的距离。目前已有的少数几个交际性环节，设计突兀，在整体上和其他练习的衔

---

① 练习设计太依赖于课文，内容大部分以课文为中心，这就需要教材的课文选材具有很高的实用性。而据我们的调查显示，目前教材的选文并不十分令人满意，校园汉语倾向和为学语言而学语言的倾向十分明显。这种选文本来就缺乏实用性，而练习恰恰又以此作为依据，其效果可想而知。关于华语文教材的选文问题，我们将另文论述。

接不够，这种设计造成两种极端的局面：一是对语言结构的练习过于枯燥，缺乏语境支撑；二是对交际性练习的把握缺乏具体的目标，缺乏与已学内容的必然联系①。

C. 练习设计的随意性比较突出

表4-2是我们在统计过程中发现的设计比较随意的题型，明显带有"硬凑"的痕迹（胡明扬，1999）和随意性倾向。这些练习在实际运用中很难操作，或是艰难操作完成后，学习者的大脑中依然一片空白。练习编写的目的固然可以包含复习巩固已学知识，但更大程度上应该帮助学习者培养语感，使其能够熟练运用目的语进行交际。从上述1~16的练习设计中，我们很难发现设计者的这种设计动机。尽管设计者可能存在操练某个语言项目的意图（例如，让学习者把握重音位置不同而造成的意义差别，让学习者了解汉语句子的基本结构，等等），但这种意图很难通过这种形式得以实现。

表4-2 随意性较高之练习设计举隅

1. 在前响复韵母下面画"＿＿"	2. 朗读下列各句，并画出句重音
3. 造主谓结构做谓语的句子	4. 在下面的句子中加上"所"字
5. 去商店买你要买的东西	6. 把下列形容词变成重迭式，并造句
7. 请写出一些食物的名称	8. 把下面的词语连接成句子
9. 去银行换钱	10. 阅读长句，划出句子的主干
11. 口头作文	12. 下面的对话你能说得简单点儿吗
13. 背诵	14. 找出课文中所有"把"字句填入表格中
15. 将词语扩展成一个句子	16. 含多项定语的句子用一组连贯的单句表达

D. 写作练习明显带有母语教学的痕迹

当前写作练习与范文展示、写作操练形成两张皮，写作的练习一方面集中于词语、阅读和句子操练（从某种程度上讲，这是综合教材练习的重复），另一方面在最后一个环节要求学习者命题或半命题作文。这种重复造成的后果是练习设计的环节之间没有必然的联系和因果关系，有些内容纯粹在练习词汇和语法。从词语、语法练习，直接一下子过渡到写作环节，太突兀，学生不知道怎么写、写什么，练习设计不能有效引导学习者完成最终写作任

---

① 例如，根据情景对话这种练习往往放得太开，如何掌控？

务。因此，当前写作教材中的练习在很大程度上似乎更接近综合教材的重复，练习设计者对写作的基本目标认识不够。

但我们在注意上述不足的同时，也发现了一些令人欣喜的进步，那就是当前比较盛行的任务型教学理念在练习设计中已露端倪。例如，写作教材中的任务型写作，一改传统写作模式的僵化方式，将焦点集中于写作过程本身。这种设计有利于激发学生的自主创作欲望，培养学生的写作信心，在很大程度上解决了"怎么写"和"写什么"的问题（蔡永强，2009）。再如，口语教材中的"语言实践"环节也明显带有任务型教学理念，有利于引导学习者接触社会语言真实文本，具有较高的实用性。但这种先进理念的利用范围还非常有限，也可以说没有得到应有的推广和重视。

综上所述，虽然业界学者已经意识到教材中练习设计的重要性，认为练习"决不是附属或点缀，在某种程度上说，练习可以成为教材的主体部分"（赵金铭，1997），"新一代的教材应该是一部精心编排的练习集"（杨惠元，1997）。但由于练习设计的一些主客观因素的影响，新型教学理念没有得到应用和推广，当前的练习总体上缺乏语境支撑，与"真实语言环境""工作环境下的语言内容"① 相去甚远，缺乏实用性。

4.2.1.3　理论与实践之关系

悉数研究中的练习设计与教材中的练习设计两个层面的问题，可以得出这样一个结论：理论研究与实践设计脱节。在理论研究层面上，学者对练习设计原则的确定种类不乏其多，这些原则不能说对教材编写过程中的练习设计毫无意义，但当我们真正开始编写一本教材时会发现这些原则很难派上用场。例如，"为学生服务""实用有效""适用性"等编写原则实际上更像是一种常识，即是一些不言自明的约定：练习当然要"为学生服务"，练习的效果当然要最大程度保证"实用有效"，练习编写过程中当然要考虑"适用性"问题。换言之，练习设计的理论研究太拘泥于宏观表述，而缺乏切实具有借鉴意义的实用性研究，因此这种研究结果对练习编排实践的指导意义非常有限。在实践设计层面上，教材中的练习缺乏灵活性，要么束缚于课文，

---

① 参阅"汉语误区"（美国《新闻周刊》2009 年 8 月 1 日一期文章）。

要么拘泥于"假交际"①，要么盲目模仿母语教学的一些做法。以这种方法编写出的练习当然不能博得学习者的满意，因为学习者经过这些练习之后，大脑中往往一片空白，根本没有达到活用目标语言的目的。例如，让学生给一些句子加"所/被/把"等练习，纯粹是一种无聊的语言游戏。即便学生做对了这种练习，对其语言交际能力的提高几乎毫无益处。而一旦教材编写者在这种情况下欲寻求理论研究的协助，才发现根本没有可资借鉴的成果。

笔者认为，造成二者脱节的根源在于研究者与教材编写者都没有将"用户"放在首要位置，即我们的理论研究、我们的练习设计是给谁看的和给谁用的，换言之我们的定位没有搞清楚。

4.2.2　思路：三个原则

笔者认为，解决当前练习研究与设计中存在的问题宜坚持三个基本原则："以用户为中心"原则、"用语言做事"原则、"用不同的方法训练不同的语言技能"原则，以增强练习设计的实用性、针对性和趣味性。

4.2.2.1　"以用户为中心"原则

华语文教材之练习研究与设计的终极目标在于为学习者服务②，坚持"以用户为中心"是解决当前练习研究与练习设计中存在问题的首要原则。以用户为中心，要求练习研究者特别是练习设计者必须时时将学习者的需求放在首位，将如何把练习内容与现实生活有机结合放在首位，将如何加大学习者的有效输出放在首位。

---

① 例如，如果要学生学习"难道"类反问句，可以有两种方式。一是教师呈现（例句：难道你真的不想参加这个派对吗?），然后给出引导性词句（参观故宫），最后让学生表达（答案：难道你真的不想参观故宫吗?）。另一种方式则是将主动权完全交给学生，首先是教师呈现（例句：难道你真的不想参加这个派对吗?），然后让学生根据"难道……吗"这一结构自行设置语境，最后学生通过讨论形成表达（A：这个周末去故宫，别忘了带相机。B：可我不想去。A：你说什么? B：我说我不想去。A：好不容易来一趟，难道你真的不想去吗? ……）。两种方式都在教学生学习"难道"类反问句，我们明显感到第二种方式充满活力，是真实的交际；而第一种方式虽然学生也说出了正确的句子，但相对于第二种方式来说，缺乏表达欲望和表达目的，属于"假交际"。

② 虽然练习研究面向的是教学者或研究者，但最终的目标还是对练习设计提出建议或参考，为引导学习者增加有效输出提供有效的参照。

A. 关于引进语块教学

现存教材中的一些练习，过于偏重语言结构，明显缺乏对用户的需求考虑。例如，"把下面的词语连接成句子"类练习。

> (a) 我　累　了　差一点儿　今天　死　了　去　爬山
>
> (b) 人家　见过　有两下子　都　没　说　到底　你　怎么样　我们

笔者认为，类似（a）（b）类连接句子的练习，即使华文教师也未必能在第一时间完成，尤其是（b）。这种练习就没有为用户考虑，编者考虑的可能只是用词组成短语后再组成句子，而对练习内容及其展示形式严重忽略。这类练习与其说是练习，不如说是一种文字游戏，因为它纯粹是一种基于语法结构的内容枯燥的机械性操练。然而，如果我们采用语块教学（周健，2007；吴勇毅等，2009）的思路对这种练习进行重新设计，以语块的形式呈现，则可以在很大程度上避免文字游戏的倾向。

> (a) 我　累死了　差一点儿　今天　去爬山了
>
> (b) 人家　都见过　有两下子　没说　到底怎么样　你　我们①

将词语变成语块后，难度明显降低了，我们认为这种变化便是"以用户为中心"原则的一个体现。这种语块练习不但有利于培养汉语语感，最大限度克服中介语偏误，而且有利于培养学习者的语用能力。

B. 关于问答式练习

再如，当前教材中有一些"回答问题"类练习，目的是让学习者通过归纳或演绎回答提出的问题。这种练习的难度不是太大，因为学习者一般都能根据给定材料找到答案。然而，笔者认为这种练习严重缺失了问答的另一面——"如何问"的问题。问答模式是组织篇章的一个重要手段，先行练习只练习"答"而少练习"问"，实在是不利于学习者交际能力的培养。在某种程度上讲，让学习者掌握"问"的技巧比掌握"答"的技巧更为实用，因

---

① 这一练习笔者尝试多次才勉强连接成句子，对学习者的难度可想而知。以用户为中心的练习设计首先不能是文字游戏，而是鼓励学生开口表达，引导学习者尽量输出。练习的设计应该让教学主导者（教师）一下子就能知道答案，如果连教师都要颇费周折的练习，肯定是没有充分考虑我们的"用户"。

为在交际活动中，参与交际者能够听懂并提问是进一步交际的前提，不能提问则让学习者明显处于被动地位，而现实生活中我们也发现即使到达到高级水平的华语学习者，其"问"的能力也是相当欠缺的①。因此，这种练习的设计也是缺乏用户友好的体现。

鉴于此，"以用户为中心"原则宜作为练习设计的首要原则，只有坚持用户至上，我们才可能设计出更为实用有效的练习。

4.2.2.2 "用语言做事"原则

用语言做事是任务型教学法②（Task - based Approach）的一个重要理念。任务型教学强调以语言任务为核心的三个基本原则：交际原则、任务原则、意义原则③，反对某种句型的反复机械操练，提倡以功能意念为纲，先意义后形式，先功能后结构，强调有意义的练习。在具体操作中把完成语言任务作为教学的根本目标，提倡通过现实的交际活动促进学生主体学习语言，主张学生主体创造性地使用语言。其根本宗旨在于要求学习者"用语言做事""在做中学"。根据这种理念，我们将任务型练习设计与传统模式练习设计对比如表4-3所示。

表4-3 任务型练习与传统模式练习设计之比较

练习类型 比较参数	任务型练习设计	传统模式练习设计
练习角度	侧重语言意义	侧重语言形式
练习目的	通过互动交际、信息交流、解决交际问题，完成语言任务	通过语言形式的反复操练，巩固语言知识，掌握语言结构

---

① 关于华语教学中的问答模式问题，我们将另文专门讨论。

② 该教学法产生于20世纪80年代，盛行于90年代。

③ 交际原则指的是学生主体通过包含现实且有意义的交际活动来学习语言；任务原则指的是要求学生主体运用语言去完成交际性任务，以此来促进学习；意义原则指的是整个课堂教学过程体现的是一种有意义的、现实的操练，而非某种语言结构的反复机械操练。

续表

比较参数 ＼ 练习类型	任务型练习设计	传统模式练习设计
练习内容	有语境支撑的社会真实语言文本，强调现实生活场景	非真实语言文本的语言知识或材料，缺乏现实生活场景
练习形式	互动讨论，小组合作，强调过程	单独完成，核对答案，强调结果
练习要求	流畅性先于准确性	准确性先于流畅性
练习评估	语言任务是否完成	语言结构是否正确

根据任务型练习与传统模式练习设计之比较，我们将基于"用语言做事"原则的练习设计理念归纳为以下三点。

A. 有利于活用目标语言

华语文教学的根本目标在于培养学习者的语言交际能力，培养语言交际能力，必须在"精讲多练"的基础上以可理解的语言输入，保证最大化的有效语言输出，因此必须加强作为语言输出环节的练习设计。

引导学习者活用目标语言的练习设计，首先，必须彻底根除以语言结构为核心训练内容的机械性练习，将这些所谓"对于熟练掌握语言的结构形式是不可缺少的"的练习内容从方式上进行全面革新，从干巴巴的语言结构转换成有现实语境支撑的语言任务。其次，练习设计不能过分依赖课文内容，针对课文内容的重复性的有意义的练习应该大比例减少，或进行本质的改造，将其转换成信息差任务（Information – gap Tasks）或观点差任务（Opin-ion – Gap Tasks）的练习。最后，必须加大交际性练习的数量，增加问答式互动协商环节。交际性是活用目标语言的结果，问答则是保证交际顺畅有效的最佳途径。练习设计必须为教师和学生提供足够的问答空间，通过一问一答交换信息，推动交际的不断前进。问答式交际练习不应以重复课文内容为表演而表演，而应建立在社会真实语言文本的基础上。

B. 有利于自主性学习

基于"用语言做事"的练习设计应该发挥支架式角色，为学习者搭建脚手架（scaffold），引导学习者自主学习，从而达到活用目标语言目的。练习设计的目标要与课堂教学的总体目标相符，并在此基础上做适当有必要的延伸，而非课文内容的简单重复。练习的设计要在实用性基础上突出趣味性，在内容上力求接近学习者的思想和习惯，而不能离现实生活太远。

练习设计宜于学习者自主学习的一个基本前提是答案的开放性。传统模式下的练习之所以不宜于自主学习，在很大程度上是由教师严格掌控练习答案造成的。而任务型练习常常将答案设置成开放式，只要是学习者根据实际情况得出的结果即算有效。这种开放答案式练习一方面有利于学习者创造性地使用语言，不必像传统模式下的练习那样可能需要猜测答案；另一方面，也非常有利于增强学习者的自信心和成就感。

练习之宜于自主性学习在很大程度上保证了练习的可操作性。例如，传统练习中的"去商店买你要买的东西""造主谓结构做谓语的句子""说出下列句子使用的语境""背诵"等形式，操作性太差，显然违背了学习者自主学习的原则。任务型练习不强调答案的唯一性，而是主张通过小组合作这种互动讨论，在呈现过程中完成语言任务。例如，"飞机不能正常起飞，请设计一个通知"，"目前中学生的学习压力巨大，请设计一个问卷调查表，并进行实地调查"等有语境支撑的任务型练习就具有很强的可操作性，宜于学习者自主性学习。

C. 引进真实文本原则

传统模式练习设计也强调情境的重要性，练习中往往要求学习者模拟现实情境对话或进行角色表演，这种练习形式有点儿强人所难，实际效果也不是十分理想。究其原因，在于没有引进社会真实语言文本，内容没有真正贴近学习者的目的语现实生活环境。

引进真实文本，一是要彻底改变教材中严重的"校园汉语"倾向。一些教材从课文内容到练习设计将大部分精力集中于校园生活环境，这种做法当然在很大程度上解决了学习者对目的语学校环境的陌生问题，但这种汉语在实用性上是经不起考验的，即学习者一旦走出校园步入社会，就会发现所学的校园汉语成了死汉语，基本上没有什么用武之地。因此，校园汉语的实用性仅仅局限在校园之内，学习者走出校园仍然不能进行有效交际。校园汉语的另一个表现是练习设计的内容完全为操练服务，造成为练习而练习、为学语言而学语言的被动局面，学习者被教师牵引着进行操练，操练的内容缺乏实用性；由于操练缺乏语境支撑，和现实生活联系不大，操练结果很快就被忘记。任务型练习设计必须改变这种被动局面，将活生生的真实文本引入练习当中，增强练习的实效性。

二是要彻底改变当前将练习与考试挂钩的倾向。练习的目的在于引导学习者活用目标语言，培养学习者的语言交际能力，而考试则以评估教学、选拔人才、促进相关研究等为目的。目前比较流行的考试是汉语水平考试（HSK），有研究者认为练习设计应该跟汉语水平考试（HSK）接轨，（胡明扬，1999）并将之定为"练习不可推卸的责任"。（郑蕊，2001）。这种将练习设计与考试直接挂钩的做法严重影响了学习者实际语言交际能力的培养，学习者为了汉语水平考试所学的汉语基本上都是应试汉语，内容远离现实生活环境，考试的成绩远远不能代表真实语言水平，即"高分低能"。

三是引进真实文本的方式宜多元化。引进真实文本并不意味着只引进文字内容，将一些图片、照片、流程图等内容纳入进来也是引进真实文本的方式。例如，传统模式下练习中的语言结构练习，如果配以实用性插图等信息，就有了语境支撑。因此，将现实生活中的汽车站牌、购物小票、各种门票、饭馆菜单、手机短信等实物图片，以及招聘现场会话、电话录音、机场广播等现场音像引入练习，都是引进真实文本的有效方式，都将在很大程度上增强练习的实用性和趣味性。

4.2.2.3 　"用不同的方法训练不同的语言技能"原则

"综合课打头，按技能设课"的基本出发点是用不同的方法训练不同的语言技能，其基本目标在于全面培养学习者的华语交际能力。因此，不同技能针对性的教材对三种练习形式的要求可能有所不同。具体说来，综合课教材之练习须以有意义的练习为主、交际性练习为辅，同时尽量避免机械性练习；听力教材之练习须以有意义的练习为主、机械练习为辅，同时尽量避免交际性练习；口语教材之练习须以交际性练习为主、有意义的练习为辅，同时尽量避免机械性练习；阅读教材之练习须以有意义的练习为主、机械性练习为辅，同时尽量避免交际性练习；写作教材之练习须以交际性（书面）练习为主、有意义的练习为辅，同时尽量避免机械性练习。

值得注意的是，我们在前文提到的以意义为中心、贴近真实生活环境的任务型练习注重引导学习者用语言做事，强调在做中学，在操作层面上具有很强的互动性和交际性。这种练习形式以一个个具体的语言任务作为呈现方式，以是否完成既定语言任务为考核目标。然而针对不同技能的教材练习，对强调"用语言做事"的任务型理念适用范围存在差异，简单说来，阅读教材与听力教材之练习设计对任务型理念适用度有限。

鉴于综合教材与其他不同技能教材的内部差异，同时也为了加强练习环节与课文、生词、注释等环节的关系，练习的设计必须注意综合性与层次性的有机结合。

首先，应打破传统的练习编排模式，即在课文、生词、注释等环节均展示完成后再展示练习。这种练习模式在某种程度上割裂了与其他环节的必然联系，使二者不能有效衔接，不能有效贯彻"精讲多练"这一教学基本原则。比较可行的办法是将传统模式下的综合练习打碎处理，即在课文、生词、注释等每个环节后设计任务型练习，然后再设计综合练习。这种编排方式既注重层次性又注重综合性，操作起来实用有效，学习者在短时间内即可学得既定目标，又可依靠最后的综合练习对这种已学得的语言目标进行一次测验式核查。目前已有教材进行这种尝试。

其次，虽然"用不同的方法训练不同的语言技能"是根据不同技能教材设计练习的根本原则，但技能一体化练习值得有限尝试。有研究者指出，"用不同的方法训练不同的语言技能"这一结论可能有待进一步论证（刘颂浩，2009）。笔者认为，这一结论总体上并没有错，但对不同的技能可以考虑结合起来练习，比如听的技能和说的技能，二者是不能截然分开的，听和说之间存在某种必然联系，于是有人建议开听说课。再如，有人建议将阅读和写作的教材放在一起编写，变成读写教材，写作课和阅读课放在一起上，变成读写课。这种技能之间的联合不是没有道理，但不能以此证明"用不同的方法训练不同的语言技能"这一结论就是错的，听力课上不断地进行听力练习，当然训练更多的是听的技能；口语课上不断进行口头表达训练，当然说的技能就会不断提高；阅读和写作亦如是。目前已版教材中已有一些读写教材和听说教材，这种技能一体化尝试对语言技能的训练可能更为有利，而这些教材中练习设计的综合性也势必会进一步增强，因为这些练习糅合了不同层次的语言技能训练。

最后，"以用户为中心""用语言做事""用不同的方法训练不同的语言技能"三个原则从宏观和微观两个层面为华语文教材之练习设计指出了可参的一种方案，对校正当前练习研究以及现存教材之练习设计的不足与缺陷具有现实借鉴意义。

4.2.3　结论

针对以往练习研究重形式的倾向，本书着重分析了当前华语文教材中练习设计存在的缺陷和不足，并从内容和意义的角度提出了我们的思路。在"以用户为中心""用语言做事""用不同的方法训练不同的语言技能"三原则下，我们可以对传统模式下的练习设计从内容到形式进行全面改革创新，让练习内容在学习者的目的语生活环境中呈现，以真实文本引导学习者活用目标语言，培养语言交际能力。

值得注意的是，任务型教学理念具有天然的局限性（侯颖，2008），对听力教材和阅读教材之练习设计适用度有限，但对于综合教材、口语教材和写作教材之练习设计则可完全放开。因此，针对不同技能的练习设计应坚持一种动态观，任务型练习设计对听力教材适用性不强，而对听说一体化教材可能会有比较高的适用性。但无论如何，我们都应该摒弃传统模式下的教材练习设计范式，大胆尝试基于三原则的练习设计思路，不断开展理论和实践研究，努力设计切实以学习者为中心的实用性练习，为引导学习者活用目标语言铺设好道路。

很多时候找到了问题即找到了思路。本书旨在谈问题找思路，但谈问题多于找思路。我们着重分析了现行华语文教材之练习研究与练习设计存在的缺陷与不足，然后提出基于三原则的问题解决思路，而对三原则下的新型练习形式没有一一涉及。

第三节　对外汉语学习词典的编纂的问题与思路

对外汉语学习词典是专门供母语非汉语者使用的外向型、学习型工具书，目前见到的专门为留学生使用的词典主要有：《现代汉语学习词典》（孙全洲，1995）、《现代汉语常用词用法词典》（李忆民，1995）、《汉语常用词用法词典》（李晓琪，1997）、《HSK 词语用法详解》（黄南松，2000）、《汉语水平考试词典》（邵敬敏，2000）、《汉语 8000 词词典》（刘镰力，2000）、《1700 对近义词语用法对比》（杨寄洲，2005）、《当代汉语学习词典》（徐玉敏，2005）、《商务馆学汉语词典》（鲁健冀、吕文，2006）、《留学生汉语习惯用语词典》（杨金华，2009）。但从全局来看，对外汉语学习词典正面临两个表面看来互相矛盾的问题，一是数量上小有规模，应该基本上能够满足汉语学习者的需要，并为学习者提供了较大的选择余地；二是绝大部分汉语学习者并没有选择使用我们编纂的词典，这些词典在很大程度上成了其编纂者和相关人士讨论或研究的对象并被束之高阁。

对外汉语学习词典学是研究对外汉语学习词典编纂理论与实践问题的科学。笔者认为，对外汉语学习词典之学当始于 2005 年 7 月在香港举行的 "对外汉语学习词典学国际研讨会"（发起人：香港城市大学郑定欧先生），该会议截至目前已经成功召开三次，并有三册专门讨论对外汉语学习词典编纂理论与实践问题的《对外汉语学习词典学国际研讨会论文集》问世。当前关于对外汉语词典的研究主要集中在以下 4 个方面——（a）对编写原则的探讨；（b）对词典编纂的微观分析；（c）对学习词典之构件的研究；（d）关于学习词典的专项评论。这些研究凸显出以下不足：理论层面的研究比较充分，对对外汉语学习词典之定位，以及选词立目、释义模式、例句设置等进行了比较充分的探讨，但这些研讨大都集中于宏观的层面。具体实践环节的研究相对薄弱，例如，如何选词立目？如何配置能够引导学习者活用目标语言的例语例句？如何脱离既有语文工具书（特别是《现代汉语词典》）释义的束缚？等等。

对外汉语学习词典与对外汉语学习词典学之间是理论与实践的关系，即对外汉语学习词典的编纂需广泛借鉴对外汉语学习词典学的研究成果，对外汉语学习词典学的研究应该为对外汉语学习词典的编纂提供理论支撑与实践指导。从上述分析不难看出，由于对外汉语学习词典学之理论研究与实践研究的不对称，直接导致了研究与实践脱节，即对外汉语学习词典学的研究不能很好地指导对外汉语学习词典的编纂，从而导致编纂的对外汉语学习词典缺乏针对性、实用性和可学性。编纂的词典根本不能满足学习者的需要，从而造成了目前数量规模与用者规模的矛盾情形。这也从另一个侧面说明，我们编纂的学习词典尚缺乏像《牛津高阶英汉双解词典》这样的精品。

面对这种局面，词典编纂者该何去何从？本书将在三部对外汉语学习词典对个案 "上" 的综合考查与分析的基础上，指出并分析当前词典编纂的问题以及解决问题的思路。

4.3.1　个案考查

个案考查的对象为"上"。"上"在现代汉语中使用频率极高（在"中国语言生活状况报告课题组"《中国语言生活状况报告》（2006）（商务印书馆 2007 年版）公布的"常用汉语 1500 高频词语表"中，"上"排在第 20 位），具有方位词和动词（包括趋向动词）两种属性，学习者对"上"的使用存在严重的偏误倾向；因此如何在词典中处理"上"，对引导学习者的正确使用具有典型意义。限于篇幅，我们仅将个案考查的范围局限于三本较新出版的词典——《汉语 8000 词词典》（刘本）、《当代汉语学习词典》（徐本）、《商务馆学汉语词典》（鲁本）。个案考查的内容为从选词立目、义项取舍、例语例句等关涉词典全局的几个角度分析对方位词（兼动词）"上"的处理方案。

4.3.1.1　义项取舍举隅

首先看三本词典对"上"的义项取舍情况。

> 刘本——【1】上［名］：①高处；②用在名词后，指物体的顶部或表面；③表示在某种事物的范围以内。【2】上［动］：①由低处到高处；②到，去（某个地方）；③到规定的时间开始日常的工作或学习等；④出场；⑤涂，抹；⑥把一件东西安装在另一件东西上；⑦登载或在屏幕上出现；⑧拧紧；⑨用在动词后做结果补语时：a. 表示达到目的，b. 表示开始并继续；⑩达到，够；⑪填补，增加。
>
> 徐本——【1】上［名］：你抬头往～看，他们快爬到山顶了。→你抬头往山的高处看，他们快爬到山顶了。【2】上［动］：我们明天～山。→我们明天从山下往山顶的方向走。【3】上［动］：他～火车站了。→他去火车站了。【4】上［动］：上午的两节中文课由王老师～。→上午的两节中文课由王老师讲。

> 鲁本——【1】（名）较高的位置或高于某个位置。【2】（名）时间或顺序在前面的。【3】（名）等级或质量较高的。【4】（动）由低处到高处。【5】（动）向上。【6】（动）去，到。【7】（动）把饭菜等端给客人。【8】（动）到台上、比赛场上去（表演、比赛）。【9】（动）达到（一定数量）。【10】（动）涂；抹。【11】（动）按规定时间开始活动。【12】（动）播出，登载。【13】（动）（素）遭受。【14】（名）表示在表面，用在名词后。【15】（名）表示在某个范围内，用在名词后。

不难看出，刘本以词性立目，徐本和鲁本均以义项立目。以词性立目，"上"被分成名词和动词两个词目，每个词目后标明具体义项。这种处理整体上看比较整齐，对于具有一些基本语言学常识的学习者来说，查找比较方便。以义项立目，"上"按照意义被分成 4 个或 15 个词目，每个词目就是一个义项。这种处理方式更适合所有学习者，不必知道词性，直接去查找就可以了。

4.3.1.2　不足之处

上述三本词典的选词立目明显存在下列不足之处。

A. 义项不全

"上"为名词时，徐本没有"时间或顺序在前面的""等级或质量较高的"两个常用义项，徐本没有"表面"这一常用义项（虽然徐本是初级本，词典定位于初学者，但"上"之"表面"意义不出现，不得不说是一种缺憾）。"上"做动词时，刘本没有"把饭菜等端给客人""（素）遭受"等常用义项，鲁本则没有"把一件东西安装在另一件东西上""添补、增加"、用于动词后做结果补语等义项。

B. 释义欠精确

刘本"上"并不是拧紧的意思，解释成"拧"应该更恰当。鲁本"上"释成"把饭菜等端给客人"给的语义量不足，有失精确，因为一般在饭馆里才说"上菜"。徐本采取完整句释义，"上午的两节中文课由王老师～。→上午的两节中文课由王老师讲"容易引起学生词语替换，误以为"上课"的"上"就是"讲"，但这种释义并不能解释"我特别喜欢～张老师的课"中的"上"，因为"上"对老师和对学生情况不同，前者释成"讲"，后者可能得释成"听"。

C. 释义元语言难度把握不当

如对"上"之在报纸、杂志、屏幕上出现义的释义采用"登载"，难度较大，《汉语水平词汇与汉字等级大纲》中没有收录这个词，这种解释无疑会增加学习者的额外负担。

D. 义项安排有待商榷

"上"作为名词时的一个基本功能就是表示方位，这种意义与英语等语言差别很大，因为英语等语言只有介词没有方位词，这种错位常常给学习者造成麻烦。但是，徐本根本就没有涉及"上"的这一义项。另外，鲁本将"上"的"表面"和"范围"义排在最后也不是很可取，比较合适的办法是排在【3】之后。

4.3.1.3　配例情况

再看三本词典的配例情况。

刘本——【1】上［名］：①~不着天，下不着地｜向~看就看见了｜汉字的笔顺是先~后下，先左后右｜水是从~往下流。②地~｜手~｜桌子~｜椅子~｜我在窗台~摆了几盆花｜地~有很多水｜桌子~有一本书。③书~｜报~｜历史~｜思想~｜事实~｜《北京日报》~刊登了我们学校的新闻｜世界~的事情很复杂｜他在汉语语音~下了很大的功夫｜领导~很重视这个问题。【2】上［动］：①车来了，请~吧｜他在楼上，你~楼去找他吧｜树太高，我可~不去｜有事~来再说｜都12点了，快~床睡觉吧。②~公园｜~街｜~商店｜~杭州｜~边疆｜~邮局｜他一早就~街了｜她~姐姐家了，你明天再来找她吧｜明天事太多，~不了公园了。③~学｜~课｜~班｜~早操｜~完了｜不~了｜~了一会儿｜孩子每星期~一次音乐课｜每天早上八点~班｜今天我们~口语课｜到了~学的年龄就应该~学。④这场球赛你们三人先~｜现在该你~场了｜8号刚~去赛了两分钟就下来了。⑤~颜色｜~药｜~油｜~漆｜护士在给伤员~药｜桌子做得很好，但漆~得不好｜木地板每三年~一次漆｜注意，千万别把这种药水~到眼睛里了。⑥~螺丝｜~刺刀｜~紧｜~结实｜~歪｜准备！~刺刀！｜大门~锁了｜衣服的领子~歪了。⑦~报｜~账｜~光荣榜｜老师的事迹~报了｜今年小李~了两回光荣榜｜账~完了再下班。⑧~紧｜~弦｜弦已满了，再~就断了｜自动手表用不着~发条。

---

⑨a. 爬～山顶｜合～书｜插～门｜闭～眼睛｜吃不～饭；b. 爱～了她｜两个人聊～了｜又唱～了。⑩～了年纪，走路也不利落了｜人一～了岁数，记性就不好了｜今天来的人得～百｜这本畅销书印了～万册。⑪机器该～油了｜商店又～了一些货｜现在是西瓜～市的季节｜你帮我把货～到架子上去。

徐本——【1】上［名］：那个～穿白衣服、下穿花裙子的人是我的同学｜你把气球再往～升一升，这样远处的人也能看见｜老人从～到下地看了我好几遍。【2】上［动］：你怎么不～车｜你先～，我后～，中午咱们在山顶上见面｜这山太高，一般人～不去｜岁数太大了，刚～到三楼，就觉得很累。【3】上［动］：有空儿你～我们家来玩儿吧｜妈妈～街买菜去了｜星期天你～不～街｜姐姐～国外留学的时候只有十八岁｜今天我们～了两个公园｜只要是旅行，～哪儿我都愿意。【4】上［动］：你昨天～夜班｜她正在～英语课｜这个星期我只～了三天班｜这堂课由谁～｜今天的课就～到这儿吧｜这堂课～得真有意思｜我特别喜欢～张老师的课。

鲁本——【1】（名）向上看｜手往上举｜从下往上走｜头向上抬。【2】（名）上半年｜上册｜上次来北京是一年前｜这是发生在上个世纪的事了。【3】（名）这种商品分上、中、下三等。【4】（动）上楼｜上山用了一个小时｜把箱子搬上楼。【5】（动）献上一束花｜呈上报告。【6】（动）上街｜上教室｜上商店买东西｜你昨天上哪去了？【7】（动）上菜｜上饭｜快给客人上茶｜服务员，请给我们上两瓶啤酒。【8】（动）下个节目该你上了｜这场比赛让小王上，肯定能赢｜这台晚会由于上了很多新人，很受欢迎。【9】（动）上了年纪｜上了岁数｜我们有上万名学生｜参加大会的有上千人。【10】（动）上点儿颜色｜上油漆。【11】（动）上班｜上课｜上学。【12】（动）他昨天上电视了｜我们的事情上了报｜她的照片上了画报的封面。【13】（动）上当。【14】（名）墙上是画儿｜列车上挂着欢迎你的标语｜衣服上有朵花｜山上风景很美。【15】（名）书上介绍过这段历史｜课堂上气氛很活跃｜报纸上的文章你看了吗｜会上有人提出过这个建议，别人都不同意。

4.3.1.4 不足之处

配例是一部词典的灵魂，"一部没有例句的词典就是一堆枯骨"（法国《小拉鲁斯插图新词典》）。成功的配例能够进一步激活抽象的释义，从而使释义具体化、语境化。综观上述三部词典的配例，明显存在以下不足。

A. 配例存在死搭配现象

所谓死搭配指的是没有具体语言环境的单纯搭配的配例，由于没有上下文语境，学习者有时很难学得这种搭配。死搭配现象存在于刘本和鲁本中，例如，刘本中的"书~｜报~｜历史~｜思想~｜事实~""~公园｜~街｜~商店｜~杭州｜~边疆｜~邮局"，以及鲁本中的"上半年｜上册""上班｜上课｜上学"等均属于这种类型的搭配。

B. 配例存在重复啰唆的现象

词典编着编着就厚重了，因此词典编纂者务必追求行文凝练，用最少的文字解决问题。这种重复啰唆的现象是由于配例存在死搭配现象造成的。例如，刘本"地~"和"地~有很多水""~学"和"到了~学的年龄就应该~学""~班"和"每天早上八点~班"等都是前面给一个死搭配，后面再给一个重复这个死搭配的例句。

C. 配例存在生硬现象，缺少生活化

配例是释义的最好诠释，配例成功与否直接关系到学习者能否成功学得目标词语。如刘本"领导~很重视这个问题"，徐本"那个~穿白衣服、下穿花裙子的人是我的同学""今天我们~了两个公园"，鲁本"快给客人上茶""服务员，请给我们上两瓶啤酒"等。这些配例要么说得很少，要么显得生硬。例如"快给客人上茶"，这句话的环境是饭馆还是家里？很难说。再如"那个~穿白衣服、下穿花裙子的人是我的同学"这样的句子太生硬，生活中通常也不会说出这么复杂的句子来。

D. 配例存在负面、消极现象

郑定欧先生（2008）指出，对外汉语词典作为沟通文化的桥梁，应该运用"彼方大众所能理解的符号、词汇、规则传递出正面的、积极的、恰如其分的信息。暴力、厌恶、愚昧、恶心的内容绝不允许污染我们的汉语国际推广事业。"郑定欧一语指出了现在汉语学习词典所存在的一大弊端，即配例存在负面、消极现象。上述三本词典的配例也有类似倾向，例如，刘本"护

士在给伤员～药""准备！～刺刀！""～了年纪，走路也不利落了""人
一～了岁数，记性就不好了"，徐本："岁数太大了，刚～到三楼，就觉得很
累"等。这些配例都不是很阳光，具有一定的负面和消极意义。

E. 配例与释义不符

例如徐本，根据释义"上午的两节中文课由王老师～。→上午的两节中
文课由王老师讲"，虽然可以推导出"这堂课由谁～｜今天的课就～到这儿
吧"等配例，但并不能推导出"你昨天～夜班｜她正在～英语课｜这个星期
我只～了三天班｜这堂课～得真有意思｜我特别喜欢～张老师的课"等
配例。

F. 配例缺乏时代性

配例的时代性是生活化的一个基本前提，词典配例应该引导学生了解当
代中国的方方面面。例如，上述三本词典均没有"上网"这一生活化配例，
当视为一个重大缺憾。再如刘本中的"自动手表用不着～发条""你帮我把
货～到架子上去""衣服的领子～歪了""插～门"等配例要么使用范围太
窄，要么使用已经很不普遍，这些都是配例缺乏时代性的表现。

4.3.2　解决问题的思路

针对上述问题剖析，我们拟提出以下四种问题解决思路。

4.3.2.1　坚持学习者取向

对外汉语学习词典是学习词典，而非语文词典（即知识词典），是外向
型词典而非内向型词典，是工具书而非百科全书。因此，在选词立目、配例
释义等方面都必须以学习者为中心。简单说来，就是贴近学习者生活、贴近
学习者习惯、贴近学习者思想。在释义上务必保证具有普遍意义的义项出
现，释义要简洁易懂，同时注意把握释义元语言的难度。在配例上尽量选取
生活化例语例句，配例应该有语境支撑，不宜出现死搭配，另外配例还要杜
绝那些负面、消极倾向。

4.3.2.2　宜于学习者查找、使用

大部分汉语学习者不使用我们编纂的词典，而选择使用电子词典，在很
大程度上是由于我们的编纂体例非常不利于学习者查找。对外汉语学习词典
的编纂必须创新出一套宜于学习者查找、使用的有效检索模式。目前的检索
方式基本有两种：音序和笔画（偏旁），对汉语学习者来说，音序的使用范

围有限，因为很多字音学习者是难以把握的。如果利用偏旁将是个比较好的选择，但由于目前汉字教学的不成功，大部分学习者并不了解汉字的笔画、笔顺和间架结构。这种状况给词典编纂带来了巨大的挑战。

4.3.2.3　宜于学习者自主学习

作为学习词典，使用的时间大部分在课外，因此如何在编纂之体例设计、选词立目、释义模式、例语例句配置等方面精心设计，使之宜于自主性学习，是词典编纂者面对的重要研究课题。词典的选词立目要充分考虑学习者的需要，例语例句要有语境支撑，充满生活化信息，总之要宜于培养学习者活用目标语言之能力。

4.3.2.4　适应国际化趋势

随着汉语国际推广的逐步深入，全球范围内汉语热持续不断升温。对外汉语学习词典亦应考虑走出国门，发挥应有的作用。因此，词典编纂者必须具有"当代"意识，以有限的文字反映当代中国的巨大变化，而不是将"粮票""刺刀""上发条""插上门""领子上歪了"等内容写进去。另外，还应注意新词语的处理，例如"上网"没收入进去，不管怎么说都是不应该的。

4.3.3　结论

"编词典很难，也很苦，但是功德无量。"（胡明扬，2005）编写一部成功好用的对外汉语学习词典绝非易事。从目前已出版的词典来看，我们的定位还没有搞清楚，很多时候可能是仓促上马，急就章比较多，即很多细节没有经过仔细打磨，因此缺少精品。但不管怎么说，我们已经有了一个很好的开始。随着各方面研究地不断深入，相信会有更多优秀的对外汉语学习词典问世。

限于篇幅，本文问题谈得较多，思路说得较少。其实，有时候找到了问题也就找到了解决问题的思路。

第四节　《当代汉语学习词典》瑕疵举隅

由郑定欧先生策划、徐玉敏女士主编的《当代汉语学习词典》（初级本）

（下简称《当代》）是一部积极型、单语外向型、对外汉语学习词典，与其他同类型的对外汉语学习词典相比，该词典在义项立目、词目排列、释义方法、配例设置等方面多有突破创新，但在某些方面也存在着明显的瑕疵，下面一一举例说明，并就这些不足提出我们的建设性改进方案。

4.4.1 义项立目的不彻底性

一般汉语词典的立目原则是字或词，即每个字或每个词都作为独立的条目。《当代》以字或词的义项为立目原则，即"义项"立目，义项立目使得"人们在说话时出现在句子里的词就是只有一个词义、一种词性的，……可以使读者更易于学习和掌握汉语"。① 例如，"菜"在《当代》中分为"菜^1"和"菜^2"两个条目，前者指没有经过加工的"菜"，后者指经过加工的"菜"，这种区分当然对学习者学习和掌握汉语有利。但《当代》对有些词项的立目虽然标以义项立目，但实际上并非如此，如下面关于"解释""借"和"进去"的立目就存在问题：

【解释^1】［动］这个词是什么意思，请～一下儿。→ 请你把这个词的意思说明白。例：请把事情的原因～清楚。/你的理由很充分，不必再～了/得到这样的实验结果，应该向大家～～其中的道理。/这事儿我耐心～了半天，他还是不明白。

【解释^2】［名］关于事故的原因，我觉得他们的～比较合理。→ 我认为他们对事故原因的说明是比较合理的。例：你对迟到理由的～，很难叫人满意。/这个词所包含的意思，现在有了新的～。/为什么要提高粮食价格，有关部门作出了详细的～/最近的气候现象已经得到了科学的～。

【借^1】［动］她向我～词典。→ 她要我把我的词典给她用用。例：我的钱不够，就向朋友～了一些。/她～了别人的东西总是不还。/这辆汽车不是我的，是我～的。/我这本杂志是从同学那儿～来的。/我想看的书已经被别人～走了。

【借^2】［动］他的汽车从来不～。→ 他的汽车从来不给别人用。例：我想用一下儿她的铅笔，可是她不～。/我没钱了，你能～我一些钱吗？/这辆

---

① 徐玉敏. 当代汉语学习词典·说明初级本［M］. 北京：北京语言大学出版社，2005.

自行车不是我自己的，是别人~给我骑的。/你来晚了，我的录音机已经~出去了。/你~我的椅子我明天还你。

【进去¹】你先~吧，我在门口等人。→ 我和她都在房间外面，我让她先到房间里面去。例：你别~，病人正在休息。/我进商店去买了点儿东西就出来了。/公园关门了，我进不去。/我一直在电影院门口等她，不知道她已经~去一会儿了。/刚才~的那位同学是新来的。

【进去²】她让我在商店外面等着，一个人走~了。→ 她一个人走到商店里去了。例：她从房间里出来了一下儿又走~了。/送花儿的人在门口对我说："请把花儿拿~吧。"/电影快开演了我才急急忙忙跑进电影院去。/书包口儿太小，放不~这么大的录音机。/她在公司门口对我说："刚才走~的人是我的老板。"

《当代》把"解释"分成两个词条，显然不是根据义项立目，而是根据词性立目，而按照词性立目就不能把"解释"的两个义项①真正区分开。把"借"和"进去"分成两个词条，但却很难区别出这两个词条的义项差异，似乎是根据二者的用法来立目的。因此，《当代》名义上标榜"义项立目"，其实并没有把这个原则贯彻到底。"借¹"和"借²"，"进去¹"和"进去²"之间不存在义项差别的对立，但在用法上存在显著差异，因此，两个词条的立目不是根据义项，而是根据用法。"解释¹"和"解释²"两个词目，义项彼此有重叠，例如，两个义项当中均出现了"解释理由"这样的例句，但编者却没有把这个意义与"分析阐明"义分开，而是按照词性来立目，没有达到预期立目的目的。

我们认为，"义项立目"对学习者来说，的确是一个有效的区分不同义项的办法，因为它解决了传统词典把诸多义项放在同一词条下容易给学习者造成混乱的局面，但《当代》"义项立目的不彻底性"却又导致某些词项的立目不能把某些义项独立出来。鉴于此，我们建议把"义项立目"贯彻到底，例如"解释"这个词就按照《现代汉语词典》（第5版）的做法分为两个义项（义项一"分析阐明"，义项二"说明含义、原因、理由"）分别立目，而不必按照词性立目。再如"进去"，既然只有一个意义（"从外到

---

① 《现代汉语词典》（第5版）（北京：商务印书馆，2005年版）中的"解释"有两个义项：①分析阐明，②说明含义、原因、理由等。

里"），那么就作为一个义项一个词目处理，而不必按照其用法处理为两个词目，这样容易给学习者造成"进去"有两个意义的误解。至于"进去"的不同用法则可以通过不同类型的例语来体现。

4.4.2　语境动态释义的欠准确性

一般的传统词典，都是先列出词条，然后运用释义元语言进行解释，最后举例说明；这种释义是一种静态释义，因为词项没有放置于具体语境当中。《当代》在这一点上采取"完整句释义法"（但对少部分词项则实行图示、英译、说明用法等释义法），把词项放在一个句法、语义、语用等信息充足的典型的完整句子当中，让学习者结合具体语境来把握该词项的释义。因此，《当代》的释义本质上属于动态释义，这在释义方法上是一个创举，但这种动态释义也存在不可回避的缺陷，那就是欠准确性。例如：

【发动²】他～群众，一上午就种了一百棵树。→ 他请大家一起来种树。

【吵架】哥哥很爱弟弟，弟弟也很喜欢哥哥，他们从来不～。→ 哥哥和弟弟从来没有大声地互相说对方不好。

【吵²】电话的铃声把我～醒了。→ 电话的铃声一响，我醒了。

【有意思】大卫说话很～。→ 大卫说话爱开玩笑。

"发动"的意思是"使行动起来"，但上面的例句"他请大家一起来种树"并不能体现这个意义。"吵架"不一定是"大声地互相说对方不好"。"电话的铃声一响，我醒了"暗含"铃声响"和"我醒了"时间间隔短，而"吵醒了"并不完全是时间间隔短。"有意思"并不一定意味着"爱开玩笑"。

通过上面的4个例子，我们可以看出《当代》的语境动态释义对有些词项的解释是欠准确的，或许可以通过别的语境充足的例句来体现。

我们认为，"语境动态释义"避免了传统词典冗长、枯燥、难懂的元语言释义倾向，把释义由静态层面提到动态层面上来，这当然更有利于学习者"活用目标语言"；但这种释义方式容易造成释义的不准确性也是一个不容忽视的事实。我们的建议是，释义的欠准确性可以通过调整例句的难易来解决，例如上文中"电话的铃声把我吵醒了"可以释义为"我在睡觉，因为电话铃声，我醒了"，这样解释就比"电话的铃声一响，我醒了"要准确得多。再如"他快结婚了，心情很愉快"可以释义为"他快结婚了，所以很高兴，心情很好"，这种解释也比"他感到心情舒畅，生活幸福"准确得多。

4.4.3　"释义元语言"比对象语言难度更大

元语言是用来解释说明对象语言的工具，严格来说，作为留学生使用的汉语学习词典，释义元语言的难度应该低于对象语言的难度，否则会造成不必要的认知障碍。《当代》由于采取语境动态释义，不直接使用释义元语言，而是使用功能相当于释义元语言的"完整句"，但作为释义的这种完整句"释义元语言"的难度却常常比被释义词项——引导句大，因此无端地给学习者增添了学习负担。例如：

【做5】他们学校遭受水灾，临时用这间屋子～教室→先把这间屋子当作教室来用。

【炒】菜切好了，你～吧。→你把切好了的菜放进锅里，不停地翻动直到菜熟了。

【复印】这篇文章是我从报纸上～下来的。→我把报纸上的文章又印下来了。

【愉快】他快结婚了，心情很～。→他感到心情舒畅，生活幸福。

【班长】那个学生是我们班的～。→他是我们班的学生，负责组织活动、通知事情等。

上述引导句中的"当作""翻动、直到""印""舒畅""负责、组织"等一方面在难度上显然超过了对象语言"做""炒""复印""愉快"和"班长"。另一方面，《当代》的所谓语境动态释义常常体现为换一种说法，即找一个意思差不多的词语替换被释义词语，往往造成这个词语的难度大于被释义词语。这样说来，如此解释并不能达到学习者理解并掌握词项的目的，更不用说"活用目标语言"了。

为了追求语境动态释义，《当代》在释义时常常用一个词项语替换被释义词项，这就难以保证该词项与被释义词项的难度相当，因而也会造成"释义元语言"难度较大的问题，例如"他们学校遭受水灾，临时用这间屋子作教室→先把这间屋子当做教室来用"就是用"当作"直接来替换"做"。

我们的建议是，解决"释义元语言难度更大"这一问题可以通过调整解说句的难度来实现——"因为水灾，学校不能用，临时用这间屋子来上课"。像"班长"这样的词项释义则可通过辅以英译，同时调整解说句的难度来实现。

4.4.4 配例的过于单一性

传统词典的配例一般采用词、短语、句子、句群四级配例体系，《当代》在配例过程中仅仅把句子作为学习者学习和理解词项意义的出口。把句子作为配例的唯一类型，从配例体系本身来看，避免了词和短语配例的无语境支撑现象，以及句群的长篇幅和违背短时记忆容量规律现象；从使用者和学习者的角度来看，通过句法、语义、语用等信息充足的完整句来理解和掌握词项意义，也比单纯的词和短语配例更加有效。但这种配例方式在某种程度上显得过于单一，一些非常必要交代的搭配或扩展形式难以体现出来。例如：

【水平】王老师的英语~很高。→ 王老师掌握的英语程度能跟英国人相比。例：我们要不断提高自己的文化~。/这项技术已经达到了世界先进~。/中国需要许多高~的专家。/写不写是态度问题，写得好不好是~问题。/我对他们的管理~很了解。

在词项"水平"的六个配例中，体现了"水平"做主语、中心语、宾语等基本功能，但搭配的广度还不够，例如"生活水平""有没有水平""业余/专业水平"等一些重要的搭配就没有体现出来。

我们认为，配例类型的过于单一可以通过以下三条途径加以解决：①把某些个别词条的完整句例证数量进一步扩展，而不必局限于3~8个之间；②在某些通用型搭配中加入该词项的可选择性搭配，例如，"我们要不断提高自己的文化/生活/专业水平"，这样既保证了句子配例的唯一性，也消除了配例的单一性问题；③给用法比较复杂的词项附加一个栏目——"用法"，例如，"进去"用法比较复杂，可以设"用法1""用法2"进行分化，从而在最大程度上保证配例类型的丰富性。

4.4.5 体例的不统一性

为方便学习者使用，一部词典应该尽量做到体例前后一致。《当代》的体例在前后体现出不统一，这种不统一性主要表现为两个方面。

首先是立目标准不统一。《当代》在"说明"中明确提出"本词典以词的一个义项为一个条目"，但行文中却有很多词目不是按照义项立目的。例如"解释"的两个词目是按照词性立目的，"进去"的两个词目则是按照用法立目的。

其次是释义方法的不统一。《当代》提出主要采用"完整句释义法"，但同时不排除图示、英译和说明用法等释义方法，对某个词项到底采用哪种释义方法也难以有一个统一的标准，因此，此法可能会给学习者造成不必要的麻烦，例如：

【红】这种花儿真～。→ 这种花儿的颜色像火、像血的颜色一样。

【白天】天亮了，现在是～了。→ 一天里从天亮到天黑的这段时间是白天。

【昏迷】stupor；coma 例：他又～过去了。

【婚姻】marriage 例：大卫和安娜的～很幸福。

上述"红"和"白天"的解说句很麻烦，完全可以用英译来配合一下；"昏迷"和"婚姻"完全可以不用英译，而用类似"他又没有了一切感觉""大卫和安娜结婚后，生活很幸福"的解说句进行释义，这就容易造成学习者学习"红""白天"找不到英译，学习"昏迷""婚姻"时找不到解说句的现象。

学习词典体例的统一性在很大程度上是为了学习者的方便，而对以汉语作为第二语言的学习者来说，这种统一性显得更为重要。《当代》立目标准的不统一会给学习者带来麻烦，因为既然是义项立目，就不能把用法和词性等标准罗列其中，唯一的选择就是把"义项立目"贯彻始终。释义方法的不统一性可以通过"引导句""解说句""例证句"三步走的方式加以统一，即不管该词项采不采用图示、英译或说明用法等释义方法，都一律按照"引导句——解说句——例证句"的释义范式进行，从而把图示、英译或说明用法等作为一种辅助释义手段。例如"【婚姻】marriage 大卫和安娜的～很幸福。→ 大卫和安娜结婚后，生活很幸福。例：我父母的婚姻是爷爷奶奶给他们决定的。/现在年轻人的婚姻都是自己作主。/他们的婚姻已经结束了。/婚姻法上规定了结婚的年龄。"这种"引导句——解说句——例证句"释义范式与图示、英译或说明用法等辅助释义手段相结合，是统一体例的一条重要途径。

4.4.6　拼音标注的不合理性

作为一种初级本学习词典，《当代》在每个句子（完整句）的后面标注了拼音，这在很大程度上可以帮助学习者认读汉字，扫清文字上的障碍。但把拼音标注在完整句的后面容易造成学习者的检索困难（学习者需要前后一一对应），而且按照线性规律，学习者无论认识不认识前面的汉字，都容易产生把后面的拼音看一遍的倾向，这在某种程度上可能会浪费学习时间。我们觉得解决拼音标注不合理的方案在于把这种完整句在前、拼音在后的格局改变为完整句和拼音的共时线性排列，即把拼音标注在完整句的上面或下面。

  总之，《当代》作为一本积极型、单语外向型、对外汉语学习词典，在立目、释义、配例等方面独辟蹊径，"这在国内外都是一个创举"。① 我们相信本文指出的一些瑕疵暇不掩瑜，如果《当代》再版或组织编写中级本、高级本时其编写者能够注意到本文指出的六个方面的瑕疵及我们的上述建议，《当代》将会成为一部更加完美、实用的对外汉语学习词典。

---

① 胡明扬．当代汉语学习词典·序一：初级本［M］．北京：北京语言大学出版社，2005.

第五章

汉语国际推广背景下的华文教育

　　"汉语国际推广"具有特定的历史形成背景及其固有内涵，"推广"至少应该包含"让人知道/了解""大众化/通俗化""普及性/范围性"三层语义元素，其规范、准确、统一的英译法应为 International Popularization of Chinese Language（IPCL）。在此大背景下，国内留学生汉语言专业宜将培养适应社会需求的实用型高级国际汉语人才作为目标，并在通识教育视角下重新考量课程设置，突出科学性、合理性和实用性。在管理方面，随着中国综合实力和国际地位的不断提升及国际范围内"汉语热"的持续升温，必须充分考虑留学生教育在中国高等教育中的地位及其特殊性，建立健全一套尊重不同文化、以学生为中心的"一体化"特色教育管理模式，并加快解决面临的一些现实问题，以适应国家汉语国际推广的迫切需要。

　　日本孔子学院发展及运营的共性与个性分析，为汉语国际推广背景下孔子学院的运营发展提供了一个样例。截至 2011 年 6 月，日本已成立 12 所孔子学院和 6 所孔子课堂。从日本第一家孔子学院（立命馆孔子学院）成立至今的 6 年时间里，日本各孔子学院都曾遇到过各种各样的困难。但各孔子学院都克服了这些困难，并积极扩大孔子学院在日本的影响，不但在汉语教学方面硕果累累，而且还涌现出了立命馆孔子学院、北陆大学孔子学院和樱美林大学孔子学院三家世界先进孔子学院。日本各孔子学院和孔子课堂开展汉语教学的相关情况、各孔子学院和孔子课堂的运营状况及特色以及运营方面存在的问题为其他孔子学院的发展提供了参照。与海外孔子学院教学密切相关的是国际汉语教学领域正面临法人迫切需要解决的"师资荒"问题，历经多次"制定与否定"后出台的修订版《国际汉语教师标准》为未来华文教师教育的专业化与职业化发展提供了一条可资借鉴的重要途径。职业化与专业化必须立足于华文教师自身的培训、培养和教育，兼顾"输血"能力与"造血"能力，方能从体制和根源上破解"师资荒"。

第一节　从内涵定位看"汉语国际推广"的英译

截至 2010 年底，国家汉办（"国家汉语国际推广领导小组办公室"即原"国家对外汉语教学领导小组办公室"的简称）已与全球 96 个国家和地区合作建立了 322 所孔子学院和 369 个孔子课堂，注册人数达到 36 万，持续不断升温的"汉语热"继续在全球蔓延。随着汉语教学理念从"请进来"到"走出去"的战略转变，随着"汉语国际推广"这一国家重大语言政策的不断实施，学术界从各个角度展开了对"汉语国际推广"工作的研究和探讨，"汉语国际推广"也成为被学术界广泛使用的一个学术术语。然而笔者最近注意到，不同学者在研究中对"汉语国际推广"的英译用词及英译方式并不一致。我们认为，既然"汉语国际推广"是国家的一项重大语言政策，而且已经固化为一种通用的学术表达方式，那么为了便于学术等方面的交流，就有必要对其采取规范、准确、统一的英译法。

目前，我们在各类学术期刊、报纸、网络上所见到的关于"汉语国际推广"的英译结果主要有以下 10 种：

（1）International Promotion of Chinese Language

（2）International Promotion of Chinese Language and Culture

（3）Chinese International Spreading

（4）Global Spread of Chinese Language

（5）International Publicity of Chinese Language

（6）Chinese Language World – Wide

（7）International Chinese Dissemination

（8）Chinese Language International Communication

（9）Popularize Chinese Worldwide

（10）International Popularization of Chinese Language

从我们上面总结出的 10 种翻译结果来看，分歧的焦点主要集中在"推广"二字上。（1）-（10）先后用 promotion、spread、publicity、world – wide、dissemination、communication 和 popularization 7 个英文单词来对译"推

广"，比较混乱。

如何翻译"推广"？如果单从字面上看，上述七种英文翻译都有一定的可接受性。我们认为，准确翻译"推广"必须以"汉语国际推广"的形成背景特别是基本内涵为基本前提。因此，本文旨在尝试从"汉语国际推广"的内涵定位这一角度来斟酌其英译方式。

5.1.1　"汉语国际推广"的内涵定位

历史语言学的研究表明，在语言接触过程中，政治和经济比较发达地区的语言对政治和经济相对落后地区的语言具有强大的辐射力和影响力。一种语言的国际地位直接反映了一个国家的"硬实力"，一种语言的兴盛与衰落直接反映了一个国家的兴盛与衰落，国家硬实力与"软实力"之间表现出一种辨证发展关系。因此，世界上各个国家无不不遗余力地推广自己的语言。语言的发展与传播已经成为国家软实力的重要表现形式，制定语言推广规划已经成为国家发展与国家安全的重要战略目标。

首先，"汉语国际推广"是我国随着经济实力及在国际社会中话语权的提升而采取的让"汉语加快走向世界"、旨在迅速提升国家软实力的一项具有战略意义的语言政策，这一政策的实施能够在极大程度上满足国外汉语学习的巨大需求。"汉语国际推广"标志着传统对外汉语教学的六个重大转变，即发展战略从对外汉语教学向全方位的汉语国际推广转变，工作重心从将外国人"请进来"学汉语向汉语加快"走出去"转变，推广理念从专业汉语教学向大众化、普及型、应用型转变，推广机制从教育系统内推进向系统内外、政府民间、国内国外共同推进转变，推广模式从政府行政主导为主向政府推动的市场运作转变，教学方法从纸质教材面授为主向充分利用现代信息技术、多媒体网络教学为主转变。较之对外汉语教学，汉语国际推广进一步凸显了"走出去""全方位""大众化""普及型""应用型""共同推进"等几个关键词。因此，"汉语国际推广"的目标在于，顺应国际社会对汉语的强烈需求，通过普及性的"走出去"教学让越来越多的外国人接触汉语、学习汉语和使用汉语，进而达到了解中国文化的目的，而不是直接推广中国文化。

其次，在理解"汉语国际推广"时，我们始终要注意一点，那就是海外"汉语热"的兴起是基于中国综合实力和国际话语权的迅速提升这一重要客观基础，而不是我们主观"推广"的结果。换言之，我们的"推广"是顺应"我要学汉语"这一客观现实，而不是坚持"让你学汉语"这一主观意愿。从对外汉语教学到汉语国际推广是教学规模的进一步扩大，是同时采取国内汉语作为第二语言教学与国外汉语作为外语教学两条路线"共同推进"汉语传播范围的重大举措，是国家为促进"汉语加快走向世界"而采取的一项与时俱进的语言政策。

另外，我们还必须清楚这样一个事实——虽然近几年关键词"汉语热"时时见诸报端，但我们应该保持一颗清醒的头脑，即和英语、西班牙语等强势语言相比，汉语距离全球强势语言尚有很长的一段路要走。例如，虽然目前全球学习汉语的人数已经超过 4000 万，但这些学习者中至少有 70% 具有华裔背景。再如，据欧洲某网站近日公布的研究报告，1979—2008 年世界文学作品翻译语言中，90% 的作品原著是用英语、法语、德语、俄语、意大利语、西班牙语和瑞典语写成的，汉语并没有出现在这个名单当中。面对"中国对外文化传播的严重赤字和入超"（赵启正，2006）的局面，现在的汉语教学，不管是国内教学还是国际推广，首先需要的都是"下里巴人"而非"阳春白雪"（赵金铭，2006）。我们的汉语教学市场目前还处于初级培育阶段，在汉语国际推广大进程中，考虑汉语教学的科学性、系统性和完整性固然重要，但注重世界范围内汉语教学的大众化、普及性和可接受性却显得更为关键。我们的目标是让世界上更多的人接触汉语、学习汉语和了解汉语，而不是让这些群体一下子接受并认同中国的文化，更不是培养所谓的汉学家和"中国形象"。

综合上述分析，我们认为"汉语国际推广"之"推广"至少应包含"让人知道/了解""大众化/通俗化""普及性/范围性"三层语义元素。那么，我们到底应该采取何种形式来准确、规范地翻译"汉语国际推广"这一新起学术术语呢？

5.1.2　英译分析

下面我们结合"推广"之三层语义元素，具体分析一下 promotion、spread、publicity、world-wide、dissemination、communication 和 popularization 等英译词的具体含义。

首先，promotion 是指 activity that encourages people to believe in the value or importance of something, or that helps us to succeed，其动词形式 promote 的意思则是 to help something to happen or develop。因此，promotion 更强调一种促进式、提升式的"推广""发展"，是一种意在推动人们相信某种事物的价值或重要性的活动，与上文我们对"汉语国际推广"的内涵阐释并不十分相符。

第二，spread 这个词强调的是 to affect or make something affect，be known by，or used by more and more people，强调的是对某事物施加影响，进而让越来越多的人知道或使用。从这一释义可以看出 spread 包含了"推广"之意，即"让越来越多的人知道或使用"，但没有有力彰显"大众化/通俗化"这一层语义元素。

第三，publicity 含有"宣传""吸引公众注意力"之意，属于差强人意的硬译。因为汉语国际推广的本意并非刻意宣扬中国文化，并非以"推广"来吸引公众注意力，"推广"的基础之一恰是国际人士对汉语的注意力。

第四，world - wide 是"影响全世界"之意，仅在"普及性/范围性"这一点上与"汉语国际推广"契合，纯属于意译。

第五，dissemination 是指 to spread information，knowledge，etc. so that it reaches many people，强调的是"让人知道"，通过施加一定影响让信息和知识等波及很多人。

第六，communication 指的是 activity or process of expressing ideas and feel-ings or of giving people information，强调"思想的交流和表达"，这和"推广"的意义已经相去甚远。

第七，popularization 一词的动词形式 popularize 同时包含 to make a lot of people know about something and enjoy it 和 to make a difficult subject easier to un-derstand for ordinary people 两重含义，即一方面体现了"让越来越多的外国人接触汉语、学习汉语"之意，同时也体现了"大众化""普及型"等关乎"汉语国际推广"的几个关键词内涵。

我们可以将 promotion、spread、publicity、world - wide、dissemination、communication 和 popularization 的语义和"推广"的三层语义元素对应成表5-1（"+"号表示具有该项特征，"-"号表示没有该项特征）。

表 5 – 1　"推广"的英译用词及其三层语义元素对应关系

语义元素 英译用词	让人知道/了解	大众化/通俗化	普及性/范围性
promotion	+	–	+
spread	+	–	+
publicity	+	–	+
world – wide	–	–	+
dissemination	+	–	–
communication	+	–	–
popularization	+	+	+

从表 5 – 1 的对应分析可以看出，popularization 应该成为"汉语国际推广"之"推广"的规范、准确、统一的英译方式。

5.1.3　"汉语国际推广"的英译原则

笔者认为，"汉语国际推广"的英译至少应该考虑以下四个方面的因素：

（1）要深刻理解被译词产生的历史背景和真实内涵。"汉语国际推广"产生的背景是基于中国综合国力与话语权的全面提升而形成的全球性"汉语热"，在这种背景下我们与时俱进，及时调整语言政策，将国内汉语作为第二语言教学的规模进一步扩大，延伸至国外的汉语作为外语教学，两条路线共同组成了"汉语国际推广"。"推广"的目的是进一步将汉语推向世界，即"加快汉语走向世界"，这一历史背景决定了"推广"的"让人知道/了解""大众化/通俗化""普及性/范围性"等三层真实内涵。由此推论，"推广"便只能采取 popularization 这种英译法。

（2）要注意简洁性。"汉语国际推广"作为一个专业术语，应该同"孔子学院"这一中国符号的英译 Confucius Institute 一样简洁明了。例如，英译法"International Promotion of Chinese Language"就比英译法"International Promotion of Chinese Language and Culture"简洁明了得多，因为语言是文化的载体，推广语言即在推广文化，这也是"汉语国际推广"没有取名"汉语文化推广"的根本原因。

（3）要注意规范性。如果从语言学的角度来解析"汉语国际推广"，其意义应该是在国际范围内推广汉语；其句法构造层次应该是"推广"→"国际推广"→"汉语国际推广"。按照这种组合规律,"汉语国际推广"就只能译为 International Popularization of Chinese Language,而不是 Popularize Chinese Worldwide、Chinese International Spreading 等形式。

(4)不能完全按照意译方式。"汉语国际推广"的目的当然是让世界上越来越多的人学习汉语、懂得汉语,具有"影响全世界"之意。但如果完全按照意义去翻译,那么 world‐wide、publicity、dissemination 就都可以成为被选项,而这些被选中的被选项并不能很好地传达"汉语国际推广"的应有内涵。

5.1.4 结论:"传播"与"推广"

关于 popularization,有学者译作"传播"(郭熙,2007;吴应辉,2008;高增霞,2008;贺阳,2008;赵金铭,2008 等),有学者则译作"推广"(赵金铭,2006;金立鑫,2006;许琳,2006、2007;高增霞,2007;王建勤,2008 等)。其实,"传播"和"推广"之间还是有区别的。《现代汉语词典》(第 5 版)(2005:208,2005:1384)对"传播"的释义是"广泛地散布:~花粉、~消息、~先进经验。"对"推广"的释义是"扩大事物使用的范围或起作用的范围:推广普通话、推广先进经验。"按照我们的理解,"传播"既可包含自动散播,也可包括人为散播;"推广"则只能理解为顺应时势以主动的方式"走出去"。结合"汉语国际推广"的形成背景、内涵定位及其英译方式,我们认为使用"推广"一词无论从内涵还是从外延上都更贴近当前 International Popularization of Chinese Language(IPCL)的本意。

第二节 留学生汉语言专业及其课程设置
的通识教育考量

5.2.1 留学生汉语言专业的基本内涵

教育部《普通高等学校本科专业目录》(1998)在"中国语言文学类"之下设"汉语言文学"(专业代码为 050101)、"汉语言"(专业代码为 050102)、"对外汉语"(专业代码为 050103)、"中国少数民族语言文学"

（专业代码为 050104）和"古典文献"（专业代码为 050105）5 个专业。其中，汉语言专业有对内和对外之分，对内汉语言专业是专为以汉语为母语者设置的专业，对外汉语言专业是专门为以汉语为目的语的外国留学生、海外华人等设置的专业。而在专业目录中，无论是对内还是对外汉语言专业，其上位学科都是"中国语言文学"。我们认为，虽然二者在学习年限等方面有某些共同点，但留学生汉语言专业毕竟是为母语为非汉语者设立的本科专业，应该有其自身的特殊性和独立性。"正是由于汉语言专业与中国语言文学类的这种亲缘关系，在很长一段时间里，人们误将对留学生的汉语教学在教学目标、内容、形式、方法等方面与中国语言文学的教学等同起来，使教学走了不少弯路。"（李杨，1999）"关于单独设立外国留学生汉语言专业问题，……近年来，一些高校试办外国学生汉语言专业或中国语言文化专业本科学历教育的经验，也证明了单独为外国留学生设立汉语言专业的必要性和可行性。对外国留学生实施汉语言学历教育，对于稳定生源，培养对我友好人才，发展对外汉语教学事业是非常重要的。为了向世界推广汉语，介绍中国文化，进一步扩大中国在世界上的影响，巩固和加强在高等学校专门为外国留学生设立的汉语言专业，进一步总结对外国留学生实施学历教育的经验，并对其进行规范，是摆在我们面前的迫切课题。……在我国为外国留学生单独设立汉语言专业，实施学历教育，与让外国留学生进入我国大学中文系或其他文科系学习具有本质的区别，二者不能混淆和互相取代。……总之，汉语言专业对外国留学生来说只是外语专业，是在目的语国家掌握一门外语。而大学中文系或其他文科系对外国学生来说则不是外语专业，而是人文与社会科学中有关理论与研究的专门专业"①。因此，以留学生为教学对象的汉语言专业具有不同于对内汉语言专业的理据和专业特质，单独设立针对留学生的汉语言专业已经成为广大学者的共识。

留学生汉语言专业的教学本质上是一种语言教学，一种第二语言教学，

---

① 详细内容请参考国家汉办"外国留学生汉语言专业教学大纲研讨会"（1997 年，杭州大学）会议纪要（本纪要其实是在两次研讨会之后形成的：1996 年在南开大学和暨南大学分别召开外国留学生中文专业教育研讨会；1997 年在杭州大学召开有北京语言文化大学、北京大学、北京师范大学、中国人民大学、北京外国语大学、复旦大学、南开大学、暨南大学、大连外国语学院和杭州大学 10 所高校专家参加的外国留学生汉语言专业教学大纲研讨会）。

因此，教学目标在很大程度上定位在全面提高学习者的听、说、读、写、译的综合交际能力（包括书面交际能力和口头交际能力）上；但同时由于受到专业本身的制约，汉语言专业本科的课程设置又不能完全是语言课程，而必须在最大程度上体现专业性质，以区别于汉语短期强化教学，达到专业培养的目标。我们可以把留学生汉语言专业的培养目标界定如下。

- 总体目标——培养适应社会需求的实用型高级国际汉语人才。这个目标为汉语言专业的本科教学指明了方向，即针对汉语言专业的汉语教学必须充分考虑其课程设置、教学方法、教材配备、教学管理等多方面的因素。

- 细化目标——①掌握系统的汉语言基本知识和理论，能够正确、流利、得体地运用汉语进行交际，具备较高的汉语听说读写译能力。②掌握基本的中国人文知识，熟悉中国国情，对中国政治、经济、文化、历史、文学等方面有较全面的了解。③能够胜任中文教学、商贸、新闻、翻译、中外文化交流等方面的工作，具有一定的研究中国语言文化的能力。细化目标从各个方面对"培养适应社会需求的实用型高级国际汉语人才"这一总体目标进行了说明，实现这一培养目标，不但要求学习者在克服语言障碍的基础上系统掌握汉语言基本知识，而且还要求学习者系统了解汉语言社会环境中的各种文化、中国的国情等综合知识，从而为学习者以后所从事的工作做好充分的知识储备和积累。

实现培养目标的关键在于课程设置是否具有科学性，科学的课程设置应该建立在充分分析汉语言专业总体培养目标和细化目标的基础上，并体现出较强的阶段性和系统性。

5.2.2 "两步走"课程设置的得与失

针对汉语言专业的基本内涵与培养目标，四个年级的课程设置在程序上可以体现为语言课和专业课两步走，两步走原则一方面满足了对外汉语教学必须"以培养汉语交际能力为目标"（刘珣，2000）的基本要求，同时也能在最大程度上解决了语言课程和专业课程的设置平衡问题。

课程设置两步走原则具体体现在两个方面：①一、二年级为第一阶段，课程设置以学科基础课为主，教学重点是突出听、说、读、写、译等语言技能训练。②三、四年级为第二阶段，课程内容以专业必修课和专业选修课为主，在继续提高语言水平的基础上重点突出专业知识的学习。该阶段充分考虑学生的需要和特长，鼓励学生根据自己的兴趣和爱好，选修本学院或学校其他院系的课程。表 5 - 2 ～ 表 5 - 5 是这种课程设置两步走原则的一个案例①。

表 5 - 2　一年级课程设置及学分明细

课程性质	课程名称	学分	学分配置	
			一	二
学科基础课	汉语精读	12	6	6
	汉语口语	12	6	6
	汉语听力	8	4	4
	汉语写作	4	2	2
	中级汉语阅读	4	2	2
	汉语文化双向	4	2	2
专业选修课	普通话正音	2	2	

表 5 - 3　二年级课程设置及学分明细

课程性质	课程名称	学分	学分配置	
			三	四
公共课	计算机应用基础（初级）	4	2	
	计算机应用基础（中级）			2
学科基础课	汉语精读	12	6	6
	汉语口语	8	4	4
	汉语听力	8	4	4
	汉语写作	2	2	
	高级汉语阅读	4	2	2
	中国概况	2	2	
专业必修课	文献阅读与写作	4		4
	现代汉语概论	2		2

---

①　选摘自《中国人民大学本科教学方案》（对外语言文化学院）（2006）。

续表

课程性质	课程名称	学分	学分配置	
			三	四
专业选修课	报刊语言基础	2	2	
	报刊原文阅读	2		2
	《城南旧事》原文阅读	2		2
	中级视听说	2	2	
	高级视听说	2		2
	汉语语法偏误分析	2		2
	经贸基础会话	2	2	
	中国人文地理	2		2
	经贸汉语阅读	2		2
	商务汉语	2		2

表 5－4　三年级课程设置及学分明细

课程性质	课程名称	学分	学分配置	
			五	六
专业必修课	高级汉语	8	4	4
	汉语广播听力	4	2	2
	文献阅读与写作	4	4	
	古代汉语基础	2		2
	现代汉语语法	2	2	
	论文阅读与写作	2		2

续表

课程性质	课程名称	学分	学分配置	
			五	六
专业选修课	《骆驼祥子》语言分析	2	2	
	《论语》选读	2	2	
	中国古代史	2	2	
	中国历史名人	2		2
	中国近现代史	2		2
	中国文化概论	2	2	
	中外文化交流史	2		2
	唐诗赏析	2	2	
	中国现当代剧作选读	2		2
	宋词赏析	2		2
	中国现代文学选读	2	2	
	中国当代文学选读	2		2
	微型小说赏析	2	2	
	中国古代思想概说	2		2
	当代中国政治制度	2		2

表 5−5　四年级课程设置及学分明细

课程性质	课程名称	学分	学分配置	
			七	八
专业必修课	古代汉语基础	2	2	
	汉语综合阅读	2		2
	论文阅读与写作	2	2	
	当代中国话题	2		2
	语言学概论	2	2	
专业选修课	韩汉翻译	2		2
	中国古代文学简史	2	2	

　　汉语言专业课程设置两步走原则，在"以培养汉语交际能力为目标"的前提下，把专业课程安排在后四个学期，充分考虑到了学习对象的特殊性，即外国留学生是在非母语环境中学习和研究第二语言。两步走原则体现了留学生在目的语国家学习第二语言的学习规律和教学规律，先训练学习者技能、突破语言障碍，再以语言课程为基础、学习专业课程。上述课程体系在很大程度上体现了课程设置的纵横关系（李忆民，1987）：不同课型之间的难度等级与不同课型之间的辩证关系。纵向关系是指不同课型之间难度的链接，所有课程必须按照先易后难的顺序列出。横向关系主要指不同课型之间的辩证关系——技能课与知识课的关系，精读课与技能课的关系，以及语言课与文化课的关系等。技能课集中于听、说、读、写、译，在课堂教学环节上体现为反复操练；知识课集中于汉语言知识，在课堂教学环节上体现为讲授为主操练为辅。在横向关系中，宜先技能课后知识课。精读课又称综合课，主要围绕语言基本要素与文化要素进行听、说、读、写、译的综合训练，培养学生的综合交际能力，在语言课中占有主导和纽带地位；而分项技能课主要就某一项技能进行纵深训练，对精读课而言，处于配合地位，在诸多方面受精读课的制约。在横向关系中，精读课与技能课宜同时设课。语言课与文化课相比，前者第一性，后者第二性，语言课是核心，在课堂教学层面则体现为文化教学必须为语言教学服务，语言教学是第一位的。横向关系中，宜先语言课后文化课。

　　两步走课程设置至少存在以下一些不足或缺陷：

　　（1）人为割裂了语言课与专业课的联系。就汉语言专业本身来讲，语言课和专业课之间的界限可能并不是那么清楚，即有些语言课同时带有专业课的性质。

　　（2）一年级的课程设置几乎变成纯技能教学，没有体现出汉语言专业本科应有的内涵。进入汉语言专业本科的留学生HSK至少已达到3级，具有一定的汉语基础，在这种情况下进行纯技能训练教学，体现不出本科生和一般语言进修生的差别，没有充分考虑学生的特点和需要。

　　（3）三年级的课程设置没有把"以培养汉语交际能力为目标"贯彻到底，取消口语课成为一个重大缺陷。

　　（4）对原文原典重视不够。对本科生来讲，不能只学习汉语教科书上经过加工整理的人工语言，应该对学习者开放更多的文学自然语言，在某种程度上说这是通识教育的一种表现形式。

5.2.3 通识教育背景下的课程设置

本科教育质量是衡量高等教育质量的重要标志、是学校综合实力的重要体现。确保本科教学的中心地位，不断提高本科教学质量是提高高等学校教育质量的重点和关键。近年来一些知名高校对"通识教育"的研究与尝试可以说是提高本科教育质量的一次大胆实践。例如，复旦大学2005年在全国率先推行通识教育，并为此建立了承担通识教育的复旦学院，组建了包括六大模块的通识教育核心课程体系：文史经典与文化传承、哲学智慧与批判性思维、文明对话与世界视野、科技进步与科学精神、生态环境与生命关怀、艺术创作与审美体验。2007年，中国人民大学也拉开了通识教育改革的序幕：通识教育课程的基本结构分为全校共同课（基本素质课、学科通识课、任选通识课）、学科部类课（人文艺术学科部类课、经济学科部类课、管理学科部类课、法政学科部类课、理工学科部类课）和学科专业课（学科基础课、专业必修课、专业选修课）三大模块。体现这种新教育理念的课程改革，在今后一段相当长的时间内，必将为高等教育质量的提高产生重要的影响。

目前留学生学历教育已经成为高等学校教育的重要组成部分，北京语言大学、中国人民大学、北京师范大学、复旦大学、南开大学、北京外国语大学等高校均设有这一专业。而且随着近年来世界范围内"汉语热"的持续不断升温，国际社会对汉语学习的需求正在迅猛增长。目前仅美国就有2500所中小学提出开设中文课程，并设立了AP中文项目。另外，根据国家汉语国际推广领导小组的规划，到2010年全球将建500所"孔子学院"和"孔子课堂"。据目前不完全统计，海外学习汉语的人数已经超过3000万，有约100个国家的2500余所大学正在教授中文。……种种迹象表明，国际范围内的汉语热正迅速燃起。面对汉语国际推广的大好形势，鉴于国内通识教育改革的大背景，如何进一步提高留学生的教育质量，培养国际通用型的高级汉语人才，如何以通识教育考量留学生汉语言专业本科的课程设置，已成为我们从事留学生教育工作者研究的重要课题。

5.2.3.1　通识教育的名与实

通识教育（general education）之名最早源于西方国家的"自由教育"①（liberal education，又称"博雅教育""文雅教育"），其英文名称 general education 一般认为是 19 世纪美国的帕卡德教授针对"大学生的学习课程是否需要一些共同的部分"这一问题提出来的。用简单的话说，即不同专业的大学生在选择专业之前是否需要学习一些共同的内容（陈媛，2003；郭三娟，2004；陈向明，2006）。因此，通识教育，广义上可以理解为一种教育理念，包括专业教育和非专业教育，目的在于培养理性自由、和谐发展的人才；狭义上可以理解为一种非专业性教育，即不直接为学生将来的专业学习、职业活动做准备的那部分教育。在我们看来，狭义的通识教育虽然不能为学生将来的专业或职业做准备，但却是学生进一步学习专业或从事职业活动的重要前提。因此，所谓通识教育并非普通教育或专业教育，而是作为学生进一步学习专业或从事职业活动的重要前提的非专业性教育，是所有大学生都能接受的非专业性教育。正因为这层含义，复旦大学和中国人民大学的通识教育课程改革才将通识教育课程体系分成了相对集中的几大模块。

5.2.3.2　通识与留学生汉语言专业本科教育

按照学科性质划分，汉语言本科专业隶属人文艺术学科部类（文学院、哲学院、历史学院、外国语学院、对外语言文化学院、徐悲鸿艺术学院、国学院），大致上列入传统文史哲门类之中。这一划分大体上没有错，但必须充分考虑留学生汉语言专业与中国语言文学类其他四个专业之间既互相联系又相互区别的双重属性，如果把留学生汉语言专业与上述其他学院的专业同等对待，势必又会走回原来的弯路上去（李杨，1999）。虽然复旦大学一改往年按专业录取的方法（以"通识综合教育"为指导思想，按外语、人文、法政、经济管理、数学、自然、技术、医药 8 个大类录取留学生本科生，学生入校后先进入复旦学院，接受来自各个领域的全面系统的通识教育课程，然后再进入比较宽泛的基础知识和技能训练，最后再进入专业学习），但这

---

① 自由教育是西方国家关于教育目的和教育内容的一种教育理念，此名称最早可追溯到亚里士多德关于自由教育的思想："最高尚的教育应以发展理性为目标，使人的心灵得到解放（自由）与和谐发展，为享用德行善良的自由、闲暇生活，进行理智活动——观察和沉思做准备，而为谋生和从事某种职业做准备。"（教育大辞典［M］．上海：上海教育出版社，1991）。

种破釜沉舟式改革的效果如何还有待实践的检验。"通识教育改革的效果应在实践中进行检验，根据实际情况进行不断调整，经过3到5年的建设，使得通识教育课程体系日臻完善。"① 通识教育课程改革应不应该对所有留学生放开，以及在多大程度上放开等具体细节，都还有待进一步论证。改革的效果只能靠实践的检验，只有一边检验一边调整，才能保证一种高效的新课程体系的最终形成。通识教育课程改革对留学生汉语言专业本科教育会有影响和冲击，但这种改革思路或许会成为汉语言专业本科教育改革的有效探索的一种新的开端。

5.2.3.3　以通识教育考量留学生汉语言专业课程设置

按照通识教育的内涵，结合留学生汉语言专业的专业特质，我们把留学生汉语言专业课程设置如表5-6~表5-9所示②。

表5-6　一年级课程设置及学分明细

课程类别	课程名称	学分	学分配置	
			一	二
学科基础课	汉语精读	12	6	6
	汉语口语	8	4	4
	汉语听力	8	4	4
	汉语写作	4	2	2
	汉语阅读	4	2	2
	汉语文化双向	4	2	2
	商务汉语	4		4
专业必修课	普通话语音	2	2	

---

① 转引自中国人民大学第三次本科通识教育工作会议副校长冯俊教授的讲话，详细引文见 http://news.ruc.edu.cn/040107/article/07-07/22931.htm。

② 选摘自《中国人民大学本科教学方案》（对外语言文化学院）（2007）。

表5－7　二年级课程设置及学分明细

课程类别	课程名称	学分	学分配置	
			三	四
全校共同课	计算机应用基础（初级）	4	2	
	计算机应用基础（中级）			2
部类共同课	中国文学经典导读	2	2	
学科基础课	汉语精读	8	4	4
	汉语口语	4	4	
	汉语听力	4	4	
	汉语写作	2	2	
	中国经典小说研读	4	2	2
	经贸汉语会话	4		4
	汉语视听说	4		4
	报刊语言基础	2	2	
	报刊时文阅读	2		2
	中国概况	2	2	
专业必修课	文献阅读与写作	2		2
	现代汉语词汇与汉字	2	2	
	现代汉语语法	2		2
专业选修课	中国经济概况	2	2	
	经贸汉语阅读	2		2
	中国人文地理	2		2

表 5-8　三年级课程设置及学分明细

课程类别	课程名称	学分	学分配置	
			五	六
部类共同课	中国经典话剧赏析	2	2	
专业必修课	高级汉语	8	4	4
	汉语广播听力	4	2	2
	文献阅读与写作	2	2	
	古代汉语基础	2		2
	论文阅读与写作	2		2
	高级汉语口语	4	2	2
	翻译	4	2	2
	汉语语法偏误分析	2	2	
专业选修课	中国古代史	2	2	
	中国历史名人	2		2
	中国近现代史	2		2
	中国文化概论	2	2	
	中外文化交流史	2		2
	唐诗赏析	2	2	
	宋词赏析	2		2
	中国现代文学选读	2	2	
	中国当代文学选读	2		2
	微型小说赏析	2	2	
	中国古代思想概说	2		2
	当代中国政治制度	2		2

表 5 - 9　四年级课程设置及学分明细

课程类别	课程名称	学分	学分配置	
			七	八
专业必修课	古代汉语基础	2	2	
	汉语综合阅读	2		2
	论文阅读与写作	2	2	
	当代中国话题研讨	2	2	
	语言学概论	2	2	
	《论语》研读	2	2	
专业选修课	中国古代文学简史	2	2	

相对于"两步走"原则下的课程设置，以通识教育为指导的新课程体系具有如下几个鲜明特点。

（1）加强了语言课和专业课的必然联系。一年级第二学期的口语课减少四课时，增加"商务汉语"课，以培养学生在与商务有关的广泛的职业场合、日常生活、社会交往中用汉语交际的能力；二年级口语课和听力课各减4课时，增设部类共同课"中国文学经典导读"（《骆驼祥子》或《城南旧事》），增设学科基础课"中国经典小说研读"（《活着》或其他）、"经贸汉语会话"、报刊阅读（报刊语言基础、报刊原文阅读）等课程。同时，在二年级增设专业必修课"现代汉语词汇与汉字"①；减少专业必修课，保留具有通识性质的"经贸汉语阅读""中国人文地理"，增设具有通识性质的"中国经济概况"。部分课时的减少与相应课程门类的增加在很大程度上加强了语言课和专业课的联系，把纯技能训练与带有部分专业性质的专业课结合了起来。

（2）部分特色专业选修课调整为学科基础课或专业必修课。例如，将"报刊语言基础""报刊时文阅读""汉语视听说""经贸汉语会话""商务汉

---

① 　其实，这门课与一年级专业必修课"普通话语音"、二年级专业必修课"现代汉语语法"共同构成"现代汉语"课，新方案采取分阶段设课（相当于增加了学分）。

语”等课程调整为学科基础课，将“翻译”（韩汉、英汉、日汉等）、“汉语语法偏误分析”等课程调整为专业必修课等。课程性质的调整，在很大程度上加强了专业培养的广泛性和针对性，体现了“厚基础，宽口径……”的人才培养理念。①

（3）以学生为本，充分考虑学生的兴趣和需要，学科基础课范围加宽，专业必修课和专业选修课内容相对集中。这种调整在某种程度上与复旦大学的通识教育改革具有共通性——学生入校后接受通识教育课程，然后再进入比较宽泛的基础知识和技能训练，最后再进入专业学习。

（4）把“以培养汉语交际能力为目标”这一汉语作为外语教学原则贯彻到底。汉语听、说、读、写等技能性课程贯穿四个学年，例如，作为书面语教学的汉语综合课一直延续到三年级，在三年级增设“高级汉语口语”等。

（5）加大了通识课在课程体系中的比重，加强了原文原典教学。调整后的课程体系中，部类共同课“中国文学经典导读”“中国经典话剧赏析”列为本院本科生必修、其他院系本科生选修，从原课程体系中析出的“中国经典小说研读”“《论语》研读”等课程的选材都是原文原典，均带有通识性质。

5.2.4　结语

总之，虽然对外汉语专业有其本身的特殊性和独立性，但由于学历教育和专业教育的共通性，如果在课程设置方面把通识教育的因素考虑在内，以通识教育考量课程设置，会使得对外汉语这一留学生本科专业的课程设置更加科学、合理和实用。

---

① 转引自《中国人民大学通识教育改革的初步设想》（讨论稿），中国人民大学教务处文件，2007年5月。

195

第三节　汉语国际推广背景下的高校留学生
教育管理模式探索

5.3.1　从对外汉语教学到汉语国际推广

随着中国综合实力的不断增强与国际地位的不断提升，世界范围内的"汉语热"正持续不断升温，国际社会对汉语的需求达到了前所未有的强度。据不完全统计，2009 年共有来自 190 个国家的 238 184 名留学生在中国境内学习汉语，比 2008 年同比增长 6.57%①，这些学习者绝大部分分布于国内各地高校；而且随着北京 2008 年奥运会、上海 2010 年世博会的成功举办，国内高校正在迎来留学生来华学习汉语的高峰。

我们国家对国际范围内的"汉语热"给予了高度重视，目前如火如荼的"汉语国际推广"正是这种大背景之下的一项语言工程。早在 1989 年，国家教委高级官员就强调指出，对外汉语教学是"国家和民族的事业"②，"是国家改革开放大局中的一个组成部分。发展对外汉语教学事业，对于向世界推广汉语，传播中华民族的优秀文化，增进我国与世界各国人民的相互了解和友谊，培养更多的对我友好人士，扩大我国与世界各国的经济、文化等各方面的交流与合作，提高我国在国际上的影响，具有重要的战略意义。对于维系全世界 3000 万华人、华侨与中华文化的血脉联系具有重要作用。"③ 当前出现的全球性汉语热是中国政治、经济等国家硬实力不断发展的客观结果，为此国家及时调整语言战略，将原来的国家对外汉语教学领导小组办公室更名为国家汉语国家推广领导小组办公室，变"请进来"为"走出去"，"加快汉语走向世界"，迅速提升与国家硬实力不相匹配的国家软实力。因此，

---

① 数据来自中央政府门户网站"教育部：2009 年全国来华留学生人数首次突破 23 万"，http：//www.gov.cn.2010 – 03 – 22。

② 参见国家教委"关于印发《全国对外汉语教学工作会议纪要》的通知"，1989 – 05 – 08。

③ 参见教育部"关于印发《第二次全国对外汉语教学工作会议纪要》的通知"，2000 – 02 – 03。

从对外汉语教学到汉语国际推广不是对前者的否定，而是与时俱进的政策性调整，是一个客观的发展过程。汉语国际推广不是否定当前国内的对外汉语教学，而是在此基础上开辟了另一条语言文化传播路线。从建国到现在，国内对外汉语教学培养了数以万计的国际汉语人才，为国家的经济发展与文化传播做出了不可磨灭的贡献。因此，汉语国际推广应该采取国内国外两条路线，不能只局限于国外汉语教学与文化传播，而忽视国内对外汉语教学。另外，从目的语环境可以为学习者学习该语言提供最佳学习条件这一角度来说，国内对外汉语教学在汉语国际推广整个工程中有着举足轻重的地位；因为国内对外汉语教学中的学习者完全沉浸于目的语环境，其学习效果要比非目的语环境的国外汉语教学好得多。

鉴于此，高校如何建立高效完善的留学生教育管理模式，如何在汉语国际推广这一"国家和民族的事业"中发挥应有的角色，已经成为一项迫在眉睫的重要研究课题。

5.3.2　留学生教育在中国高等教育中的地位

5.3.2.1　国家对留学生教育高度重视

我国政府部门历来十分重视汉语言文化的传播。国家教委《外国留学生管理条例（草案）》明确指出："接受和培养外国留学生，是我国外交工作的组成部分和应尽的国际主义义务，也是促进我国改革开放、加强与各国教育、科学、文化交流和经济贸易合作，积极吸收、利用国外智力为我国科技生产力服务，增进我国人民同各国之间的友谊和了解，维护世界和平的一项具有战略意义的工作，应当积极做好。"

《国家中长期教育改革和发展规划纲要（2010－2020年）》则明确提出了"扩大教育开放"的目标——"提高交流合作水平""进一步扩大外国留学生规模。增加中国政府奖学金数量，重点资助发展中国家学生，优化来华留学人员结构。实施来华留学预备教育，增加高等学校外语授课的学科专业，不断提高来华留学教育质量"。

5.3.2.2　高校国际化的重要标志

国际上较有影响的大学一般都招收相当数量的留学生，世界一流大学的外国留学生数已占在校生总数的15%以上。（孟长勇，2000）目前中国高等教育的教育体系已经相当完善，知名高校的办学层次几乎已经涵盖了包括成人教育、专科、本科、硕士研究生、博士研究生、博士后流动站等在内的所有学历教育领域。近年来，来华学习汉语的留学生数量不断增长；目前，留学生已经成为中国高等学校的重要生源，几乎每所招收留学生的高校都成立了专门从事留学生教育的学院或机构，留学生教育已经成为中国高等教育的重要组成部分。

留学生教育是高校对外宣传的重要窗口。来华留学生肤色不同、国别多样，代表了不同国家与地区的文化。对大部分留学生来说，来中国学习汉语是他们一生中的重要经历，中国的政治、经济、文化等诸多领域都将成为他们要了解的焦点。在走近中国、了解中国的过程中，学习汉语的依托之地——高校无疑将成为留学生最重要的停留场所，高校固有的校园文化、学习风气、校规校纪、人文环境等都会给学生留下终身难忘的印象。因此，归国留学生成为高校对外宣传的重要资源。

从某种程度上讲，高校留学生教育是高校整体学科水平、大学管理水平、教学科研水平、对外开放程度和国际化程度的重要标志。留学生教育的规模与层次展现了高校的国际化程度，因为一所高校的知名度高低除了受其综合实力影响外，还与其开放程度成正比。国际化的视野需要一种国际化的开放程度，而国际化的开放程度可以说明高校对不同文化的理解与容纳程度。"海纳百川，有容乃大"，留学生的数量规模与学历层次已经成为高校国际化的重要标志。

5.3.2.3　高校的职责与义务

留学生教育是高校在"汉语国际推广"中发挥应有角色的重要方面。"汉语国际推广"是"国家和民族的事业"，高校作为知识文化传播的重镇，理应承担相应的义务。除了向海外孔子学院外派汉语教师从事国外汉语教学工作以外，搞好国内对外汉语教学工作、建立完善一套完整的留学生教育管理机制，也是高校在"汉语国际推广"中扮演重要角色的体现。

5.3.3　留学生教育的特殊性

5.3.3.1　教育对象的特殊性

留学生来到中国是以汉语作为第二语言学习者的身份进入高校的，这就和以汉语母语者身份进入高校的中国学生形成鲜明对照。高校环境对汉语母语学生来说并不陌生，而留学生不但面对一个完全陌生的环境，而且还要花很多力气解决语言障碍问题。对大多数留学生而言，他们在中国遇到的种种困难在很大程度上都是由于语言不通造成的，因此解决语言障碍是他们在中国高校继续学习的首要问题。

5.3.3.2　文化背景的特殊性

来到异域，除了要克服语言障碍，文化冲突也是难以避免的。由于文化背景的差异，大部分留学生来到中国后要经历一个从"蜜月期"到"调整适应"的跨文化过程，（刘珣，2000）但也有少数学生会出现文化休克现象，表现为对异国所有的事情都不理解、不满意，忧虑、思乡、恐惧，最后不得不放弃既定目标匆匆回国。

5.3.3.3　外事无小事

外事工作政策性强，具有较强的敏感性，不允许管理者有丝毫的随心所欲。由于学生国籍的不同，某些事情的处理方式往往牵涉到国家和国家之间的关系，某些问题的解决可能还要借助外交手段。因此，外事在很大程度上是一个比较敏感的工作领域，既具有很强的原则性，又具有很大的灵活性。原则性主要表现为遵守外事纪律，按照国家法律法规、学校校规校纪办事；灵活性主要表现为要充分尊重学生的文化背景、思维方式和自由选择权利，建立一种平等关系。

5.3.3.4　管理模式的特殊性

教育对象的特殊性、文化背景的差异性，以及外事的独特性等因素决定了高校留学生教育管理的特殊性，决不能和中国学生一起搞一刀切。留学生教育的管理模式首先要尊重不同国家和地区的文化，同时也要充分体现出管理的规范化和浓厚的人性化。（蔡永强，2006）

5.3.4　尊重不同文化，以学生为中心，建立完善特色教育管理模式

随着精英教育被大众教育的取代，全面提高教育质量成为高等教育目前面临的主要挑战。一所高校能否在社会上立住脚、让人民满意、让学生满意，关键一点在教育质量的高低。留学生教育作为中国高等教育的重要组成部分，全面提高留学生教育质量和教育水平理所当然成为留学生教育的主要目标。对高校留学生教育来说，教学管理是工作的核心，全面培养学生的汉语交际能力（主要包括听、说、读、写、译）是工作的最后落脚点。鉴于留学生教育的特殊性兼及留学生教育在整个高等教育体系中的地位，我们应该

建立并完善一套行之有效的留学生特色教育管理模式。

5.3.4.1 创造品牌效应

高校留学生教育应该注重创造品牌效应，全面提高软件与硬件的配套建设，包括教育质量（主要是教学质量）、服务质量、学习生活环境等。首先，在配套建设中提高教育质量是关键，如何在短时间内大幅度提高汉语学习者的汉语水平、跨文化交际能力是广大汉语工作者首先要考虑的问题，高校应该把全面提高教学质量放在留学生教育管理的首位。其次，管理部门还应该注重服务质量和学习生活环境的不断改善，为留学生的汉语学习创造一个良好的环境。另外，在创造品牌效应的过程中，"国家对外汉语教学基地"单位还应该注意发挥基地的示范作用；目前国家教育部一共批准了8所高校的8个独立教学机构为国家对外汉语教学基地，① 其目的便在于让这8个实例较强的独立教学单位在教学质量、科学研究、教材编写、教育管理等方面发挥示范作用，以点带面，全面提高高校留学生的教育质量。

5.3.4.2 实行一体化管理

所谓一体化管理，指的是"在校党委和校长的领导下，将外国留学生管理工作、服务工作、对外汉语教学工作融为一体，实行集中统一管理，发挥管理、教学、服务的整体功能优势。"（马骁骁、丁剑刚，1999）对于高校来说，留学生的教育管理工作是外事工作的一项重要内容，目前全国共有600多所从事留学生教育的机构（包括高校、科研院所和其他教学机构），这些机构一般均设有国际交流处等独立的行政机构和对外汉语学院等独立的教学机构。因此，一体化管理在很大程度上体现为学校学院两级管理制度：国际交流处（或其下属机构）负责管理和服务工作，对外汉语学院负责教学工作。两级管理制度是由"外事无小事"这一留学生教育的特殊性决定的，有利于行政管理与教学管理政教分开，有利于在具体工作中划分职责。在两级管理中，院级规范化管理是留学生教育管理的核心，而院级管理的核心地位是由教学工作是高校的核心工作这一通则决定的；换言之，学校行政管理、学院教学管理的最后落脚点都应是教学质量的提高，都应该为教学质量的提

---

① 8个"国家对外汉语教学基地"分别为：北京语言大学、复旦大学国际文化交流学院、北京师范大学汉语文化学院、北京大学对外汉语教育学院、南开大学汉语言文化学院、华东师范大学对外汉语学院、南京师范大学国际文化教育学院、中国人民大学对外语言文化学院。

高服务。这种一体化管理模式是目前全国大部分高校采取的管理方式，这种模式一方面适应了留学生外事工作的特殊性，同时又在最大程度上保证了工作效率。

因此，高校留学生教育应该将这种一体化管理模式作为留学生教育改革的目标，实行学校学院两级管理，从而为最终理顺管理体制，努力提高管理水平奠定基础。

5.3.4.3 实行过程管理与学分管理

对留学生的管理很大程度上体现为过程性管理。从学生入学到离校的这段时间，行政部门和教学部门都需要对学生进行跟踪性管理。所谓跟踪性管理主要指的是要全面定期了解学生的生活和学习状况，护照有没有定期注册、上课情况好坏、遵纪守法情况等都是需要了解的重要方面。教学方面实行学分管理在于加强留学生教学的规范性、切实做到"以学生为中心"的重要体现，学分管理可以充分保证留学生的教育质量。高校行政部门和教学管理部门之间要定期加强联系和沟通，以增强留学生过程管理和学分管理的可行性与实效性。

5.3.4.4 院级教学管理行政工作

院级教学管理的行政工作是学校留学生行政管理的重要组成部分。各留学生教学单位为了保证教学质量，必须专门制定《留学生手册》《教学质量管理体系》等规范性文件，对教师和学生的要求都要有明确的规定。院级行政工作可以说是教学管理的重要组成部分，具体说来要考虑如下几个方面。

A. 加强班主任工作管理。高校留学生来自不同国家和地区，体现出很强的文化多元性特征。班主任老师是联系学生和学院的重要桥梁和纽带，好的班主任老师不仅是学生的任课教师，更是学生的生活向导。班主任老师在院级教学管理中具有举足轻重的地位，学校和学院都应该切实加强班主任队伍的建设和管理工作。

B. 加强考勤管理。考勤管理是实行过程管理和学分管理的重要保证，教学单位应该制定严格的考勤管理细则，对学生的出勤、旷课、迟到、请假等情况做出明确的规定。学院除了把考勤情况作为学生成绩考核的重要参考外，还应该将考勤结果与留学生行政管理部门进行沟通，以便及时了解学生的情况。

C. 根据教学计划，加强汉语实践环节。汉语作为第二语言教学与英语、西班牙语等作为第二语言教学一样，有其自身的教学规律和学习规律。教学工作中除了完成既定的教学计划外，还应该通过不同途径加强汉语实践活动，做到把课堂教学延伸到课外、课内学习与课外学习有机结合。例如，每学期可以组织学生参观具有代表性的文化景点，组织学生自编自演的文艺演出活动，等等。

D. 尊重不同国家和地区的文化，注意节假日的灵活性调整。文化的不同往往成为影响教育管理的重要因素。高校留学生教育管理中要充分体现对不同文化的尊重，例如，圣诞节对西方国家来说是一个传统的节日，其重要程度不亚于中国的传统节日春节。但目前高校中关于留学生圣诞节假日并没有一个明确的规定，多半采取与中国学生一样上课的方式。鉴于文化背景的不同，高校留学生管理应该充分考虑留学生的节假日调整。

5.3.4.5　建立留学生会，鼓励学生成立学生社团

为便于管理，学校还应该协助学生组织建立留学生会，鼓励学生成立自己的社团或参加学校的各种社团，以便让学生尽快融入到汉语作为目的语的文化环境中去。

总之，鉴于教育对象的特殊性，高校教育管理过程中对留学生应有所区别，应充分考虑国别差异可能产生的问题。要在尊重不同国家和地区文化、遵守国家法律法规校规校纪的基础上，建立健全一套具有长效机制的留学生教育管理模式。

5.3.5　亟待解决的问题

由于种种原因，目前高校留学生教育管理还存在一些亟待解决的问题，主要包括以下方面。

5.3.5.1　对"汉语作为第二语言教学"这一学科重视不够

如果从新中国成立算起，汉语作为外语教学、第二语言教学仅有不到60年的历史，这和英语作为第二语言教学几百年的历史无法比拟。当前国家汉语国际推广工作正方位展开，海外孔子学院已有200余所，国家对汉语国际推广工作的重视达到了前所未有的程度，应该说汉语作为外语教学这一学科的发展也到了一个关键的转折时期。高校相关部门应该尽快改变"是中国人就能教汉语"这种狭隘的学科偏见，把"汉语作为第二语言教学"作为一个学科、一个专业来对待，给这个学科充足的时间和空间，把这个学科做强

做大，以便更好地服务于汉语教学、为国家汉语国际推广工作做出应有的贡献。如果还有人否认对外汉语教学是一门学科，那完全是出于对语言学习的懵然无知，也是出于对语言与文化之关系的懵然无知。

某些高校对"汉语作为第二语言教学"这一学科重视不够的第二个表现，是严重忽略了目前国家汉语国际推广工作的真正内涵。据不完全统计，目前世界上共有4000万人在学习汉语，但这些学习者中的绝大部分都是速成式学习者。因此，虽然目前高校的留学生教学层次已经涵盖了研究生、本科生、预科生、语言进修生等不同级别的汉语学习者，但学习汉语的主体或我们的教学主体仍然是汉语短期学习者，学历教育的规模还很小。因此，我们应该更加注重"汉语教学的大众化、普及性与可接受性。因此，无论是教材、教学大纲还是汉语考试大纲，首先要考虑的是普及，是面向大众。因为事实上，目前我们仍然处于汉语教学市场的培育阶段，要想尽办法让世界上更多的人接触汉语、学习汉语，在此基础上，才能培养出更多高水平的国际汉语人才。"（赵金铭，2006）而某些高校目前采取的大力发展留学生学历教育的举措在很大程度上将汉语学习者的主体拒之门外，这对于"加快汉语走向世界"、促进对外文化交流、建设和谐世界是非常不利的。某些高校应该尽快转变这种观念，切实理解中央外事工作会议精神，以国务院办公厅《关于加强汉语国际推广工作的若干意见》为指针，实实在在地为国家汉语国际推广工作做出应有的贡献。

5.3.5.2　师资储备严重不足，专业汉语教师缺乏

汉语国际推广涉及面宽，需要大量的汉语教师。高校有关部门应该加强对外汉语教师的培训工作，并提高对专业汉语教师的要求。目前，"有些教师在知识结构和能力结构方面没有得到正规的训练就仓促上岗，他们所遇到的问题是可以想见的。有些教师对于教什么、怎么教、学生怎么学以及用什么工具和手段来教都不甚了了""因此，教师上岗前应该进行专业培训，要让教师知道在母语环境或者目的语环境中进行汉语教学是很不一样的，还要让教师知道第二语言教学有自己的特点和特殊要求"。（崔希亮，2007）这种状况显然不能满足汉语国际推广工作的迫切需要。

5.3.5.3　硬件和软件建设有待进一步改善和加强

学校硬件建设是吸引留学生生源的重要方面，学校应该为留学生创造一个良好的学习环境和生活环境，而目前某些高校的留学生住宿条件、学习条

件等硬件建设还需要进一步改善。目前，留学生课程设置过于单一、汉语配套教材缺乏、教学方法陈旧、教学手段急待更新，没有充分考虑不同文化差异（如上课时间太早、没有圣诞节假期）等问题都需要尽快解决。

5.3.5.4　缺乏对学生应有的约束力

学生到校报到后学习不认真、拖拖拉拉，或默默蒸发、从不上课是目前各高校留学生管理遇到的普遍问题。教学和行政部门应该制定出更为严格有效的管理措施，以充分保证高校留学生的教育质量。

汉语国际推广是一件大事，高校作为知识文化传播的重镇，只是充当"拉拉队"是说不过去的。（崔希亮，2007）在汉语国际推广这一伟大工程中，高等学校一方面要为国外汉语教学输送优秀的汉语教师，同时也要努力为国内对外汉语教学创造条件，以扎扎实实的工作和态度来应对"汉语热"。

第四节　日本孔子学院发展及运营的共性与个性

5.4.1　日本孔子学院和孔子课堂

孔子学院是中外合作建立的非营利性教育机构，致力于适应世界各国（地区）人民对汉语学习的需要，增进世界各国（地区）人民对中国语言文化的了解，加强中国与世界各国教育文化交流合作，发展中国与国外的友好关系，促进世界多元文化发展，构建和谐世界。自世界第一所孔子学院 2004 年 11 月 21 日在韩国首尔成立以来，此项事业便蓬勃发展。截至 2010 年 10 月，国家汉办已经和 96 个国家和地区合作建立 322 所孔子学院和 369 个孔子课堂。

日本第一所孔子学院——立命馆孔子学院（北京大学与日本京都立命馆大学合作建立）成立于 2005 年 6 月 28 日，曾连续两年被评为世界先进孔子学院，是全球最大的孔子学院之一，下有东京学堂、大阪学堂等 6 个教学点，全年开班数约达 90 余个，春秋两季学生总计 1500 名左右。此后，2006年，樱美林大学、北陆大学、爱知大学、立命馆亚洲太平洋大学和札幌大学相继成立了孔子学院。如表 5-10 所示，截至 2011 年 6 月，日本共成立了 12

所孔子学院和 6 所孔子课堂。

表 5－10　日本孔子学院和孔子课堂（截至 2011 年 6 月）

序号	名称	所在地	协议签订时间	正式成立时间	合作学校
1	爱知大学孔子学院	爱知县	2006 年 2 月 24 日	2006 年 4 月 1 日	南开大学
2	北陆大学孔子学院	石川县	2005 年 12 月 15 日	2006 年 2 月 15 日	北京语言大学
3	大阪产业大学孔子学院	大阪府	2007 年 8 月 28 日	2007 年 11 月 26 日	上海外国语大学
4	福山大学孔子学院	广岛县	2007 年 11 月 16 日	2008 年 1 月 8 日	北京对外经济贸易大学、上海师范大学
5	冈山商科大学孔子学院	冈山县	2007 年 6 月 12 日	2007 年 11 月 25 日	大连外国语学院
6	工学院大学孔子学院	东京都	2008 年 1 月 22 日	2008 年 5 月 12 日	北京航空航天大学
7	关西外国语大学孔子学院	大阪府	2009 年 9 月 22 日	2009 年 12 月 16 日	北京语言大学
8	立命馆孔子学院	京都府	2005 年 6 月 28 日	2005 年 6 月 28 日	北京大学
9	立命馆亚洲太平洋大学孔子学院	大分县	2006 年 10 月 25 日	2006 年 10 月 25 日	浙江大学
10	樱美林大学孔子学院	东京都	2005 年 11 月 1 日	2006 年 1 月 18 日	同济大学
11	早稻田大学孔子学院	东京都	2007 年 4 月 12 日	2008 年 4 月 1 日	北京大学
12	札幌大学孔子学院	北海道	2006 年 8 月 3 日	2006 年 11 月 22 日	广东外国语外贸大学
13	长野县日中友好协会广播孔子课堂	长野县	2007 年 11 月 7 日	2008 年 4 月 5 日	中国国际广播电台
14	福山银河孔子课堂	广岛县	2008 年 3 月 24 日	2008 年 4 月 4 日	海淀实验中学、上海实验中学
15	立命馆孔子学院大阪孔子课堂	京都府	2008 年 3 月 3 日	2008 年 4 月 1 日	同济大学

序号	名称	所在地	协议签订时间	正式成立时间	合作学校
16	立命馆孔子学院大阪东京课堂	东京都	2005 年 6 月 28 日	2005 年 6 月 28 日	北京大学
17	神户东洋医疗学院孔子课堂	兵库县	2007 年 10 月 25 日	2008 年 4 月 5 日	天津中医药大学
18	樱美林大学孔子学院高岛孔子课堂	滋贺县	2006 年 11 月 1 日	2006 年 11 月 1 日	同济大学

在 2007 年日本网络调查公司 My Voice 对日本国内 10 504 名不同年龄的日本人所进行的网络问卷调查中，在当前最想学习的外语语种中，选择英语的人数占比为 56.2%，选择汉语的人数占比为 4.9%，选择韩语的人数占比为 4.0%，其次依次为法语 2.2%，西班牙语 1.6%，意大利语和德语分别为 1.4%，俄语 0.4%；在当前正在学习的外语语种中选择英语的人数占比为 18.8%，选择韩国语的人数占比为 1.7%，选择汉语的人数占比为 1.3%，其次依次为法语 0.7%，德语 0.6%，西班牙语 0.4%，意大利语 0.3%，俄语 0.2%。[1] 虽然近年来，随着中国经济实力的提高以及中日贸易额的增加，在日本学习汉语的人数比以往有所增加，但是同英语的影响力相比还是有很大的差距。因此，虽然有着同样的宗旨和使命，日本的孔子学院在建设和发展中同其他国家和地区的孔子学院比较起来，还面临着不小的困难，其中最明显的困难就是，在日本，汉语教育并没有形成气候。[2] 除此之外，由于日语语法和发音同汉语差异较大，这就使得日本的汉语教学难上加难。不过，日本各家孔子学院和孔子课堂（学堂）因地制宜，结合各自所面临的情况尽量将自己的教学办出特色，其中还涌现了多家世界先进孔子学院。系统总结归纳日本各家孔子学院、孔子课堂（学堂）的运营情况、特点及共性，无疑对世界其他各地的孔子学院（孔子课堂）建设和日本本国地区孔子学院（孔子课堂）的进一步发展具有十分重要的借鉴意义。

---

[1] 数据来源于网络调查公司 My Voice，http：//www.myvoice.co.jp/biz/surveys/10211/index.html。

[2] 沈林（2007）第 26 页。

5.4.2 日本各孔子学院（孔子课堂）运营情况

日本的行政区划是都道府县制。共有一都、一道、二府和43个县。一都是东京都，是日本的政治、经济和文化中心。一道是北海道，位于日本最北部，这里开发的比其他地方晚一些。二府是京都府和大阪府，是近畿地区历史和经济的中心地带。而依据地域区分日本又可大体划分为北海道地区、东北地区、关东地区、中部地区、近畿地区、中国四国地区和九州地区。其中北海道地区仅包括北海道一处地方。东北地区包括青森县、岩手县、宫城县、秋田县、山形县和福岛县。关东地区包括茨城县、栃木县、群马县、崎玉县、千叶县、神奈川县和东京都。中部地区包括新潟县、富山县、石川县、福井县、山梨县、长野县、岐阜县、静冈县和爱知县。近畿地区包括三重县、滋贺县、京都府、大阪府、兵库县、奈良县和和歌山县。中国四国地区包括鸟取县、岛根县、冈山县、广岛县、山口县、德岛县、香川县、爱媛县和高知县。九州地区包括福冈县、佐贺县、长崎县、熊本县、大分县、宫崎县、鹿儿岛县和冲绳县。孔子学院在日本各个地区的分布以近畿地区和关东地区的孔子学院数量最多。我们不妨就从近畿地区的孔子学院入手，对各家孔子学院的运营模式进行分析。

5.4.2.1 近畿地区孔子学院运营情况

近畿地区三家孔子学院中首先要介绍日本成立的第一家孔子学院，也是日本最大的一所孔子学院——立命馆孔子学院。

A. 立命馆孔子学院

立命馆孔子学院成立于2005年6月28日，总部坐落于京都市北区等持院北町立命馆大学校园内，由立命馆大学和北京大学合办。

立命馆大学和中国文化有着深厚的渊源。"立命"二字取自中国《孟子·尽心章》中的"妖寿不贰，修身以俟之，所以立命也"句。所谓"立命馆"，就是指达到这种目标的地方的意思。立命馆大学成立以后，一直十分重视和中国的交流合作，1955年由郭沫若带领的中国科学院学术代表团和1957年由李德全带领的中国红十字代表团分别对立命馆大学进行了友好访问。特别是20世纪80年代以后，伴随着大学的国际化进程，在立命馆大学学习的中国留学生增加到900人，到中国留学的立命馆大学的学生也已达到了120人。2005年，中国政府向立命馆大学赠送了一尊孟子的石像，这是中国政府首次向国外赠送孟子塑像，也是迄今为止日本唯一一尊孟子全身塑像。① 2007 年 4 月 13 日，正在日本京都访问的温家宝总理来到立命馆大学，代表中国政府正式宣布邀请立命馆大学 100 名学生访问中国。一同参加座谈的立命馆小学的小朋友热情邀请温总理一起朗诵唐诗。座谈会后，温家宝总理还与立命馆大学棒球队员一起打棒球。②

立命馆作为世界首批、日本首家孔子学院，自我定位是"学堂、窗口和桥梁"，并进行了诸多先导性、开拓性的工作，学院力求发展自我、探索模式，协助推进孔子学院这一世界性公益事业又好又快地向前发展。立命馆孔子学院自成立伊始便确立了 4 个"For（为）"，即孔子学院要"为中国、为日本、为日方合作大学、为中方合作大学"的多赢思想的办学理念。

立命馆孔子学院面向社会各界人士提供多样化的汉语课程，除开设初中高级班以外，还开设商务汉语、HSK 对策讲座等特色课程，面向约 1 万名学生提供汉语教学课程和支援活动。立命馆孔子学院除本部外还分别开设了东京学堂（立命馆孔子学院位于东京的分部）、大阪学堂（与同济大学合办），在京都车站前的大学城（由 50 所大学、21 家企业团体组成）建立了 JR 京都站前教室，衣笠教室（位于立命馆大学衣笠校区），BKC 教室（位于立命馆大学琵琶湖校区）等 6 个教学基地，立命馆孔子学院以这 6 个教学基地为中心全面推进汉语教学。学院还在此基础上，进一步拓展了汉语教学的范围，使汉语逐渐从大学和成年人的课堂走进日本的中小学和幼儿园，把在日 50 万华侨子女的汉语教学也纳入孔子学院的整体规划。

立命馆孔子学院在开办 60 个汉语教学班的基础之上，还开办了中国理解讲座、汉诗讲座、论语讲座、中国武术——太极拳讲座等普及中国文化的相关课程，此外还经常举办各种演讲会和研讨会，对想学习汉语和想增加对中国了解的日本人提供全方位的帮助。立命馆孔子学院的相关活动分为两个大类，汉语教育相关活动和中日文化交流活动。其中汉语教育相关活动包括汉语教师研修、培养讲座、研究会，汉语教材的开发，相关翻译出版工作，以汉语为主题的公开讲座，举办汉语相关竞赛，为前往中国留学的学生提供支持，举办汉语水平（新 HSK）考试和对以幼儿、中小学以及高中生为对象

---

① 包志红（2010）第 35 页。

② 中国网络电视台 http://news.cctv.com/china/20070413/106217.shtml。

的汉语教学提供支持等内容；中日文化交流活动包括各种文化讲座，中国理解讲座，特别演讲会，立命馆每周六讲座的策划，与同济大学的合作课程的举办，艺术团体的公开演出，组织中国文化之旅活动，发行电子杂志和举办春节茶话会等内容。①

立命馆孔子学院倡导以汉语教学推动文化交流，以文化交流促进语言教学的办学方式。即以文化交流与语言教学为两轮，相互融合、互相促进，从而实现良性循环。例如，每月一讲的中国理解讲座（截至 2011 年 6 月已开办61 讲）、由社会各界著名人士主讲的有关中日关系最新文的敬学讲座（截至2010 年 11 月已开办 12 讲），文化访问团等，得到了社会各界的广泛欢迎和高度评价，并被日本主流媒体多次报道，大大提高了孔子学院的知名度和认同度。

立命馆孔子学院在短短的两年时间内创出孔子学院的 8 个第一，即世界首批、日本首家孔子学院；世界首家独立法人资格的孔子学院；世界首家受到温家宝总理访问的孔子学院；世界首家在同一法人下拥有两家孔子学院的孔子学院；世界首创在孔子学院下设学堂、发挥辐射效果的孔子学院；发起并成功举办"第一届世界孔子学院论坛"的孔子学院、"第一届国内孔子学院联席会议（日本）"的孔子学院；世界首家提出合作设立电视的孔子学院。② 基于立命馆孔子学院的优异成绩，该学院于 2007 年和 2008 年连续两次被评为世界先进孔子学院。

B. 大阪产业大学孔子学院

大阪产业大学孔子学院成立于 2007 年 11 月 26 日，是由大阪产业大学同上海外国语大学合办的孔子学院。学院位于大阪产业大学梅田分部内。梅田是大阪市最为繁华的地方，这里聚集着大量的写字楼，是日本许多公司的总部所在地，可谓寸土寸金。而且梅田车站是大阪最重要的交通枢纽，多条铁路线和地下铁交会于此，车站每天的客流量以百万计，而从 JR 大阪站、JR北新地站、阪急线梅田站、阪神线梅田站和地下铁御堂筋线梅田站出发步行到大阪产业大学孔子学院均在 10 分钟以内。将孔子学院的办学地点选在交通如此方便的地方，可见学院主办方是从学员的角度出发，切实为学员着

---

① 立命馆孔子学院 http：//www. ritsumei. ac. jp/mng/cc/confucius/index. html。

② 《人民日报海外版》2008 年 1 月 14 日第 6 版。

想，并且为汉语教学和汉语推广提供一切便利条件，为扩大中国文化在当地的影响尽一切努力。学院中方院长王京滨 1991 年毕业于山东大学外国语学院日语系，1995 年赴日本，2004 年获得东京大学经济学博士学位，2005 年开始任职于大阪产业大学经济学部。作为旅日多年的经济学者，王京滨从一位人文科学学者的视角对中国文化有着独到的见解和深厚的认识。作为在日华人，他时时刻刻、不遗余力地为中日友好、中国语言文化在日本的传播贡献着自己的力量。学院曾先后特邀国际中国语言学学会会长陆俭明先生、北京大学老舍先生的长女暨老舍纪念馆馆长舒济、上海市外事办公室副主任张伊兴为学院顾问，并定期邀请各位顾问到学院为学员作演讲。

大阪产业大学孔子学院的相关活动内容为文化讲演会、中国语言学讲演会、经济讲演会、海外研修会、组织汉语水平（新 HSK）考试、组织汉语桥相关活动、"上海千博"活动、京剧鉴赏以及组织上海外国语大学艺术团的基交流公演活动。

在诸多的活动中，尤以"上海千博"活动和经济讲演会最具特色。上海万博于 2010 年 5 月至 10 月举行，为了配合上海万博，学院于 2009 年 9 月举办了以介绍上海为主要内容的"上海千博"活动。该活动增加了人们对上海的了解，扩大了上海万博的影响力，展现了当代中国的勃勃生机和无穷魅力，为日本国民提供了一个了解中国的新窗口，使更多日本人对中国和汉语产生了浓厚兴趣，极大地推动了中国文化的传播。该活动成功举办的盛况也被海内外多家媒体广为传播，为吸引更多日本游客在上海万博期间到上海旅游做出了巨大贡献。

大阪产业大学孔子学院还有一个独具特色的活动就是经济讲演会。经济讲演会是在汉语教学和推广的基础之上，以对中国经济感兴趣的相关人士组织的讲演会，经常会邀请日本和中国的经济专家进行主题演讲。2008 年 11 月 29 日召开了"纪念中国改革开放 30 周年国际学术研讨会——中国市场化改革的成绩、课题与今后的展望"为主题的研讨会。大会专门邀请了中国著名经济学家张曙光教授和张军教授分别以"打破国有部门垄断建立政府经济管制"和"改革开放——鲜为人知的故事——"为题进行了演讲。在研究上以细致严谨著称的日本中国经济学者们，结合自己多年的研究成果对中国 30 年的改革开放各抒己见，大会精彩纷呈。该研讨会取得了空前成功，深受各界好评。①

C. 关西外国语大学孔子学院

由关西外国语大学和北京语言大学合办的关西外国语大学孔子学院成立于 2009 年 12 月 16 日，是迄今日本孔子学院中最年轻的孔子学院。

关西外国语大学设立于 1966 年，该校本身就具有雄厚的汉语教学队伍和良好的汉语教学资源，同北京语言大学合作设立孔子学院条件可谓是得天独厚。关西外国语大学通过教授学生学习世界各国的语言、文化，致力于培养能在国际社会大舞台上有所作为的优秀人才。学校没有把教育仅仅只停留在语言教学上，而是更加致力于通过在教授学生学习外国语的同时深入探讨世界各国文化间的异同，培养学生的综合交际能力，从而走出了一条具有鲜明特色的关西外国语大学的教学之路。

1984 年 7 月该校向中国派遣了 33 名学生留学，从此拉开了与中国交流的序幕。至今为止，该校共计向中国的友好交流大学派遣了 2000 多名学生，让学生们走进中国，亲近中国，受到了中国大学师生们的一致好评。目前，该校已经和中国的 16 所大学缔结了合作交流协议。每年都派遣 150 人左右的学生去中国的大学学习。

关西外国语大学在日本所有国立、公立、私立"外国语大学"中办学规模最大。截至 2009 年 5 月 1 日，拥有学生 13 723 名。作为主要教授外国语及外国文化的专业大学，在日本国内拥有很高的声誉。截至 2009 年 6 月，关西外国语大学学习汉语的日本学生数已经超过了 2 300 人。根据 2009 年该校的汉语教学数据统计，在校的汉语专业学生为 2 382 名，教师人数为 35 名，其中，日本籍教师 13 名，中国籍教员 22 名。可以说，关西外国语大学既是日本国内办学规模最大的"外国语大学"，也是在汉语教学方面拥有众多学生人数和雄厚师资力量的大学。

为了将关西外国语大学孔子学院办成一所独具特色的孔子学院，在签订合作协议时，合作的两所大学达成以下协议：①接收在北京语言大学留学的世界各国留学生来关西外大孔院学习，②开展汉语、中国文化相关教学工作，③开展亚太地区汉语教师培养项目等。关西外国语大学孔子学院面向普

---

① 大阪产业大学孔子学院 http：//www. osu – confucius. jp/news/2008/20081129end. html。

通市民开设汉语、中国文化讲座，充分发挥本大学作为外国语大学的特色，培养汉语教师，探寻一条独具特色的办学道路。①

D. 神户东洋医疗学院孔子课堂

在近畿地区的3所孔子课堂中，立命馆孔子学院大阪学堂隶属于立命馆孔子学院，而位于滋贺县高岛市的樱美林大学孔子学院高岛学堂隶属于樱美林大学孔子学院，在对相关孔子学院进行说明时会提及这两所孔子课堂，在此就不再赘述，这里重点看一下神户东洋医疗学院孔子课堂。

孔子课堂是针对高中生以下的未成年人进行汉语教学的组织。而在日语中类似的组织被称为"学堂"，而现有的日本各所孔子课堂中的日语名称中除"神户东洋医疗学院孔子课堂"外，其余的5所孔子课堂均被称为"孔子学堂"（如立命馆孔子学院东京学堂），之所以与其他孔子课堂不同，是因为神户东洋医疗学院孔子课堂的教学对象既包括未成年人也包括成年人。

神户东洋医疗学院孔子课堂位于兵库县神户市中央区江户町，成立于2008年4月5日，合作双方为神户东洋医疗学院和天津中医药大学。天津市和神户市是友好城市，由友好城市的两所大学合办孔子课堂，可谓是使天津市和神户市的友好关系亲上加亲。神户东洋医疗学院，成立于2000年4月，是兵库县第一所培养针灸师的专业学校，2006年作为同天津中医药大学的合作项目，又设立了天津中医药大学中药学院日本分校，另外设立了神户东洋日本语学院，具备了进行语言教学的条件。神户东洋医疗学院孔子学员的教学目的是培养中医药领域的专业人才和汉语教师，并举办针对一般市民的中药医疗、汉语、中国文化等公开讲座，向包括专业人才和一般市民在内的所有学员提供优良的教学服务。②

从该校的相关介绍中，我们不难看出该孔子课堂的特色就在于，其教学是围绕着中医药学相关内容展开的，这使该孔子课堂也成为日本首家带有中医药学特色的孔子课堂。该校于2011年新设了以教授中医文化为教学内容的中医文化班，该班的教学目的就是为了让学员熟悉各种中医文化，在增加中级汉语词汇数量和提高中级汉语语法水平的基础之上，加深对中医学和有关

---

① 关西外国语大学孔子学院 http：//www. kansaigaidai. ac. jp/special/confucius/cn/about/foundation。
② 神户东洋医疗学院孔子课堂 http：//koushikadou. com/summary. html。

中医药文化、知识的理解。这也可以说是神户东洋医疗学院孔子课堂的办学的一大亮点。

5.4.2.2　关东地区孔子学院运营情况

目前关东地区的孔子学院共有三所，分别为樱美林大学孔子学院、早稻田大学孔子学院和工学院大学孔子学院，孔子课堂一所，即上文提到的立命馆孔子学院东京学堂。

A. 樱美林大学孔子学院

樱美林大学孔子学院坐落于东京都町田市，环境优美，风光宜人，是个学习的好地方。樱美林大学孔子学院成立于 2006 年 1 月 18 日，中方的合作学校是同济大学。

樱美林大学隶属于樱美林学园，其前身是该校创始人清水安三于 1921 年在北京市朝阳门外设立的崇贞学园。1917 年清水安三作为传教士来到了北京，当时的北京有很多因饥荒而饱受困苦，甚至流离失所的儿童，作为受灾儿童的收容所他成立了崇贞学园。在崇贞学园，被收容的儿童不仅能学到文化知识，而且还可以学习手工艺品的制作。这就帮助很多儿童以及他们的家庭解决了生计问题，因此，当时清水安三被称为"北京的圣人"。随着 1945 年"二战"的结束，清水安三也结束了他在中国长达 24 年的教育生涯回到了日本；并在 1946 年创立了樱美林学园，并于 1966 年设立了樱美林大学，此后该校一直致力于汉语和中国文学的教育与研究工作。2006 年，在庆祝学园创立 60 年之际，该校携手同济大学共同设立了樱美林大学孔子学院。这一年，也是崇贞学园建校的第 85 年。

樱美林大学孔子学院的宗旨是培养更加了解中国、今后能为中日友好做出贡献的人才。① 学院的教学活动主要有汉语特别课程、汉语中国文化公开讲座、以汉语教师和相关企业的员工为对象的研修活动、组织各种竞赛活动和汉语水平考试以及为日本学生联系到中国留学等内容。其中最具特色的是汉语特别课程。该课程是以高中毕业生（已具备大学入学资格）为对象，这些学生在该孔子学院接受为期一年的系统的汉语学习后，可以选择到同济大学汉语系或樱美林大学相关院系继续接受三年的本科教育，达到毕业水平后授予学士学位的课程设计。

---

① 樱美林大学孔子学院 http：//kongzi. obirin. ac. jp/KZtoha. html。

为扩大汉语教学的规模，学院于 2006 年 11 月 1 日，在樱美林大学的创立者——清水安三的出生地——滋贺县高岛市设立了樱美林大学孔子学院高岛课堂。该孔子课堂以樱美林大学孔子学院为依托开展了丰富多彩的汉语教学活动。学院于 2010 年被评为世界先进孔子学院。

B. 早稻田大学孔子学院

早稻田大学孔子学院坐落于该校位于东京都新宿西早稻田的早稻田校区，正式成立于 2008 年 4 月 1 日，中方的合作学校是北京大学。早稻田大学与中国有着深厚的渊源，100 多年前，早稻田大学就接受过李大钊、陈独秀等一大批中国留学生，据悉，目前该校有近万名学生以不同方式学习汉语；在早稻田大学学习的中国留学生也有约 1000 人，每年接待的中国访问团达 100 多个。

学院自成立时便定位为世界第一所"研究型"孔子学院，并对以中国为研究对象的研究生或青年学者的研究活动提供各种支持。有别于以语言学习和文化体验为办学目的的"学习型"孔子学院，该校孔子学院以培养青年学者、中日共同研究项目和出版研究成果为主线，依靠高语言能力和专业性，把培养能够真正为中日关系起到桥梁作用的尖端人才作为教学目标。自 1982 年早稻田大学同北京大学缔结学术交流协议以来，两校的友好合作关系逐渐加深。2003 年"早稻田大学—北京大学共同教育研究运营机构"设立后，两校不断推进和完善该合作项目的发展，作为该项目的一环，从 2005 年开始双方启动了"双博士学位项目"，以此来促进两校的学生培养工作。早稻田大学孔子学院的主要工作内容是青年学者培养项目、著名学者论坛、中日学术共同研究项目以及早稻田大学孔子学院讲义录的出版等，而这些工作都是作为两校的共同教育研究运营工作的一环展开的。

学院成立后，和北大每年互派 10 多名学者到对方大学讲学。为把研究成果回报给社会，并让国内外的学者能够利用这些研究成果，学院将主办的学术论坛、开讲课程及各种演讲会上使用过的教材和发表的各种研究成果汇编成早稻田大学孔子学院讲义录面向外界出版。其中《中日刑法论坛》和《中日民法论坛》作为早稻田大学孔子学院丛书的第一辑和第二辑已经于 2009 年和 2010 年出版发行。①

---

① 早稻田大学孔子学院 http://www.waseda.jp/wci/jp/lecture/index.html。

C. 工学院大学孔子学院

工学院大学孔子学院成立于 2008 年 5 月 12 日，中方的合作学校为北京航空航天大学。学院坐落于工学院大学新宿校区，毗邻东京的交通枢纽新宿车站，新宿车站每天的客流量达到 200 万人次，是日本最大的车站之一。

工学院大学的前身是成立于 1887 年的工手学校（工业学校），是一所拥有 135 年历史的老校。1949 年依据当时日本推行的学制改革，设置了新式大学。学校自建校以来一直遵循"诚实努力"的教育理念，伴随着 21 世纪科学技术的高度化和全球化，该校以培养能够克服全球性环境污染、构筑让人们安心生活的未来世界的优秀科研人才为目标不断努力奋斗。①

为了适应经济和科学技术的全球化进程，工学院大学正在开发全球工程师教学项目，而对于未来的全球工程师来说最需要的素质就是能够在不同文化环境下、协调不同文化环境的人员共同工作的能力。要培养这种能力，必要的外语水平是不可或缺的。工学院大学本着"培养技术人才"的基本理念，考虑到全球工程师将来在 21 世纪的经济大国——中国工作的可能性，认为有必要设立一个不单单从事汉语教学，而且能够加深对中国的政治、经济、法律、科技、资源环境等诸多问题理解的教育机构。而且伴随着中日关系的不断加深，精通汉语、了解中国文化和历史的专业人才的需求与日俱增。拥有培养专业技术人才传统的工学院大学，本着进行对专业技术人才提供专业技术汉语教学的宗旨，同北京航空航天大学合作成立了孔子学院，并借助该孔子学院同北京航空航天大学进行更深层次的合作交流。

工学院大学孔子学院为了应对社会的需要，开设了以下的汉语教学和中国文化普及活动。①利用包含公共媒体和因特网等多种形式进行的汉语教育；②培养能够教授中小学、高中及大学相关汉语课程的汉语教师；③组织汉语水平考试；④举办以在职人员为对象的多种类、多领域的汉语及相关讲座；⑤组织其他学术活动及与汉语和中国文化相关的各种竞赛；⑥放映中国电影和电视节目；⑦为到中国留学的相关人员提供服务；⑧为从事教学活动的相关人士提供有关中国的各种信息。② 此外该孔子学院还有名为《工学院大学孔子学院新闻》的电子版刊物，每月发行一次，内容多为新近发生的中

---

① 工学院大学 http：//www. kogakuin. ac. jp/125/index. html。

② 工学院大学孔子学院 http：//www. kogakuin. ac. jp/cik/about/index. html。

日两国的新闻、学院举办的各种活动、中国各地的风土人情以及对汉语的新生词汇和"流行语"的介绍等相关内容。

5.4.2.3 中部地区孔子学院运营情况

A. 爱知大学孔子学院

爱知大学孔子学院成立于 2006 年 4 月 1 日，国内的合作学校是南开大学。学院拥有两个教学点，一个位于爱知大学车道校区，另一个位于爱知大学丰桥校区。

爱知大学的前身是 1901 年成立于上海的东亚同文书院，该书院是日本在海外设立的历史最悠久的高等教育机关。1926 年 3 月至 1931 年 12 月期间，日本前首相近卫文麿曾担任该书院院长。1931 年 4 月鲁迅先生曾到该书院讲学。1939 年 12 月，该书院被提升为大学，并更名为东亚同文书院大学。1945 年 8 月，随着"二战"结束，东亚同文书院大学被关闭，次年 11 月，依据日本政府的相关规定，以东亚同文书院大学为基础设立了爱知大学。爱知大学成立以来一直致力于中日友好交流事业，并同中国十几所高校签订了友好交流协议。为加强为中国相关问题的研究，该校于 1991 年 4 月在研究生院开设了中国研究专业，于 1997 年 4 月成立了现代中国学部并设立了现代中国学专业。该校于 2004 年同中国人民大学和南开大学共同设立了"双学位培养项目"，中日双方大学的研究生可以通过报名参加双学位项目，通过对方大学的入学考试并完成双方学业后可分别授予两个学校的硕士或博士学位，该项目为培养具备国际视野的高端研究型人才开辟了一个新途径。

爱知大学孔子学院的汉语课程包括了从入门的初级班到熟练的高级班的所有等级的内容，教学内容既详细又丰富，满足了不同水平学员对汉语学习的需要。学院的特色在于将教学内容分为了继续讲座和完结讲座。继续讲座的主要内容是日常的汉语会话，适合于从初级水平到高级水平的想要长期学习日常汉语会话的各类学员；完结讲座的主要内容是专题性讲座，该讲座每次授课均有一个专题，并且在利用一个学期讲授完全部专题，适合于想接受汉语水平考试强化训练、学习各种翻译技巧和写作技巧的各类学员。另外，该孔子学院每年举办两次公开演讲会，并利用暑假组织学员到南开大学进行短期留学以强化学习效果。爱知大学孔子学院自成立以来，深受各界人士的欢迎，每年在该孔子学院的两个教学点学习汉语的人数超过 1600 人，据统计是所有孔子学院中每年培训学院最多的孔子学院。①

B. 北陆大学孔子学院

北陆大学孔子学院成立于 2006 年 2 月 15 日，是由北陆大学和北京语言大学合作建立的。

北陆大学成立于 1975 年 4 月，其办学理念为"热爱自然、尊重生命、培养探究真理的人才"。是一所拥有药学部药学科、未来创造学部未来文化创造学科（以外国语学部英美语学科和汉语学科为基础改建）、未来创造学部未来社会创造学科（以法学部政治学科和法律学科为基础改建）、留学生部科和药学专业硕士点和博士点的综合类大学。该校现在同世界的数十所大学缔结了合作协议，其中中国的大学为 23 所，在中国的大学中同北京语言大学的合作最为全面，涵盖了包括一个月以内的短期留学、从半年到两年的长期留学以及共同培养项目等内容。

北陆大学孔子学院以"做中日友好交流的桥梁"为办学宗旨，全方位推进汉语教学。在该孔子学院的各项活动分别为汉语、中国文化、中国传统医药的教育活动；对到中国留学的支援活动和中日文化交流活动。其中，汉语、中国文化、中国传统医药的教育活动包括汉语教育；有关中国文化的教育、有关中国传统医药学的教育；对教师及研究汉语教育方法的研修；实施汉语水平测试、汉语教育能力认定考试以及举办汉语演讲比赛等内容。对到中国留学的支援活动主要是派遣学生到中国留学以及提供相关的建议和信息。中日文化交流活动包括对中国语言文化的研究、相关书籍的翻译以及出版、中国电影的播放、租借相关书籍以及各类文化体育活动。此外，2009 年 5 月 23 日北陆大学孔子学院还成功举办了"亚洲地区第一次孔子学院联合会"，来自亚洲 21 个国家 51 所孔子学员的约 179 名与会代表，就"如何保持孔子学院在亚洲地区的持续发展"这一议题进行了热烈的讨论。② 基于北陆大学孔子学院的优异表现，该孔子学院于 2009 年被评为先进孔子学院。

C. 长野县日中友好协会广播孔子课堂

位于长野县长野市冈田町的长野县日中友好协会广播孔子课堂（以下简

① 爱知大学孔子学院 http：//extension. aichi－u. ac. jp/koushi/outline/greeting. html。
② 北陆大学孔子学院 http：//www. hokuriku－u. ac. jp/confucius/outline/international_
exchange. html。

称长野广播孔子课堂）成立于2007年11月7日，是由长野县中日友好协会和中国国际广播电台合作设立的，这也是首次将"孔子课堂"推向日本民间。① 长野县中日友好协会成立于1956年，该协会为中日邦交正常化及中日友好事业作出了重大贡献。该协会分别于1986年、1996年和2006年出版了3册《彩虹之桥——长野县日中友好的历程》，书中分别记载了不同时期长野县的日中友好活动并配发了大量的照片。此外，该协会还负责日中友好协会发行的会报《日本和中国》的长野版的编辑工作。②

长野广播孔子课堂的前身是拥有30多年历史的长野汉语学习会，所以除了未成年人，还有大量的成年汉语爱好者在这里学习汉语，而孔子课堂的成立是当地汉语学习和汉语推广工作的一次升华。为了方便不同年龄段和从事不同工作的学员学习汉语，该孔子课堂将课程分为上午班和下午班，根据学员的汉语水平又将上午班和下午班分别分为入门、初级、中级和高级4个小班，③ 根据学员的实际情况因材施教，力求取得最好的教学效果。此外，该孔子课堂加深学员对中国的认识还同中国人民广播电台合作，组织学员到中国参观学习。

5.4.2.4　中国四国地区孔子学院运营情况

在中国四国地区，共有冈山商科大学孔子学院和福山大学孔子学院2所孔子学院和福山银河孔子课堂1所孔子课堂。

A. 冈山商科大学孔子学院

冈山商科大学孔子学院坐落于冈山县冈山市的冈山商科大学校园内，学院成立于2007年11月25日，中方的合作学校是大连外国语学院。

冈山商科大学成立于1965年4月，其前身是冈山商科短期大学，经过多年的发展该校现已成为拥有法学部、经济学部和商学部3个学部和法学、经济学和商学3个研究生专业的冈山县唯一的社会科学类综合大学。

冈山商科大学孔子学院在组织常规的汉语教学及各项文化活动之外，还在2012年4月4日开设了长期生课程，该课程以汉语初学者为对象、以通过五级汉语水平考试为目标，通过五级汉语水平考试的学员可以申请到大连外

---

① 国务院侨务办公室 http：//www. gqb. gov. cn/news/2008/0410/1/8617. somethingml。

② 长野县日中友好协会 http：//www. avis. ne. jp/ ~ nihao/kankoubutu. htm。

③ 长野县日中友好协会广播孔子课堂 http：//www. avis. ne. jp/ ~ nihao/koshi – gakudo –
dayori. html。

国语学院汉语院直接编入本科二年级学习。2012年4月9日开始该孔子学院还开设了以小学生为对象的儿童班，内容为汉语讲解和《论语》解说，有兴趣的家长也可以陪同小学生学员一块听讲。此外，该孔子学院最具特色的地方是跟冈山本地的山阳放送株式会社（简称 RSK）进行合作，于每周五的上午利用山阳放送株式会社的广播栏目向冈山地区播放汉语教学节目，其内容多为简单易学但实用性较强的汉语。①

B. 福山大学孔子学院

福山大学孔子学院成立于2008年1月8日，校址位于福山大学2008年新落成的 JR 福山站北口的宫地茂纪念馆之内，中方的合作学校是上海师范大学和对外经济贸易大学。

福山大学成立于1975年，校本部位于广岛县福山市东村町，是一所拥有经济学部、工学部、药学部、人间文化学部和生命工学部及相关研究生专业的综合类大学。宫地茂是福山大学的奠基人，他曾长期任职于日本文部省，他一直对现有的大学的办学方式抱有诸多疑问。他认为大学的价值不应该以其录取分数的高低来进行评判，而应该依据进行怎样的教育来进行评判。不应该只偏重于做学问，而应该采用热爱真理、实践真理的知行合一的教育方式，在尊重人类天性的基础之上，推行和谐的可以陶冶人格、天性的教育。宫地茂在文部省退休之后，依然执着地追求着大学价值的新体系，为建立实现自己的理想的新式大学而东奔西走。正是有了他执着的信念才有了今天的福山大学。②

福山大学依据该校"面向未来"的教育理念，设立了福山大学孔子学院。学院在中国政府的帮助下，依靠中国的两所合作高校，一定会为当地的汉语爱好者提供最好的汉语教学服务和最新的有关中国社会、文化和经济等方面的信息。③ 该校为了方便学员核对自己的汉语水平，专门将该孔子学院开设的各类课程所对应的汉语水平的相关说明放在官方网站上，以方便学员查询适合自己的课程。

C. 福山银河孔子课堂

---

① 冈山商科大学孔子学院 http：//www. osu. ac. jp/koushi，山阳放送株式会社 http：//www. rsk. co. jp/index. html。

② 福山大学 http：//www. fukuyama – u. ac. jp/gaiyo/rinen. html。

③ 福山大学孔子学院 http：//www. fukuyama – u. ac. jp/confucius。

福山银河孔子课堂成立于2008年4月4日，是银河学院同北京市海淀实验中学和上海实验学校合作成立的。

福山银河孔子课堂坐落于广岛县福山市御门町，距离福山大学孔子学院非常近，并且同福山大学孔子学院有着非常密切的合作关系。此外，该孔子课堂还同福山市的多所公、私立高中和福山市民间及财界的相关组织有着密切的合作。银河学院包含初中部和高中部，其前身是成立于1980年的福山女子高中。银河学院同国内的多所知名中学有着密切的合作关系。

福山银河孔子课堂，每年制订严密的培养计划，在确保教学质量的基础之上，将汉语学习、书法和太极拳的学习效果放在最重要的位置。该孔子学堂除开展中日友好理解讲座、中国文化实践讲座、汉语讲座和互派留学生等活动外，还开设了英语强化班，并且为在当地生活的中国人开设了日语学习班和日本文化实践讲座。① 这也是该孔子课堂最具特色的地方。此外，该孔子课堂还同广岛大学北京中心、福山大学以及日本的其他孔子学院和孔子课堂保持密切联系，在信息上互通有无，在教学上密切合作。

5.4.2.5　北海道地区孔子学院运营情况

北海道第一所也是目前仅有的一所孔子学院是札幌大学孔子学院。学院成立于2006年11月22日，是札幌大学和广东外语外贸大学合作成立的。

札幌大学成立于1967年，现在已经发展成为拥有外国语学部、经济学部、经营学部、法学部和文化学5个学部及相关硕士专业的文科综合类大学。2001年该校同广东外语外贸大学签订了合作协议，此外还同中国的安徽工业大学、华东理工大学、天津外国语学院以及欧、美、大洋洲和亚洲其他国家的数十所高校拥有密切地交流合作关系。②

札幌大学孔子学院将学院的各项教学活动分为汉语学习，解读中国文化、文学和汉语资格考试培训三大块。在汉语学习板块，学员将首先在学院确定自己的汉语水平，然后分别编入入门、初级、中级和高级等不同级别的班级学习。在解读中国文学、文化板块，学生将会依据自己的兴趣听取讲解《论语》《三国志》等中国古典文学和历史的课程，或者参加中国功夫、气功等养生课程。在汉语资格考试培训板块，已经熟练掌握一定程度汉语的学

---

① 福山银河孔子课堂 http：//www.ginga.ac.jp/gakudou/plan.html。

② 札幌大学 http：//www.sapporo‐u.ac.jp/univ_guide/history。

员，将接受针对汉语水平考试、汉语导游资格证等资格考试的专门培训。札幌大学孔子学院的设立不仅为当地人提供了学习汉语、了解中国文化的机会，而且札幌大学还以孔子学院的设立为契机，进一步加深了同中国各所高校的合作关系。①

5.4.2.6　九州地区孔子学院运营情况

立命馆亚洲太平洋大学孔子学院是目前九州地区仅有的一所孔子学院。该孔子学院成立于 2006 年 10 月 25 日，是立命馆亚洲太平洋大学同浙江大学合作设立的。

立命馆亚洲太平洋大学和立命馆大学同属于一个学校法人立命馆学园。该校成立于 2000 年 4 月 1 日，以培养能创造亚洲太平洋的未来优秀人才和开创新的学问为目标，并且设立了"自由、和平、人道主义""国际间的相互理解"和"创造亚洲太平洋的未来"等基本办学理念。该校虽然办学时间比较短，但是一所特色鲜明的大学。该校十分重视同国外高校的交流，截至 2011 年 5 月，该校已同 60 个国家和地区的 379 所高校签订合作协议。另外，该校还采用日语和英语的双语教学体系，教师中有半数来自海外，而且在该校学习的留学生数量在日本也是首屈一指的，在校留学生人数 2008 年全国排名第一，2009 年和 2010 年分别排在第二位，连续三年位列前三甲（其余两所学校分别为早稻田大学和东京大学）。② 该校还设立了语言教育中心，可以提供亚洲太平洋地区的汉语、韩语、马来西亚语、印度尼西亚语、西班牙语、泰国语和越南语 7 种语言的各个阶段的培训。

正如立命馆亚洲太平洋大学的特色办学一样，该校孔子学院也非常有特色。除了开设各阶段的汉语教学和开设介绍雕刻、水墨画和气功等中国文化的讲座外，该孔子学院还开设了药膳料理讲座和中国料理讲座。该孔子学院，聘请具有国际中医师、国际药膳师、营养师资格的人员开设药膳料理讲座，每月选取一个星期六进行授课。另外，该孔子学院还聘请专门研究中国料理的人员开设中国料理讲座，每次课都会推出花色不同的中国料理的代表性菜品。

---

① 札幌大学孔子学院 http：//www. sapporo－koshi. jp/greeting。

② 独立行政法人日本学生支援机构 http：//www. jasso. go. jp/statistics/intl＿ student/ref10＿ 02. html。

5.4.3 运营共性与特色

通过上文对日本各家孔子学院及孔子课堂运营情况的介绍，可以将各家孔子学院、孔子课堂的运营情况总结如下。

5.4.3.1 运营方面的共同点

A. 强化汉语教学

汉语教学是孔子学院的生命线，在日本除早稻田大学、孔子学院以外，各孔子学院均开设有汉语课程。各孔子学院均有一名由中方合作学校派出的副院长，并且从中方合作学校邀请汉语教师任教。

B. 举办文化讲座和各种演讲会

各孔子学院在强化汉语教学的同时，还定期或不定期地邀请日籍、旅日华侨专家或直接从中国邀请各方面的专家，在各自的教学点举办文化讲座和各种演讲会。一些孔子学院已经将这些文化讲座和演讲会办得相当具有规模，具有较大的社会影响力。

C. 积极培养汉语教师或者实施汉语教师研修活动

良好的师资队伍是保证汉语教学质量的基础，因此各孔子学院均将培养汉语教师视为孔子学院的另一要务。其中，关西外国语大学在同北京语言大学签署共同成立孔子学院的合作协议时，更是将开展亚太地区汉语教师培养项目写进了合作协议，可见日本孔子学院对培养汉语教师这一工作的重视。

D. 举办汉语水平考试、演讲比赛

各孔子学院均依照国家汉办的统一部署，并统一组织本孔子学院的学员参加汉语水平考试，其中几家孔子学院还组织学员参加新汉语水平考试。

各孔子学院举办的汉语演讲比赛主要是国家汉办在全世界范围内组织的"汉语桥"活动的预选比赛，选手们在立命馆孔子学院参加"西日本地区预选赛"，在樱美林大学参加"东日本地区预选赛"，在札幌大学孔子学院参加"北海道预选赛"。此外，一些孔子学院还各自举办自己的汉语演讲比赛。

E. 尽量扩大汉语在高中生中的影响

为了扩大汉语在高中生的影响，培养更多的汉语爱好者，多家日本孔子学院均采取到各地的高中举办现场讲座的方式培养高中生对汉语的兴趣，并配合各地的高中举办各种汉语演讲比赛。

F. 组织到中国的考察活动

为了强化学员实际运用汉语的能力并加深学员对中国文化的理解,各孔子学院均协调中方各所合作学校,组织学员到中国进行实地考察,有的学校还利用暑假等假期,组织学员到中国进行短期留学。

5.4.3.2　运营方面的特色

近年来,日本汉语学习者的人数稳中有升。这些人大致分为两大类,一类是在校学生,一类是社会在职人员。他们学习汉语的动机归结起来有以下3个:第一,学业需要;第二,职业需要;第三,兴趣满足的需要。各孔子学院针对汉语学习者的特点,开展切实有效的措施,保证不同水平、不同目的的学员达到学习目标。一些孔子学院近年来在教学和发展中逐渐形成了自己的特点和优势。

A. 教学点最多的孔子学院——立命馆孔子学院

作为日本成立的首家孔子学院,立命馆孔子学院现已拥有本部、东京学堂、大阪学堂、JR 京都站前教室、衣笠教室、BKC 教室六个教学基地,学院以这六个教学基地为中心全面推进汉语教学。并在此基础上,不断拓展汉语教学的范围,使汉语逐渐从大学和成年人的课堂走进日本的中小学和幼儿园,把在日 50 万华侨子女的汉语教学也纳入孔子学院的整体规划。

B. 汉语教学的名门之秀——关西外国语大学孔子学院

关西外国语大学在日本所有国立、公立、私立"外国语大学"中办学规模最大,汉语教学师资力量最强,而该校的合作方北京语言大学也是中国对外汉语教学的龙头。关西外国语大学孔子学院正是这两所著名高校强强联手的结果,该孔子学院从汉语教学的专业角度出发,探索汉语教学的新模式,并不断扩大在该校接受培训的汉语教师的规模,该校孔子学院从两所语言类名校的高起点出发,必将成为日本孔子学院乃至全球孔子学院中一颗耀眼的新星。

C. 毗邻城市交通枢纽的孔子学院——工学院大学孔子学院、大阪产业大学孔子学院

工学院大学孔子学院坐落于工学院大学新宿校区,毗邻东京的交通枢纽新宿车站,新宿车站每天的客流量达到 200 万人次,是日本最大的车站之一;大阪产业大学孔子学院位于大阪产业大学梅田分部内,梅田是大阪市最为繁华的地方,这里聚集着大量的写字楼,是日本许多公司的总部所在地,可谓寸土寸金。而且梅田车站是大阪最重要的交通枢纽,多条铁路线和地下铁交

会于此，车站每天的客流量以百万计。将孔子学院的办学地点选在交通如此方便的地方，可见学院主办方是从学员的角度出发，切实为学员着想，并且为汉语教学和汉语推广提供一切便利条件，为扩大中国文化在当地的影响尽一切努力。

D. 将汉语教学发展为学历教育的孔子学院——樱美林大学孔子学院、冈山商科大学孔子学院

樱美林大学孔子学院开设有汉语特别课程。参加课程学习的学生在接受为期一年的系统的汉语学习后，可以选择到同济大学汉语系或樱美林大学相关院系继续接受三年的本科教育。冈山商科大学孔子学院今年开设了长期生课程，该课程以汉语初学者为对象、以通过五级汉语水平考试为目标，通过五级汉语水平考试的学员可以申请到大连外国语学院汉语院直接编入本科二年级学习。

E. 进行特色汉语教学的孔子学院——北陆大学孔子学院、神户东洋医疗学院孔子课堂

北陆大学是一所以医药学专业为主的大学，所以该校的孔子学院也开展了中国传统医药的教育活动，对中国的传统医药知识和术语进行讲解。神户东洋医疗学院孔子课堂的特色就在于，其教学是围绕着中医药学相关内容展开的，这使该孔子课堂也成为日本首家带有中医药学特色的孔子课堂。该校于2011年新设了以教授中医文化为教学内容的中医文化班，该班的教学目的就是为了让学员熟悉各种中医文化，在增加中级汉语词汇数量和提高中级汉语语法水平的基础之上，加深对中医学和有关中医药文化、知识的理解。

F. 利用广播扩大教学的孔子学院——冈山商科大学孔子学院

冈山商科大学孔子学院跟冈山县本地的山阳放送株式会社进行合作，于每周五的上午利用山阳放送株式会社的广播栏目向冈山地区播放汉语教学节目，其内容多为简单易学但实用性较强的汉语。

G. 介绍中国饮食文化的孔子学院——立命馆亚洲太平洋大学孔子学院

立命馆亚洲太平洋大学孔子学院开设有药膳料理讲座和中国料理讲座。该孔子学院聘请具有国际中医师、国际药膳师、营养师资格的人员讲授药膳料理，还聘请专门研究中国料理的人员开设了中国料理讲座。

H. 研究型孔子学院——早稻田大学孔子学院

早稻田大学孔子学院自成立时便定位为世界第一所"研究型"孔子学

院,并为以中国为研究对象的研究生或青年学者的研究活动提供各种支持。有别于以语言学习和文化体验为办学目的"学习型"孔子学院,该校孔子学院以培养青年学者、中日共同研究项目和出版研究成果为主线,依靠高语言能力和专业性,把培养能够真正为中日关系起到桥梁的作用的尖端人才作为教学目标。为把研究成果回报给社会,并让国内外的学者能够利用这些研究成果,该校孔子学院的将主办的学术论坛、开讲课程及各种演讲会上使用过的教材和发表的各种研究成果汇编成早稻田大学孔子学院讲义录面向外界出版。

5.4.3.3 运营方面的不足

日本各家孔子学院和孔子课堂在运营上存在着以上的优点和特色的同时,还存在以下几点不足。

A. 数量较少、地域分布不合理

截至 2011 年 6 月,日本共有孔子学院 12 家、孔子课堂 6 家,总体来说数量还比较少,而且如表 5 - 11 所示各家孔子学院在地域分布上也不是很合理,目前在日本的东北地区还没有一家孔子学院或孔子课堂。数量上受限,地域分布上不合理,这就影响了日本孔子学院在汉语教学上对所在地区的辐射能力,也不能满足某些地区汉语学习者对汉语教学的需求。

表 5 - 11 日本孔子学院(孔子课堂)的分布情况(单位:所/个)

地区	孔子学院	孔子课堂
北海道	1	0
东北地区	0	0
关东地区	3	1
中部地区	2	1
近畿地区	3	3
中国四国地区	2	1
九州地区	1	0
合计	12	6

B. 汉语教学的影响力仍需加强

前文提到,在 2007 年日本的网络调查公司 My Voice 的调查中,汉语虽然位于日本人最想学习的外语种类的第二位,位于正在学习的外语种类的第三位，但是和位于第一位的英语比起来还存在巨大差异。尽管近几年来，随着中国经济实力的提高和两国贸易总额的增加，想学习和正在学习汉语的人数正在逐年增加，但是同英语比起来这种差距还是显而易见的，因此日本各家孔子学院的汉语教学影响力仍需进一步加强。

C. 日方合作院校中专业语言类学校较少，本土师资力量仍需加强

教师在对外汉语教学过程中起着主导作用，其素质和教学水平的高低直接关系到教学效果的好坏、教学过程的成败。目前日本设立孔子学院的高校中，专业语言类高校仅有关西外国语大学一家，虽然各所孔子学院均通过国内的合作高校积极从国内聘请汉语教师，但是为了促进孔子学院的进一步发展，日本本土汉语教学的师资力量仍需进一步加强。

5.4.4　结语

从日本第一家孔子学院——立命馆孔子学院成立至今已有 6 年时间，6 年来，日本各家孔子学院在发展中遇到过各种各样的困难。但是各家孔子学院不断克服发展过程中遇到的诸多困难，积极扩大孔子学院在日本的影响力，在汉语教学上取得了累累硕果，并且涌现了立命馆孔子学院、北陆大学孔子学院和樱美林大学孔子学院 3 家世界先进孔子学院。对于日本各家孔子学院来说，如果要进一步扩大社会影响力就必须加强和日本民间力量、地方政府的合作，这也应该成为日本各家孔子学院以后工作的一个重心。只有这样，才能为当地社会所认可、接受，并最终融入到当地社会中，形成可持续发展的良好局面，进一步增强两国人民之间的友谊，真正在中日两国关系中起到沟通和交流的纽带作用。

第五节　由修订版《国际汉语教师标准》看未来华文教师教育

尽管华文教育在办学宗旨及教育对象等诸多方面有别于针对非华外国人的中文教学，但同样面对"三教"（教师、教材、教法）这一汉语言教学的普适问题，"师资荒"也同样处于所有问题的核心位置。当前，国际汉语教学视域下的华文教育在教学对象、管理模式、课程设置、师资配备等方面日

渐呈现出多元化发展态势，特别是华文教师配备的多样性发展，更加凸显出解决"师资荒"问题的紧迫性。

5.5.1 师资荒：华文教师教育何去何从

华文教育领域内的"师资荒"问题集中体现在两个方面，一是师资队伍组成问题，二是师资教育问题。据研究，世界各地华文教师基本上由四类人员组成，以华人为主体的当地教师、当地旅居华侨及留学生、中国志愿者、其他人员（郭熙，2013）。华文教师的复杂来源、非专任、业务水平差异，让海外华文教师这支本应专业化和职业化的队伍颇像一个大杂烩（李嘉郁，2008；侯颖，2012）。师资队伍的大杂烩现象，凸显出师资队伍素质的重要性。事实上，相对于中文教学领域的师资教育，华文教学领域的师资教育问题好像尤为突出。中文教学早在1990年就已开始制定教师执业标准规定并实行汉语教师资格制度，并根据国际汉语教学形势发展需要对这些标准和制度不断进行改进，而华文教育领域在华文教师执业标准及资格制度审查方面的工作则显得薄弱得多，这和世界发达国家实行教师资格证书制度的做法相去甚远。

华文教师培训被视为解决因师资队伍人员混杂造成的师资教育问题的重要途径之一，远程函授教育、域外人员来华进行学历教育或系统培训、国内资深教师海外督导、国内专家海外巡回讲学都已经成为常见的培训形式，相关部门也为此投入了大量的精力。然而，我们也应该清楚地看到，当前的培训"多偏重语言知识和教学方法方面，在教学理念的更新方面还不够，而且缺乏宏观协调，重复培训的现象比较突出"（李嘉郁，2008；郭熙，2013）。

"他山之石，可以攻玉"。在当前国际汉语教育大发展的基础上，应该"统筹对外汉语教学和华文教育两种资源""统筹华文教育与孔子学院的资源配置，发挥各自优势"（丘进，2010）。孔子学院总部/国家汉办2015年12月发行颁布的修订版《国际汉语教师标准》（以下称《标准》）对华文教育领域未来华文教师教育具有重要的参考价值和借鉴意义。

5.5.2 《标准》的出台背景：制定与自我否定

5.5.2.1 对外汉语教师执教资格的制定

对外汉语教师执教资格制度《对外汉语教师资格审定办法》（1990年6

月)、《汉语作为外语教学能力认定办法》(2004 年 8 月)、《汉语作为外语教学能力等级标准及考试大纲》(2005 年)、《国际汉语教师标准》(2007 年 10月) 等标准文件更迭,渐趋成熟定型。2015 年 12 月,"为进一步适应国际汉语教育的实际需要,提高国际汉语教师的能力和水平",孔子学院总部/国家汉办再次否定 2007 年版《国际汉语教师标准》,正式出版修订版《国际汉语教师标准》。

5.5.2.2　汉语国际教育的多元化发展

华文教育曾被形象地誉为中华民族在海外的"留根工程""希望工程""民生工程",目前全球约有 6000 万华人华侨,2 万所华文学校,数百万华裔学生在校接受华文教育。自 2004 年首所孔子学院揭牌至今,全球已有 1500所孔子学院和孔子课堂,累计注册学员 535 万人,海外华文教学和孔子学院教学已经成为国际汉语教学海外市场的主体。随着汉语国际推广工作的持续推进,汉语国际教育在教学层面上也正呈现出多元化发展趋势。教学环境、学习目的、教学理念、海外孔子学院教学模式的多元化正引起学习需求、教学样式、教学方法的多元化,海外华文教学也正迎来教学对象、管理模式、课程设置的多元化发展。(崔希亮,2010;郭熙,2013)上述各层面的多元化发展,是由中华文化"走出去"策略促动的,是国际汉语教学的新发展新变化,对汉语教师教育具有更高的要求。

修订版《标准》的出台为世界范围内的中文教学教师和华文教学教师等国际汉语教师提供了一套完整的执业标准,为国际汉语教师的培训、培养、教育以及资格认证等提供了科学依据。

5.5.3　专业化与职业化：华文教师教育的方向

5.5.3.1　修订版《标准》各项内容及比重

修订版《标准》"对原有标准框架进行了凝练,突出汉语教学、中华文化传播和跨文化交际 3 项基本技能,更加注重学科基础、专业意识和职业修养,增强了实用性、可操作性和有效性",整体框架由汉语教学基础、汉语教学方法、教学组织与课堂管理、中华文化与跨文化交际、职业道德与专业发展 5 部分组成。从"对外汉语教师资格审定办法"到"汉语作为外语教学能力认定办法",再到"国际汉语教师标准",体现了对汉语教师从强调知识要求到强调能力要求的变化。修订版《标准》对执业者的教学能力要求所占比重高达70%，而对知识要求仅占15.5%。

5.5.3.2 华文教师教育的专业化

海外华文教育在办学主体、教育对象、教学内容、教育的社会功能等方面，具有鲜明的特质，通过华文教学"塑造华侨华裔青少年的民族文化素质，维系华侨华人与祖籍国情谊的纽带作用"（丘进，2010），加强海外华人华侨的民族文化认同感，是教育的根本目标。华文教师除了具有语言教学的职责之外，还承担着传承中华文化的任务。实现华文教师教育的专业化，就是使华文教师逐渐具备华文教育领域的专业知识、教育教学技能以及良好道德素质的发展过程。

华文教师教育的专业知识包括语言知识、第二语言教学知识、文化知识，教育教学技能主要包括教学方法、教学组织与教学管理、传承中华文化的能力，道德素质首先要求华文教育执业者应该具备教师职业道德，对职业价值有清楚的认知，其次具备良好的心理素质、积极的心态以及团队合作精神，最后要具有华文教育领域的研究能力和职业发展规划。

鉴于华文教师语言教学与文化传承的双重任务，我们将关于文化知识的表述放在"汉语教学基础"中，将教学方法、教学组织与课堂管理、传承中华文化合并为"教育教学技能"。调整后知识与能力的比重分别为24.1%（调整前为15.5%）和63.8%（调整前为72.4%）。从海外华文教师教育的视角来看，这一调整可能让知识和能力的比重更趋合理。如美国纽约大学的汉语教育硕士研究生的课程设置中知识和能力要求的比重就比较接近这种调整。（根据何文潮、唐力行，2006）

表5－12 纽约大学汉语教育硕士研究生课程设置

课程模块		具体课程名称	比例
专业知识		应用语言学、教师高级汉语、中文应用语言学	20%
教育教学技能	普通教育课程	教育学、青少年成长与发展、特殊教育	60%
	专业与外语教学课程	外语教学理论和实践、双语教育理论与实践、多元文化教育、第二语言习得研究、第二语言评估与测试、跨学科第二语言教学、外语教学研习课、科技在第二语言教学中的应用	
实践课程		教育见习、实习，毕业教学研究	20%

纽约大学汉语教育硕士研究生的课程设置体现了专业知识、教学能力与课外实践相结合的标准要求。这份课程设置中，教育教学技能课程占了60%，专业知识的专业课仅占20%，与适合华文教师教育标准的知识与能力比重颇为接近。

5.5.3.3　华文教师教育的职业化

华文教师教育的职业化，即华文教育执教者队伍的标准化、规范化和制度化，是对华文教师所具备的知识、能力、素质、技术的基本要求，通过考核或考试来判定是否具备从事华文教育的能力是华文教师教育职业化的基本途径。当前华文教师的水平参差不齐且整体程度不高，非专业化问题已经成为制约华文教育质量的重要因素，主要原因就在于"相当数量的华文教师未取得专业学历，也少受系统的专业培训"（李贤军，2011）。解决这一问题的关键在于实行华文教师教育的职业化，即通过华文教师资格证书考试，让华文教育执业者通过攻读学位、自修、培训等多种途径不断提高自身的专业素质和业务能力。华文教师教育的职业化一方面可以借鉴国际汉语教师证书考试制度，同时也要借鉴英语作为第二语言教学等资格考试制度的成熟经验。

国际汉语教师证书考试历经对外汉语教师资格考试、汉语作为外语教学能力认证考试，在充分借鉴英语作为第二语言教学证书资格考试的基础上，已经形成一套科学规范的考核体系，是包括华文教师在内的所有国际汉语教师实现职业化的重要途径。国务院侨办为进一步落实推动华文教育"标准化、正规化、专业化"建设，于2015年7月正式在欧洲组织《华文教师证书》考试，这将是推动国际汉语教师实现职业化的一个良好开端。

5.5.4　知识与能力：培训、培养、教育

纵观修订版《标准》及基于此的国际汉语教师证书考试，二者都经历了一个从专注知识到强调能力的发展过程。在关注知识还是关注能力问题上，教师培训、教师培养和教师教育提供了3种不同的选择视角。

5.5.4.1　教师培训

教师培训（teacher training）即对外汉语教师培训、华文教师培训。近年来国际汉语教学领域内的中文教师培训、华文教师培训（远程函授教育、国内资深教师海外督导、国内专家海外巡回讲学等）基本上以传授本领域相关专业知识为主，教师接受到的基本上是关于教学理论、教学理念、教学原则

等方面的宏观知识，而通过聆听讲座方式获得的这些知识、原则或理念直接运用于教学实践并非一朝一日之功。此外，这种短期汉语教师培训也容易造成一系列问题。以华文教师培训为例，目前就存在这样 4 个问题：①培训单位出自多家，相互之间又缺乏沟通，未顾及内容的点面结合及循序渐进，不利于培训的有效持续进行；②培训体系不够充实与完善，某些领域的培训需要进一步深化和细化，普通培训需要向集中主题培训转变，培训学员需要分类分层次；③培训内容不够实用，培训需要以解决教学实际问题为重心；④专题讲座形式的培训不受欢迎，缺乏形象直观的教学演示（李嘉郁，2008）。

5.5.4.2　教师培养

解决华文教师教育问题的另一个途径是通过华文教师培养（teacher development），按照一定目标进行长期训练，使学习者掌握某一领域的知识和技能，由于是长时间（学习年限一般为 2—3 年）系统学习和训练，一般情况下效果良好。例如，汉语国际教育硕士专业学位研究生（MTCSOL）培养方案就详细规定了汉语国际教育硕士的培养目标，培养方案实行学分制（总学分不低于 32 学分，公共课、必修课和选修课不低于 28 学分，教学实习 4 学分），并规定了详细的课程类型与学分分布，为华文教育领域内教师培养提供了一个重要参照。

5.5.4.3　教师教育

教师教育（teacher education）不但包括教师培养，也包括教师培训，是教师培训与教师培养的上位概念。教师教育是教师按照教育领域内的专业与职业要求，不断充实自己的专业知识与业务能力的过程，也可以说是教师基于职业规划的自我发展与成长过程。修订版《标准》不但对国际汉语教师提出了专业知识要求和业务技能要求，同时也提出了对教师的"专业发展"要求。教师教育的过程是专业知识、业务技能、学术研究协调发展的过程。时间的长期性，决定了实现教师教育途径的多样性，各种形式的短期培训、类似于国际汉语教育硕士的培养项目、教师在职业发展中的自我规划与发展都是教师教育的方式。

解决华文教师"培训"中存在的诸多问题，应该走出单独依靠"培训"的路子，采取教师教育的模式促进华文教师的自我发展与素质提高。华文教师培训只是华文教师教育的一个途径，只有采取短期培训、专业硕士培养项目、注重教师自我规划与发展等多种举措相结合的形式，才能保证华文教师教育的成效，才能保证华文教师知识与能力的均衡发展。

5.5.5　结语

5.5.5.1　国际汉语教育发展态势

按照 2016 年孔子学院总部/国家汉办第十届孔子学院大会期间制定颁布的《孔子学院发展行动计划 2016—2020》，到 2020 年全球孔子学院数量达到 550 所，孔子课堂达到 1600 个，专兼职教师达到 7.2 万人，注册学生人数达到 380 万人，开始实行孔子学院教师持证上岗制度。国侨办在 2014 年第三届世界华文教育大会期间宣布，通过打造"两机制 六体系"推动华文教育"转型升级"，力争 3 年内（2014—2017 年）再建设 100 所华文教育示范学校，再扶持 200 所贫困华校和新兴华校，再支持 30 个华教组织开展工作，将外派教师人数由每年 800 人增加至 1200 人，每年参加各类中华文化体验活动的华裔青少年达到 15 万人次，网上注册会员达到 10 万人。文化部已在全球主要国家成立 20 个中华文化中心，成为承担开展文化活动、教学培训、思想交流和信息服务四大职能的中国文化海外传播与交流的重要窗口，按照海外中国文化中心发展规划，到 2020 年在海外开设 50 个文化中心，覆盖全球主要国家。这说明国际汉语教育在语言教学、文化推广等领域都正在迎来更好的发展契机。

5.5.5.2　关于"三驾马车"

如上所述，汉语文化推广一直有三个机构在推动，一是孔子学院总部/国家汉办，在全球范围内开设孔子学院，进行语言文化推广工作；二是国务院侨办，依托全球范围内的华文学校，进行语言教学与文化传承工作；三是文化部，在世界范围内成立中国文化中心机构，推广中华文化。三个机构的工作虽有侧重，但在某些方面存在重叠关系。或许正是由于工作性质的某些类似，有学者指出，应该"以汉办为基础，兼并侨办的华文教育的职能和文化部的文化中心的职能，然后成立一个中国语言和文化国际推广办公室，由它来归口管理、统一规划、统筹安排，……让整个在海外的华文推广和中国文化的推广会达到一个新的高度"①。这种论调未免失于武断，"三驾马车"合并成一驾马车，性质单一了，但恰恰失去了中华语言文化推广策略的多元

---

① 大力推动华文教育事业发展，http：//ft. people. com. cn/directList. do? fid＝913.

化及彼此个性。另有学者认为，在"全球汉语热方兴未艾的基础上，有必要采取更加积极主动的汉语传播战略和推广措施，推动汉语加快成为一种世界性的语言"，如"整合资源，以孔子学院为平台打造汉语国际推广'航母'"①。

"华文教育与孔子学院是国家形象建设的一体两翼。作为国家支持的孔子学院，资源丰富；而华文学校历史悠久，根基深厚，立足华人社会，具有熟谙当地形势、办学经验丰富等天然的优势，二者之间有着相当强的互补性"②。中国文化中心则是中国政府在海外设立的官方文化交流机构，以文化传播为主，和以语言教学为主的华文教育与孔子学院形成互补。因此，统筹华文教育、孔子学院、海外中国文化中心的资源配置，发挥各自优势，实现互补共进未尝不是一个有效的策略。

5.5.5.3　关于华文教师教育

据报道，华文教学领域内的"师资荒"确已成为制约华文教育事业发展的一大瓶颈问题，某些国家30—50岁的华文教师已出现断层，教师数量不足严重阻碍华文教育。未来华文教师教育的专业化与职业化是化解华文教育领域"师资荒"问题的根本，但这种专业化与职业化是包括外派汉语教师、汉语教师志愿者和本土汉语教师的专业化与职业化，只有"输血"能力与"造血"能力双管齐下，才能真正从体制和根源上解决"师资荒"的问题。

---

① 汉语学习者达1亿人 全球汉语热昭示了什么？《人民日报》2015年09月30日05版。
② 规模水平有进展 旧忧新愁仍待解，《人民日报海外版》2016年01月01日第12版。

附录

不同技能教材之练习题型统计与归类

综合课教材练习

（1）语音训练（声韵调）

（2）扩展/替换练习（字→词→短语→句子）

（3）辨字组词、语素组词

（4）写出反义词/近义词/同音字/词

（5）词语搭配练习

联机搭配

搭配主谓宾定状补、名动形数量代等。

（6）汉字练习

写汉字

用部件组合汉字

根据偏旁写汉字

找出汉字相同的部分

改错别字

（7）填图/表

朗读句子并根据句子内容填图（注：方位练习）

（8）填空

选择词语填空

用趋向补语填空

根据课文内容填空

（9）释词

解释词语

解释句子中画线词语的意思（选择、直接解释）

朗读各句，注意句中"得"的不同用法

（10）关联词语练习

（11）改病句

（12）选择正确答案

选择句子的正确意思

（13）造句

模仿造句

直接造句

（14）改写句子（模仿例句改写，用指定词语、语言点改写）

（15）完成句子或对话（注：根据上下文，或使用给定的结构）

（16）问答

用指定词语（疑问词）提问

就画线部分提问

回答问题

根据现实场景回答问题

（17）看图回答（如读出号码/钱数/时间/温度、填出方位词、填量词等）

（18）熟悉课文

根据课文内容填表

判断正误

回答问题

用指定词语进行语段练习

复述课文

看日历完成对话

读后练习会话

（19）阅读理解

（20）看图说话

（21）语篇练习

完型填空（给一段话填写动词）

仿照例子，加上省略的关联词

整理句子（将一组句子组织成短文）

把下面短文中不通顺的地方改过来、修改短文

将几个句子填入文中空白处（语篇练习）

用设问句填空（篇章练习）

（22）修辞格练习

（23）猜谜语

（24）写作

阅读与写作

口头作文

写作

模仿所给文章结构写作

根据柱形图写作

（25）交际训练

模仿例子编写对话、模拟会话

自由表达（分组）

交际训练（给话题、给定词语或结构）

讨论或辩论

写一写（写自己的实际情况，根据情景编写对话）

听力教材练习

（1）语音练习

听后写出画线词语的声调

（2）跟读

听下列句子并跟读，注意语调并体会句子的意思

听对话并跟读

（3）听写

听录音填成语

在横线处写出听到的句子

（4）听句子，标出停顿位置

（5）说出每组句子的共同点

（6）填空

选词填空

听录音填空

用指定词语填空，然后听录音

找出文中与下列意思对应的词，并填在句子中

在图的相应位置上标出地名

（7）选择正确答案

听句子选择正确的解释

（8）听后多项选择

（9）判断正误

（10）填表

（11）联机

（12）回答问题

根据录音内容回答问题

快速回答

用自己的话回答问题

听句子，用学过的知识回答问题

下面的叙述和听到的课文内容是否一样

说出下面的叙述与课文不同的地方

（13）复述

听录音复述句子，并用自己的话说说句子的意思

用自己的话复述听到的故事

给故事加一个结尾

（14）交际训练

模仿课文练习会话

两人一组表演

讨论、谈一谈

说一说

小调查

口语教材练习

（1）语音训练

发音练习

辨音练习

声调练习

找出错误的声调并改正

读下面的句子，注意/找出重音

用正确的声调和语调读下面的句子

用正确的语调读下面的句子，并注意重音

听与读

读一读，说一说，下列每组句子的语调、重音不同时，句子含义的区别

（2）词语替换/扩展

替换练习

扩大词汇量

联机搭配，然后说一句话

（3）词语搭配

填写宾语、量词……

选词填空

（4）背诵

（5）词语释义

读下面的句子，说说各句中"就"的意思

读一读，想一想，体会下列句子中"没"的位置不同时，句子含义的区别

说说句子中画线部分的意思（读一读下面的句子，体会句子中画线词的意思）

解释词语的文化含义

（6）功能项目练习

（7）填表

根据自己的实际情况填表（在中国留学的日常开支表）

（8）句子练习

改写句子

组词成句

模仿例句，改写句子

修改病句

说说下面句子的意思

将书面语句子用口语表达出来

下面的对话你能说得简单点儿吗

说出下列句子使用的语境

(9) 造句

体会画线部分的意思和用法,并模仿造句

体会两组词的不同用法,然后造句

用下列词语或短语结构造句

模仿造句

用指定词语,说出句子的意思

(10) 完成句子或对话

根据自己的情况,完成对话

用指定的词语完成句子

(11) 表达训练

准确而快速地读出下面的词语和句子

模仿表达(给定结构)

填空并熟读这段话,然后模仿这种表达方式说一段话

找出课文中的反问句,模仿表达

复述课文内容、阐述

判断根据课文内容判断,并用指定词语和句式进行表达

(12) 问答

根据答句提问

选出合适的应答句

根据课文内容,用自己的话回答问题

根据课文内容,学生进行连环式提问和回答

就课文内容提问

根据课文内容,用指定词语进行介绍

用所给词语回答问题

(13) 语段表达

找出文章中主持人转换话题的语句

复述

根据实际情况谈一谈

根据提供的情景/对话说一段话

根据提供的情景，尽可能用指定词语对话/说一段话

用指定的词语和句式完成练习

讲述

根据所给信息，模拟现场对话（火车票和订票单上的信息）

根据情景，设计会话

房子户型图

运用夸张手法谈一谈

（14）看图说话

模仿例句，看图说话

（15）交际训练

参照范句做对话练习

参照文中句型，介绍自己

根据提示，完成会话练习

两人一组，做对话练习

阅读主课文后，谈谈你的想法

自由表达

辩护

选择一个话题，谈一谈

说一说

（16）课堂表演

角色表演

根据课文内容分角色表演

电影配音表演

演讲

（17）讨论/辩论

使用练习中的表达方式进行讨论

使用本课的表达方式进行讨论

用交际策略进行讨论

（18）游戏

贴鼻子、推销某种商品

（19）语言实践

做一个问卷调查

分组调查，然后做介绍

设计一个通知（飞机不能正常起飞）

学一首中文歌

阅读教材练习

（1）写出反义词、同义词、量词……

（2）填空

根据文章内容填空

读后概要重述

完型填空

（3）填表

（4）联机

（5）词语释义

选择词语正确释义

选择画线词语的正确解释

解释句中画线词语

解释词语

（6）句子释义

选择句子的正确理解

说说句子的意思

解释句子的意思

（7）判断正误

根据短文，判断正误。（正确的画"√"，错误的画"×"）

根据短文，判断正误。（正确的画"√"，文中没有提到的画"ī"，错误的画"×"）

（8）选择正确答案（单项选择）

猜字/词练习

难句长句理解

抓主要观点

给语段选择一个合适的小标题

选择某一段的大意

抓细节

文章结构

评读

预测

读后概要重述

（9）选择正确答案（多项选择）

从给出的选项中选择所有正确答案（例如，六个或以上选项，选出其中的四个或五个）

根据短文内容完成句子。（从 A、B、C、D、E、F 中为每个句子选择一个最佳答案）

请为每一段各选择一个最佳的大意概括。

请为每一段选择一个最佳小标题。

（10）将短文补充完整

（11）排序

排序（关于文章内容、写作顺序、结构整理等）

排序（一篇顺序打乱的文章，整理句子前后顺序，还原原文，训练语义连贯能力）

（12）回答问题

（13）说出段落大意、全文大意

（14）讨论

（15）写一写

写作教材练习

（1）词法或句法搭配

状语与中心词搭配

状语填空

联机组成词组

（2）词语练习

找出书面词语

词语释义

选词填空

改正错别字

（3）语法练习

在下列句子合适的位置填入"了""着""过"

（4）句子练习

造句（模仿范例造句）

根据要求写句子

修改错句

句子简洁化处理

词语推敲

丰富化表达

关联词语用得对吗？如何修改？

用关联词完成句子

写出拟人句子

改写句子

整理句子

联机组句

填表（说说自己最近的感受，句子）

（5）语段练习

补充词语，组成复句

省略及其作用

按照顺序连接语段

模仿范例，说明原因，写一段话

（6）语篇练习

填空后，提炼文章的主要观点

将段落排成短文

将句子填在文中的横线处

将统计图形成文字

（7）阅读与表达

用有限字数概括文章大意

阅读文章，分段

阅读并口述

根据文章，设计表格

概述故事主要内容

（8）写作训练

加标点符号

修改文章格式与错误标点

给短文加题目

人物描写

概括文章开头的方法

为每个题目写一段文章的开头

阅读文章开头，拟一个题目

列写作提纲（根据短文/题目，列提纲）

纠正习作的语病和标点错误，并对写法提出建议

小组活动（讨论）

（9）作文

缩写

续写

模仿写作

口头作文

选择话题写作

（10）任务型写作

教学目标

任务前阶段

任务阶段

任务后阶段

参考文献

包治红．周玮生：孔子学院在日本的开创者［J］．华人世界，2010（3）．

北京大学中文系1955、1957语言班．现代汉语虚词例释［M］．北京：商务印书馆，1982.

北京卫视．什么是水蛇腰［EB/OL］．http：//space. btv. com. cn/video/VIDE1275544541487379，2010－02－10.

蔡永强，侯颖．"是……的"结构的语义类型．见中国人民大学对外语言文化学院编．汉语研究与应用．（第三辑）［M］．北京：中国社会科学出版社，2005.

蔡永强，侯颖．汉语阶梯快速阅读：第四级［M］．北京：北京语言大学出版社，2005.

蔡永强．《当代汉语学习词典》配例分析［J］．辞书研究，2008（3）．

蔡永强．汉语国际推广的"瓶颈"分析及解决对策．国家汉办·中国人民大学汉语国际推广研究所2009年项目结项成果，2010.

蔡永强．句法驱动的汉语口语教学模式探索［J］．海外华文教育，2005（4）．

蔡永强．中国语教学の三つのスタイル［J］．一般教育论集，2011（40号，日本爱知大学一般教育研究室2011年．

曹成龙．修辞教学与对外汉语教学［J］．云南师范大学学报（对外汉语教学与研究版），2004（4）．

岑玉珍、康燕、赵李伟．外族学习者运用汉语词典情况的调查［M］//郑定欧主编．对外汉语学习词典学国际研讨会论文集（三）．北京：中国社会科学出版社，2008.

陈光磊. 对外汉语的语用修辞教学 [J]. 修辞学习, 2006 (2).

陈光磊. 修辞论稿 [M]. 北京: 北京语言文化大学出版社, 2001.

陈萍. HSK 中国汉语水平考试 (高等) 中的修辞问题 [J]. 云南师范大学学报 (对外汉语教学与研究版), 2003 (3).

陈汝东. 对外汉语修辞学 [M]. 广西教育出版社, 2000.

陈汝东. 简论以修辞为纲的对外汉语教学理念 [J]. 云南师范大学学报 (对外汉语教学与研究版), 2004 (3).

陈恕平. 西方五国教师资格制度的沿革与现状 [J]. 湛江师范学院学报 (哲社版), 1999 (2).

陈望道. 修辞学发凡 [M]. 上海: 上海教育出版社, 1979.

陈贤纯. 这样阅读 (Read This Way) [M]. 北京: 北京语言大学出版社, 2007.

陈向明. 从北大元培计划看通识教育与专业教育的关系 [J]. 北京大学教育评论, 2006 (3).

陈永莉. 汉语国际推广的文化战略定位 [J]. 北京社会科学, 2008 (4).

陈媛. 我国通识教育的理论误区 [J]. 复旦教育论坛, 2003 (6).

陈灼. 桥梁——实用汉语中级教程 [M]. 北京: 北京语言大学出版社, 2007.

陈作宏. 汉语交际口语 [M]. 北京: 高等教育出版社, 2008.

陈作宏. 体验汉语·写作教程 [M]. 北京: 高等教育出版社, 2006.

程荣. 汉语学习词典编纂特点的探讨 [J]. 辞书研究, 2001 (2).

程晓堂. 任务型语言教学 [M]. 高等教育出版社, 2004.

程裕祯. 新中国对外汉语教学发展史 [M]. 北京: 北京大学出版社, 2005.

崔达送. 论教学提问语的类型与功能 [J]. 语言文字应用, 2000 (4).

崔希亮. "把" 字句的若干句法语义问题 [J]. 世界汉语教学, 1996 (3).

崔希亮. 汉语国际传播笔谈·不畏浮云遮望眼 [J]. 云南师范大学学报 (对外汉语教学与研究版), 2007 (6).

崔希亮. 汉语国际教育 "三教" 问题的核心与基础 [J]. 世界汉语教

学，2010（1）．

崔希亮．汉语教学：海内外的互动与互补［M］．北京：商务印书馆，2007.

崔希亮．试论对外汉语教师的知识和能力［M］//崔希亮主编．汉语教学：海内外的互动与互补．北京：商务印书馆，2007.

崔希亮．试论教学语法的基础兼及与理论语法的关系［M］//国家汉办教学处编．对外汉语教学语法探索——首届国际对外汉语教学语法研讨会论文集．北京：中国社会科学出版，2003.

崔希亮．试论理论语法与教学语法的接口［M］//第六届全国对外汉语教学研讨会编委会编．第六届全国对外汉语教学研讨会论文选．北京：人民教育出版社，2002.

崔希亮．语言理解与认知［M］．北京：北京语言文化大学出版社，2001.

崔希亮．语言学概论［M］．北京：商务印书馆，2009.

崔永华．关于汉语言（对外）专业的培养目标［J］．语言教学与研究，1997（4）．

戴桂芙等．《汉语口语》系列教材（北大版新一代对外汉语教材）［M］．北京：北京大学出版社，2004.

戴蓉．孔子学院的改善途径［J］．ICCS Journal of Modern Chinese Studies，2011（1）．

邓恩明．编写对外汉语教材的心理思考［J］．语言文字应用，1998（2）．

邓守信．Advanced A Plus Chinese［M］．台北：联经出版事业股份有限公司，2009.

邓守信．有关汉语分裂句的一些问题［J］．中国语言学报，1979（7）．

丁金国．对外汉语教学中的语体意识［J］．烟台大学学报，1997（1）．

董明，桂弘．谈对外汉语修辞的教学［J］．语言文字应用，2006（4）．

方文礼．外语任务型教学法纵横谈［J］．外语与外语教学，2003（9）．

冯晓鸿．浅谈初级对外汉语教学中的修辞导入［J］．绍兴文理学院学报，2005（6）．

高增霞．简论汉语国际化［J］．中国社会科学院研究生院学报，2007

(6).

高增霞.中国国势盛衰与汉语国际化进程 [J].商丘师范学院学报,2008 (1).

龚千炎.现代汉语里的受事主语句 [J].中国语文,1980 (5).

郭力.略谈海外"汉语热"及其成因 [J].比较教育研究,2006 (12).

郭三娟.自由教育　通识教育　素质教育 [J].教育理论与实践,2004 (5).

郭熙.对海外华文教学的多样性及其对策的新思考 [J].语言教学与研究,2013 (3).

郭熙.汉语的国际地位与国际传播 [J].渤海大学学报 (哲社版),2007 (1).

郭熙.华文教学概论 [M].北京:商务印书馆,2007.

国家汉办/孔子学院总部.国际汉语教师标准 [M].外语教学与研究出版社,2015.

国家汉办.国际汉语教师标准 [M].外语教学与研究出版社,2007.

国家汉办.汉语作为外语教学能力等级标准及考试大纲 [M].北京:北京大学出版社,2005.

国家汉语水平考试委员会办公室考试中心.汉语水平词汇与汉字等级大纲 [M].北京:经济科学出版社,2006.

何莲珍.自主学习及其能力的培养 [J].外语教学与研究,2003 (4).

何文潮,唐力行.美国汉语作为外语教学的教师证书要求 [J].国际汉语教学动态与研究,2006 (1).

贺阳.汉语学习动机的激发与汉语国际传播 [J].语言文字应用,2008 (2).

侯金亮.由"被自杀"到"被就业"的中国式荒诞.www.china.com.cn/news (访问时间:2009-07-21).

侯颖."是……的"结构的语义角色及其焦点指派.北京语言大学硕士论文,2004-07.

胡明扬.《当代汉语学习词典》序言 [M].北京:北京语言大学出版社,2005.

胡明扬．对外汉语教学基础教材的编写问题［J］．语言教学与研究，1999（1）．

胡明扬．语言和语言学习［J］．世界汉语教学，1993（1）．

胡裕树，范晓．试论语法研究中的三个平面［J］．新疆大学学报，1985（2）．

黄伯荣，廖序东．现代汉语（增订四版）［M］．北京：高等教育出版社，2007.

黄剑芬，徐永军．剑桥 TKT 测试对我国英语教师资格认证制度的启示［J］．黑龙江教育学院学报，2010〔10〕．

黄希庭主译、John B. Best．认知心理学［M］．北京：中国轻工业出版社，2000.

黄月圆，杨素英，张旺熹．及物性与汉语被动句．第11次现代汉语语法学术讨论会论文，2000－10.

贾爱武．美国外语教师教育及专业资格标准政策研究［J］．外语界，2006（2）．

姜德梧．对外汉语教学中文学作品的修辞分析问题［J］．语言教学与研究，1987（1）．

蒋小平．隐幽与张力——从反讽叙事角度论晚明传奇女性形象塑造［J］．中国戏剧，2007（3）．

金立鑫．"教师、教材、教法"内涵和外延的逻辑分析［J］．语言教学与研究，2009（5）．

金立鑫．试论汉语国际推广的国家策略和学科策略［J］．华东师范大学学报（哲社版），2006（4）．

金晓阳．影响对外汉语学习词典信息可接受性的因素——析〈现代汉语学习词典〉的不足［J］．辞书研究，2004（4）．

拉尔夫·泰勒．课程与教学的基本原理．（中译本，施良方译）［M］．北京：人民教育出版社，2004.

雷华，史有为．工具的工具：词典的易懂与易得［J］．语言教学与研究，1994（4）．

李嘉郁2008《海外华文教师培训问题研究［J］．世界汉语教学，2008（2）．

李立成. 自指的"的"字短语 [J]. 语言教学与研究, 1999 (3).

李临定. 受事成分句类型比较 [J]. 中国语文, 1986 (5).

李禄兴. 从静态释义到动态释义——〈当代汉语学习词典〉释义方法的探索 [J]. 辞书研究, 2008 (3).

李培元. 基础汉语课本 [M]. 外文出版社, 1980.

李泉、杨瑞.〈汉语文化双向教程〉的设计与实施 [M] //中国对外汉语教学学会编. 中国对外汉语教学学会第六次学术讨论会论文选. 华语教学出版社, 1999.

李泉.《发展汉语 (修订版)》系列教材 [M]. 北京: 北京语言大学出版社 (待版), 2010.

李泉. 对外汉语教学理论思考 [M]. 北京: 教育科学出版社, 2005.

李泉. 对外汉语课堂教学的理论思考 [J]. 中国人民大学学报, 1996 (5).

李泉. 国际汉语教师培养规格问题探讨 [J]. 华文教学与研究, 2012 (1).

李泉. 汉语国际教育硕士培养目标与教学理念探讨 [J]. 语言文字应用, 2009 (3).

李泉. 基于语体的对外汉语教学语法体系构建 [J]. 汉语学习, 2003 (4).

李绍林. 对外汉语教材练习编写的思考 [J]. 云南师范大学学报 (对外汉语教学与研究版), 2003 (3).

李绍林. 谈泛化、分化及有关的练习样式 [J]. 汉语学习, 2001 (6).

李贤军. 关于华文教育特殊性的若干问题 [J]. 毕节学院学报, 2011 (7).

李晓琪.《博雅汉语》系列教材 (北大版新一代对外汉语教材) [M]. 北京: 北京大学出版社, 2004.

李杨. 对外汉语本科教育研究 [M]. 北京: 北京语言文化大学出版社, 1999.

李杨. 练习编排的基本原则 [M] //李玉敬, 王晓澎主编. 对外汉语教学中高级课程习题集. 北京: 北京大学出版社, 1994.

李忆民. 对课程设置纵横关系的思考 [J]. 世界汉语教学, 1987 (1).

李忆民．课堂教学的内向和外向——试论中级汉语精读课课堂教学的交际化［J］．语言教学与研究，1993（3）．

李玉兰．新版〈国际汉语教师标准〉发布［N］．光明日报，2012 - 12 - 12，http：//reader. gmw. cn/2012 - 12/13/content_ 6002313. htm.

李玉琴．中国教师资格制度评述［J］．西南民族大学学报，2004（9）．

刘丹青，徐烈炯．焦点与背景、话题及汉语"连"字句［J］．中国语文，1998（4）．

刘冬．浅议口语训练形式的设计［J］．清华大学学报（哲社版），1995（4）．

刘颂浩．对外汉语教学中练习的目的、方法和编写原则［J］．世界汉语教学，2009（1）．

刘珣．对外汉语教育学引论［M］．北京：北京语言大学出版社，2000.

刘珣．新实用汉语课本［M］．北京：北京语言大学出版社，2002.

刘月华．实用现代汉语语法（增订本）［M］．北京：商务印书馆，2001.

鲁健冀，吕文华．编写对外汉语单语学习词典的尝试与思考［J］．世界汉语教学，2006（1）．

鲁健骥．初级汉语课本［M］．北京：北京语言大学出版社，2003.

陆俭明．"对外汉语教学"中的语法教学［J］．语言教学与研究，2000（3）．

陆俭明．八十年代中国语法研究［M］．北京：商务印书馆，1997.

陆俭明．对外汉语教学中的语法教学［J］．语言教学与研究，2000（3）．

陆俭明．现代汉语语法研究教程［M］．北京：北京大学出版社，2003.

陆庆和．对外汉语教学中的修辞问题［J］．语言教学与研究，1998（2）．

吕必松．对外汉语教学发展概要［M］．北京：北京语言学院出版社，1990.

吕必松．关于"是……的"结构的几个问题［J］．语言教学与研究，1982（4）．

吕必松．华语教学讲习［M］．北京：北京语言大学出版社，1992.

吕必松. 语言教育问题座谈会纪要 ［J］. 世界汉语教学, 1998 （1）.

罗丽. 语体意识与对外汉语教学 ［J］. 中国高教研究, 2001 （9）.

骆小所、卢石英. 在全球语境下的"汉语热" ［J］. 云南师范大学学报 （对外汉语教学与研究版）, 2007 （3）.

马场毅. 中国の対外教育—孔子学院を中心に ［J］. ICCS Journal of Modern Chinese Studies, 2010 （1）.

马箭飞. 任务式大纲与汉语交际任务 ［J］. 语言教学与研究, 2002 （4）.

马箭飞. 以交际任务为基础的汉语短期教学新模式 ［J］. 世界汉语教学, 2004 （4）.

马庆株. 自主动词和非自主动词 ［J］. 中国语言学报, 1988 （3）.

马骁骁、丁剑刚. 搞好外国留学生工作的几点建议 ［J］. 山西大学学报 （哲社版）, 1999 （1）.

么书君. 汉语高级听力教程 （北大版留学生本科汉语教材） ［M］. 北京: 北京大学出版社, 2009.

孟长勇. 大力发展来华留学生教育的宏观思考 ［J］. 西安外国语学院学报, 2000 （4）.

孟繁杰, 李焱. 任务型教学法在对外汉语课堂教学中的应用 ［J］. 海外华文教育, 2008 （3）.

孟国. 对外汉语实况教学研究 ［M］. 北京: 线装书局, 2008.

牛秀兰. 关于"是……的"结构句的宾语位置问题 ［J］. 世界汉语教学, 1991 （1）.

欧洲理事会. 欧洲语言共同参考框架: 学习、教学、评估 （A Common European Framework of Reference for Languages: Learning, Teaching, Assessment）, 刘骏, 傅荣主译. 外语教学与研究出版社, 2008.

亓华. 汉语国际推广与文化观念的转型 ［J］. 北京师范大学学报, 2007 （4）.

秦惠兰. 也谈对外汉语教学中的修辞教学 ［J］. 现代语文, 2006 （9）.

丘进. 对外汉语教学与海外华文教育之异同 ［J］. 教育研究, 2010 （6）.

邱军. 《成功之路》 系列教材 ［M］. 北京: 北京语言大学出版

社，2009.

屈承熹. 汉语功能语法刍议 [J]. 世界汉语教学，1998（4）.

屈承熹. 汉语篇章语法 [M]. 北京：北京语言大学出版社，2006.

杉村博文. "的"字结构、承指与分类 [M] //江蓝生，侯精一主编.
汉语现状与历史的研究. 北京：中国社会科学出版社，1999.

邵敬敏. 句法结构中的语义研究 [M]. 北京：北京语言文化大学出版
社，1998.

沈林. 日本孔子学院的现状及展望 [J]. 广东外语外贸大学学报，2007
（5）.

盛炎. 语言教学原理 [M]. 北京：重庆出版社，1990.

石毓智. 论"的"的语法功能的同一性 [J]. 世界汉语教学，2000
（1）.

宋玉柱. 关于"是……的"结构的分析 [J]. 天津师院学报，1978
（4）.

宋玉柱. 现代汉语语法论集 [M]. 北京：北京语言学院出版社，1996.

谭人玮，陈彬. "被就业"新形式？网帖曝高校网上假签约 [N]. 南
方都市报，2009 – 07 – 28.

汤廷池. 国语分裂句、分裂变句、准分裂句的结构与限制之研究 [J].
台湾师大学报，1980（25）.

唐翠菊. 从及物性角度看汉语无定主语句 [J]. 语言教学与研究，2005
（3）.

田泉. "是""的"合用及单用非句法功能初探 [J]. 汉语学习，1996
（5）.

王还. 英语和汉语的被动句 [J]. 中国语文，1983（6）.

王惠. 从及物性系统看现代汉语的句式 [M] //北京大学汉语语言学研
究中心《语言学论丛》编委会编. 语言学论丛（第十九辑）. 北京：商务印
书馆，1997.

王建勤. 汉语国际推广的语言标准建设与竞争策略 [J]. 语言教学与研
究，2008（1）.

王添淼. 成为反思性实践者——由《国际汉语教师标准》引发的思考
[J]. 语言教学与研究，2010（2）.

王未．语境理论在对外汉语教学中的作用［J］．江苏社会科学，2000（6）．

王希杰．汉语修辞学（修订本）［M］．北京：商务印书馆，2004．

王希杰．修辞的层次观［J］．苏州大学学报，1987（1）．

王志刚等．外国留学生汉语学习目的研究［J］．世界汉语教学，2004（3）．

王钟华．建立语言与文化相结合的教学体系——关于对外汉语教学中语言与文化关系问题的思考［J］．世界汉语教学，1991（1）．

魏永红．任务型外语教学研究：认知心理学视角［M］．华东师范大学出版社，2004．

吴为章．语序重要［J］．中国语文，1995（6）．

吴应辉．汉语国际传播研究，一个新兴的汉语国际教育研究领域［J］．云南师范大学学报（对外汉教学与研究版），2008（3）．

吴勇毅，何所思，吴卸耀．汉语语块的分类、语块化程度及其教学思考［M］//第九届世界华语文教学研讨会编委会编．第九届世界华语文教学研讨会论文集（第二册）．世界华文出版社，2009．

吴召虞，侯颖．《当代汉语学习词典》瑕疵举隅［J］．辞书研究，2008（3）．

吴中伟．浅谈基于交际任务的教学法——兼论口语教学的新思路［M］//第七届国际汉语教学讨论会编委会编．第七届国际汉语教学讨论会论文选．北京：北京大学出版社，2002．

肖菲．论华文教材练习编写的原则［J］．零陵学院学报，2002（3）．

肖莉．修辞在对外汉语教学中的地位和作用［J］．修辞学习，2004（5）．

肖奚强，叶皖林．高级汉语教材中阅读部分的编写设想［M］//周小兵，宋永波主编．对外汉语阅读研究．北京：北京大学出版社，2005．

徐杰．普遍语法原则与汉语语法现象［M］．北京：北京大学出版社，2001．

徐丽华．孔子学院的发展现状、问题及趋势［J］．浙江师范大学学报（社会科学版），2008（5）．

徐玉敏．当代汉语学习词典（初级本）［M］．北京：北京语言大学出版社，2005.

徐玉敏. 对外汉语学习词典的条目设置和编排［J］. 辞书研究，2001
（3）.

许琳. 汉语加快走向世界是件大好事［J］. 语言文字应用，2006（3）.

许琳. 试论汉语国际推广的形势和任务［J］. 世界汉语教学，2007
（2）.

杨德峰. 试论修辞教学在对外汉语教学中的地位［J］. 修辞学习，2001
（6）.

杨惠元. 课堂教学理论与实践［M］. 北京语言大学出版社，2007.

杨惠元. 论《教学有法而无定法》［J］. 语言教学与研究，1996（3）.

杨惠元. 论〈速成汉语初级教程〉的练习设计［J］. 语言教学与研究，
1997（3）.

杨惠元. 强化词语教学，淡化句法教学——也谈对外汉语教学中的语法
教学［J］. 语言教学与研究，2003（1）.

杨寄洲，贾永芬. 《汉语口语教程》系列教材（北大版留学生本科汉语
教材）［M］. 北京：北京大学出版社，2007.

杨寄洲等. 对外汉语本科系列教材［M］. 北京：北京语言大学出版
社，1999.

杨金华. 留学生汉语习惯用语词典［M］. 上海：上海译文出版
社，2009.

杨金华. 外国学生未能广泛使用对外汉语词典原因探究［M］//王德春
主编. 对外汉语论丛（第五集）. 学林出版社，2006.

杨俐. 汉语快速阅读训练教程［M］. 北京：华语教学出版社，2009.

杨彦. "被就业"是这样发生的［N］. 人民日报，2009 - 07 - 27.

于富增. 改革开放30年的来华留学生教育［M］. 北京：北京语言大学
出版社，2009.

于宏梅. 对外汉语写作教学中的修辞教学［J］. 乐山师范学院学报，
200（6）.

袁毓林. 从焦点理论看句尾"的"的句法语义功能［J］. 中国语文，
2003（1）.

袁毓林. 论元角色的层级关系和语义特征［J］. 世界汉语教学，2002

（3）．

　　张伯江、方梅．汉语功能语法研究 [M]．江西教育出版社，1996．

　　张辉，杨楠．汉语综合课教学法 [M]．北京：北京语言大学出版社，2006．

　　张丽．"被就业"是场罗圈儿架 [N]．北京晚报，2009 - 07 - 28．

　　张敏．认知语言学与汉语名词短语 [M]．北京：中国社会科学出版社，1998．

　　张西平．汉语国际推广中的两个重要问题 [J]．长江学术，2008（1）．

　　张妍．《现代汉语词典》配例的类型特点及存在的问题 [J]．语文学刊，2006（1）．

　　赵金铭．从对外汉语教学到汉语国际推广 [M]//中国人民大学对外语言文化学院编．汉语研究与应用（第四辑）．北京：中国社会科学出版社，2006．

　　赵金铭．对外汉语教材创新略论 [J]．世界汉语教学，1997（2）．

　　赵金铭．对外汉语教学概论 [M]．北京：商务印书馆，2004．

　　赵金铭．汉语国际传播研究述略 [J]．浙江师范大学学报（社会科学版），2008（5）．

　　赵金铭．汉语作为外语教学能力标准试说 [J]．语言教学与研究，2007（2）．

　　赵金铭．论对外汉语教材评估 [J]．语言教学与研究，1998（3）．

　　赵启正．中国对外传播存在"文化赤字"，www.xinhuanet.com（访问时间：2006 年 3 月 10 日）．

　　赵淑华．关于"是……的"句 [J]．语言教学与研究，1979（1）．

　　赵延风．"S + 一 + V"成句条件初探 [M]//周小兵，朱其智主编．对外汉语教学习得研究．北京：北京大学出版社，2006．

　　赵元任．汉语口语语法 [M]．吕叔湘，译．北京：商务印书馆，1979．

　　郑定欧．对外汉语词典学 [M]//第六届国际汉语教学讨论会编委会编．第六届国际汉语教学讨论会论文选．北京：北京大学出版社，2000．

　　郑定欧．对外汉语学习词典学刍议 [J]．世界汉语教学，2004（4）．

　　郑定欧．国内对外汉语学习词典学：调查与反思 [M]//对外汉语学习词典学国际研讨会论文集．香港城市大学，2005．

郑定欧. 汉语国际推广三题 [J]. 汉语学习, 2008 (3).

郑蕊. 对外汉语教材练习编写的偏差与应遵循的原则 [M] //国家对外汉语教学领导小组办公室编. 对外汉语教学与教材研究论文集. 华语教学出版社, 2001.

中国人民大学对外语言文化学院.《发展汉语》系列教材 [M]. 北京: 北京语言大学出版社, 2005.

中国社会科学院语言研究所. 现代汉语词典 [M]. 5 版. 北京: 商务印书馆, 2005.

中华人民共和国国家教育委员会.〈对外汉语教师资格审定办法〉实施细则, 1996.

中华人民共和国国家教育委员会. 对外汉语教师资格审定办法, 1990.

中华人民共和国教育部. 汉语作为外语教学能力认定办法(Measures for Certifying Teachers' Ability to Teach Chinese as a Foreign Language), 2004.

中华人民共和国教育部. 普通高中英语课程标准(实验稿)[M]. 北京: 人民教育出版社, 2003.

周健, 唐玲. 对外汉语教材练习设计的考察与思考 [J]. 语言教学与研究, 2004 (4).

周健. 语块在对外汉语教学中的价值与作用 [J]. 暨南学报(哲社版), 2007 (1).

周淑清. 初中英语教学模式研究 [M]. 北京: 北京语言大学出版社, 2004.

周小兵, 张世涛. 中级汉语阅读教程 [M]. 北京: 北京大学出版社, 1999.

朱德熙. "的" 字结构和判断句 [J]. 中国语文, 1978 (1, 2).

朱德熙. 语法答问 [M]. 北京: 商务印书馆, 1985.

朱德熙. 语法讲义 [M]. 北京: 商务印书馆, 1982.

朱德熙. 自指和转指: 汉语名词化标记 "的、者、所、之" 的语法功能和语义功能 [J]. 方言, 1983 (1).

A S Hornby & Sally Wehmeier. 牛津高阶英汉双解词典 [M]. 6 版. 石孝殊, 等译. 北京: 商务印书馆, 2004. Carr E. & Ogle D. K - W - L Plus: A Strategy for Comprehension and Summarization, *Journal of Reading*, 1987.

Christina Bratt Paulston & Mary Newton Bruder. *Teaching English as a Second Language*, *Winthrop Publishers*, *Inc*. 1976.

Ellis R. *Task – based language Learning and Teaching*. Oxford: Oxford University Press, 2003.

Gillian Brown & George Yule. *Discourse Analysis*. Cambridge: Cambridge University Press, 1983.

Goldberg, Adele E. *Constructions: A Construction Grammar Approach to Argument Structure*, Chicago: University of Chicago Press, 1995.

Hopper, P. J. & A. Thompson, "Transitivity in grammar and discourse", *Language*, Vol. 56, No. 2, 1980.

Jackendoff, R. *Semantic Interpretation in Generative Grammar*, Cambridge, MA: MIT Press, 1972.

Krashen S. *The Input Hypothesis: Issues and Implication*. London: Longman, 1985.

Lakoff, G. *Women, Fire and Dangerous Things: What Categories Reveal about the Mind*, Chicago: The University of Chicago Press, 1987.

Langacker, R. W. *Foundation of Cognitive Grammar*, Stanford: Stanford University Press, 1987.

Lindvall, A. *Transitivity in Discourse*, Sweden: Lund University Press, 1998.

Nunan D. *Designing Tasks for the Communicative Classroom*. Cambridge: Cambridge University Press, 1989.

Prabhu N. S. *Second Language Pedagogy*. Oxford: Oxford University Press, 1987.

Richards J. C. & Rodgers T. S. *Approaches and Methods in Language Teaching*. Cambridge: Cambridge University Press, 2001.

Standards for Foreign Language Learning: Preparing for the 21st Century. Yonkers: National Standards in Foreign Language Education Project, 1996.

Tao – chung Yao and Yuehua Liu 2005 *Integrated Chinese* (Traditional Character Edition) (Second Edition), 《中文听说读写》, Boston: Cheng & Tsui Company.

后 记

　　本书是我 2005 年分配至北京华文学院至今从事教学与科研工作的一个小结。自研究生毕业以来，到北京华文学院任职至今已整整过去 14 年的时间，在这不算长也不算短的 14 年时间里，有一段时间我担任学院主办期刊《世界华文教育》的编辑，但更多时间是站在讲台上面对我的学生们。书名取为《华文教学与研究思考》是因为书中所收论文都是关于华文教学及其研究主题的，更是因为这些成果都是在华文教学实践过程中的思考所得。

　　华文教学面对的是一个大致拥有 5000 万～6000 万的庞大对象群体，华文教学研究是一个涉及理论与实践方方面面的宏大领域，我所做的研究基本上都是着眼于宏观考量而下笔于微观末节。自公开发表第一篇学术论文《说"以后"和"后来"》（《北京地区第三届对外汉语教学学术研讨会论文选》，北京大学出版社 2004 年版）至今，所有论文选题基本上限于汉语本体及汉语网络热点、华文教学理念与方法、汉语教师资格制度、华文教师的职业化与专业化、汉语学习词典编纂、汉语教材分析、汉语国际推广背景下的孔子学院等方面，这些分析和考察都从不同侧面和角度与华文教学有着千丝万缕的联系。作为语言教学的重要分支，华文教学和对外汉语教学既有联系又有区分，但应该都隶属于当前国际汉语教学这一大范畴中。无论是海外孔子学院等汉语言文化机构的教学，还是国内专门针对华人华侨的华语文教学，教学内容的主体都是汉语言文化，二者在宏观架构与微观细节等诸多方面都可以互学共鉴。本书辑得的论文中个别文章是和业内朋友共同写作，非常感谢他们当时和我一起研究写作并允许我将成文收入本书。虽然书中有些论文由于是写作起步阶段完成而略显稚气，也可能有些论文凡凡总总一长篇而未指出要害，抑或还会有其他种种不足，但这些集于书中业已发表的论文却很好地记录了自己的教学科研轨迹，存在的一些问题恰好可以借此小结的机会成为自己继续思考和研究的新起点。我也衷心希望我们关于"华文教学研究与思考"这一主题的研究，能为业界研究的继续拓展和深入贡献些许力量。

感谢我的导师崔希亮教授百忙拨冗为小书作"序"，崔老师的"序"中不乏对我教学科研工作的溢美之词，这些溢美之词一度让我"沾沾自喜"，却也让我更加深切地反思自己是否承受得住老师对我的褒奖。我定会将这些溢美之词当作老师对我的鼓励和自己继续前行的动力，不忘初心，在华文教学领域里继续自己的思考与研究。

感谢北京华文学院领导对我工作的一贯支持、关心和鼓励，感谢学院学术委员会和科研处为我的研究工作提供资助。

感谢家人对我工作的大力支持，特别感谢我的女儿 Catherine 求学路上孜孜以求锲而不舍的精神给予我的无限激励。

是为后记。

侯颖

2018 年 11 月于北京华文学院